DAVID HATCHER CHILDRESS

DAS ZEITREISENHANDBUCH

FÜR ANGEWANDTE ZEITREISEN UND TELEPORTATION

Neuauflage 2026
(Erstauflage 2003, Michaels Verlag, Peiting, DE)

Titel der englischen Ausgabe:
The Time Travel Handbook, 1999
Adventures Unlimited Press
Kempton, Illinois 60946 USA

Veröffentlicht im Michaels Verlag, Alle, JU/ CH,
Eine Marke der Sentovision GmbH/ S.A.R.L.
www.michaelsverlag.de

Vertrieb und Produktsicherheit EU:
Synergia Auslieferung GmbH
Industriestr. 20
64380 Roßdorf
www.synergia-auslieferung.de

Gestaltung: FontFront.com

Printed in EU
ISBN: 978-3-89539-233-7

Bibliografische Informationen der Deutschen Bibliothek: Die Deutsche
Bibliothek verzeichnet diese Publikation in der deutschen
Nationalbibliographie; detaillierte bibliographische Daten sind im Internet
unter http://dnd.ddb.de abrufbar.

INHALTSVERZEICHNIS

1. KAPITEL

DIE GRUNDLAGEN DES ZEITREISENS

VON DER QUANTENMECHANIK ZU SUPERSTRING-THEORIEN

Das Bewusstsein des Menschen ist von "ausgedehnterer" Art, was ihm ermöglicht, die üblichen Grenzen von Raum und Zeit zu überschreiten -- angenommen, dass es eine andere Dimension jenseits der materiellen Welt gibt.
Edgar Mitchell, früherer Astronaut.

HISTORISCHE THEORIEN ÜBER DIE ZEIT UND DIE GRAVITATION

Willkommen zur Zeitreise 101. In der gesamten Geschichte hat es viele Versuche gegeben, um die Gravitation zu beschreiben und zu erklären, genauso wie das Phänomen der "Zeit", die in den antiken Philosophien manchmal als der "Pfeil der Zeit" bezeichnet wird. Um ein vollständiges Verständnis von Zeitreisen zu gewinnen, ist es von Bedeutung historische Theorien über die Zeit, die Gravitation und das, was nun als "Einheitliche Feldtheorie" bekannt ist, zu verstehen.

Die verschiedenen physikalischen Kräfte, von denen wir umgeben sind, werden immer noch nicht richtig verstanden. Jedes Jahr bringt uns dem Verständnis der Funktionsweise der Wechselwirkungen mit der Raumzeit und dem sogenannten Quantenfeld, welches überall vorhanden ist, näher. Das Auffinden von Wurmlöchern und anderen Zeittunneleinrichtungen ist das natürliche Ergebnis dessen, wie das Universum funktioniert -- und das Universum ist wirklich seltsam!

Obwohl die westliche Gesellschaft durch eine Reihe von dunklen Zeitaltern gegangen ist, behauptete Aristoteles schon im Jahr 330 v. Chr., dass die vier Elemente -- Erde, Wasser, Luft und

Feuer -- ihren natürlichen Ort haben, zu dem sie sich hinbewegen. Er argumentierte, dass Gegenstände, welche einen größeren Anteil von Erde enthalten als andere, schneller zur Erde fallen und ihre Geschwindigkeit zunehmen würde, wenn sie ihren natürlichen Ort erreichen.

Galileo Galilei leitete 1604 ab, dass durch die Gravitation eher eine Beschleunigung als eine Geschwindigkeit übertragen wird, und dass diese Beschleunigung im Vakuum die gleiche für alle Körper ist.

Sir Isaac Newton leistete den größten Beitrag zur Gravitationstheorie, als er im Jahr 1606 erkannte, dass die Umlaufbahn des Mondes von der gleichen Kraft abhängt, die auch einen Apfel auf den Boden fallen lässt. Diese Annahme verlangte, dass diese Kraft mit dem umgekehrten Quadrat der Entfernung vom Erdmittelpunkt abnimmt. Newton verband dieses Gesetz mit den drei Bewegungsgesetzen, um eine Theorie der universellen Gravitation zu formulieren, welche besagt, dass zwischen zwei Gegenständen eine gravitationelle Anziehung vorhanden ist, welche umgekehrt proportional zum Quadrat der Entfernung zwischen beiden ist.

René Descartes (1596-1650) hatte schon früher eine nichtquantitative Theorie der Gravitation vorgeschlagen, welche auf den nach innen gerichteten Druck von Wirbeln auf Planeten basierte, aber Newton lieferte keine Ursache für die Gravitation. Tatsächlich vermied er es sogar, von einer Anziehung zu sprechen und sprach stattdessen von Körpern, welche "aufeinanderzugravitieren." Diese Beschreibung reichte aus, um Keplers Gesetz der Planetenbewegungen, der Gezeiten und der Präzession des Äquinoktiums abzuleiten. Im Jahr 1846 konnte hierdurch ein neuer Planet, nämlich der Neptun, entdeckt werden. Aus diesem Grund darf Newtons Gravitationstheorie als eine der größten Fortschritte der Wissenschaft bezeichnet werden.

In mathematischer Hinsicht sagt Newtons Theorie aus, dass eine Anziehungskraft vorhanden ist, welche durch $F = gm_1m_2 / r^2$ gegeben ist, wobei m_1 und m_2 die Massen zweier Körper sind, welche durch den Abstand *r* getrennt sind. Bei *g* handelt es sich um die Gravitationskonstante, eine unbekannte Größe, welche durch Beobachtungen im Sonnensystem nicht bestimmt werden konnte. Die Größe von *g* wurde im Jahr 1798 zum ersten Mal von Henry Cavendish bestimmt, welcher die Kraft der gravitationellen Anziehung zwischen zwei Kugeln bekannter Masse maß. Dieses Experiment ist als Cavendish-Experiment bekannt geworden, und hieraus konnte durch die nun bekannte Gravitationskonstante die Masse der Erde aus dem astronomisch bekannten Wert für $g\ m_E$ bestimmt werden. Dieses Experiment ist mehrmals mit immer größerer Genauigkeit wiederholt worden. Der derzeitig anerkannte Wert der Gravitationskonstanten liegt nun bei genau $66{,}7259 \times 10^{-12}\ m^3/kgs^2$.

MODERNE THEORIEN

Im Jahr 1905 entwickelte Einstein die Spezielle Relativitätstheorie, durch welche die Gravitationstheorie Newtons modifiziert wurde. Einstein wollte die Gravitation in einer solchen Art beschreiben, die unabhängig von der Bewegung des Beobachters und dem gewählten Koordinatensystem ist. Seine Arbeit führte zu einer geometrischen Theorie, in welcher die Gravitation rein durch die Struktur des Raumzeitkontinuums beschrieben wird. Laut dieser geometrischen Theorie wirkt die Gravitation auf alle Formen der Materie und Energie, welche sich alle in der Raumzeit bewegen. Einsteins Theorie gehorcht also dem Äquivalenzprinzip und gibt allen frei fallenden Gegenständen die gleiche Gravitationsbeschleunigung.

Zusätzlich zur Beschreibung der Wirkung der Gravitation auf Materie beschrieb Einstein auch die Wirkung der Materie auf die Gravitation. Diese Theorie, welche Einstein im Jahr 1915 fertig stellte, wird als Allgemeine Relativitätstheorie bezeichnet. Obwohl sich diese sehr von Newtons Theorie unterscheidet, werden hierdurch in Systemen, in welchen geringe Gravitationsfelder und Geschwindigkeiten vorhanden sind, die weit unter der Lichtgeschwindigkeit liegen, die gleichen Effekte vorhergesagt. Durch die Planetenbewegungen konnte Newtons Theorie eindeutig bewiesen werden, aber durch Einsteins Theorien konnten einige Phänomene im Sonnensystem erklärt werden, welche von Newton noch nicht berücksichtigt worden waren.

Ein solches Phänomen war der sonnennächste Punkt des Merkur. Im 19. Jahrhundert war beobachtet worden, dass der tatsächliche Wert 43´´ pro Jahrhundert von dem aus der Newtonschen Theorie errechneten Wert abwich. Durch Einsteins Theorie wurde genau dieser Unterschied vorausgesagt. Ein anderes Phänomen ist die Ablenkung der Lichtstrahlen durch das Gravitationsfeld der Sonne, was durch Newtons Theorie überhaupt nicht vorausgesagt worden war. Diese Vorhersage Einsteins wurde von Arthur S. Eddington während einer totalen Sonnenfinsternis im Jahr 1919, und später noch von anderen mit einer Genauigkeit von 1% bestätigt. Einstein sagte auch die gravitationelle Rotverschiebung voraus, eine Veränderung der Frequenz der elektromagnetischen Wellen, die aus einem starken Magnetfeld entweichen, was von Robert Pound und Glen Rebka im Jahr 1960 bestätigt werden konnte. Im Jahr 1964 verwendete Irving Shapiro die Allgemeine Relativitätstheorie, um eine Zeitverzögerung von Signalen vorherzusagen, was später bestätigt werden konnte.

Zusätzlich wurden durch Einsteins Allgemeiner Relativitätstheorie verschiedene neue, qualitative Effekte vorhergesagt, welche vor allem auf dem Gebiet der Kosmologie nützlich sind. Durch die Relativitätstheorie wird angenommen, dass sich das Universum entweder ausdehnen, oder zusammenziehen muss. Einstein war nicht kühn genug, um diese Vorhersage zu glauben, so dass er seine Gleichungen abänderte, um ein statisches Universum zu erhalten. Im Jahr 1929 entdeckte Edwin Hubble jedoch, dass sich das Universum ausdehnt. Ob dieses durch die Gravitation wieder in sich zusammenfallen wird, wird zur Zeit noch untersucht. Durch die Allgemeine Relativitätstheorie werden auch Gravitationswellen, welche von Massen, die sich ungleichförmig bewegen, vorhergesagt, aber diese Wellen sind so schwach, dass sie bisher noch nicht mit absoluter Sicherheit aufgedeckt werden konnten. Schließlich wird durch Einsteins Theorie auch noch ein gravitationeller Kollaps ausreichend großer Massen zu Schwarzen Löchern vorhergesagt. Heutzutage gibt es überwältigende Beweise, dass verschiedene Galaxien Schwarze Löcher enthalten.

Einsteins Allgemeine Relativitätstheorie ist nicht die einzige Theorie des 20. Jahrhunderts in bezug auf die Gravitation, aber sie ist vielleicht die einfachste und eleganteste. Alle gültigen Gravitationstheorien müssen - wie jene Einsteins - komplett, in sich konsistent und relativistisch sein. Sie müssen auch das richtige Newton-Limit besitzen, sie dürfen das Äquivalenzprinzip nicht verletzen, und müssen außerdem die gleiche Einstein-Verschiebung vorhersagen, wie sie von allen idealen Uhren an der gleichen Stelle gemessen wird. Es gibt ausreichende, experimentelle Beweise dafür, dass es sich hierbei um grundsätzliche Kriterien handelt, und L.I. Schiff hat behauptet, dass sie nur durch geometrische oder metrische Theorien erfüllt werden können.

Die einzige Theorie, welche damit konkurrieren kann, ist die Brans-Dicke-Theorie. Genau wie bei der Allgemeinen Relativitätstheorie handelt es sich um eine geometrische Theorie, durch welche die grundsätzlichen Kriterien erfüllt werden. Allerdings sind hier die Feldgleichungen unterschiedlich, und es wird behauptet, dass die Geometrie der Raumzeit nicht nur durch die Materie, sondern auch durch ein zusätzliches Skalarfeld beeinflusst wird. Im Gegensatz zu Einsteins Berechnungen kann durch die Brans-Dicke-Theorie nicht die Veränderung des sonnennächsten Punktes des Merkur vorhergesagt werden.

Durch einige neuere Theorien wird versucht, die Gravitation in nicht-geometrischer Weise zu erklären, indem stattdessen vorgeschlagen wird, dass Teilchen, welche als Gravitonen bezeichnet werden, verantwortlich sind. Diese sogenannten Supersymmetrietheorien setzen die Gravitationsphänomene innerhalb des Bereichs der Quantenphysik an. Sie sind ein Teil des Versuchs zu zeigen, dass die vier fundamentalen Wechselwirkungen der Natur miteinander verbunden sind, und dass sie bei der Geburt des Universums eine einzige, vereinte Kraft darstellten.

Durch mehrdimensionale Analysen ist auch die Gleichförmigkeit der Gravitationskonstanten *g* wieder ins Gespräch gekommen. Diese Ansichten wurden durch den britischen Physiker Paul Dirac in seiner sogenannten "Großen-Zahl-Hypothese" vorgebracht. Dirac bemerkte, dass das Verhältnis der Stärke der elektromagnetischen Kraft zur Gravitationskraft, welches ca. 10^{40} beträgt, ungefähr mit dem Alter des Universums in atomaren Ausdrücken übereinstimmt. Er fragte sich, ob vielleicht ein tieferer, physikalischer Zusammenhang bestehen könnte, und er nahm an, dass die Gravitationskonstante mit dem Alter des Universums langsam abnimmt. Falls die Gravitationskonstante jedoch abnehmen würde, müsste sich die gravitationelle Zeit in bezug auf die atomare Zeit verändern. Bisher konnte dies durch Experimente aber noch nicht nachgewiesen werden.

EINHEITLICHE FELDTHEORIEN

In der theoretischen Physik kann eine einheitliche Theorie allgemein als eine Theorie definiert werden, durch welche mit einem Satz Gleichungen die vier grundsätzlichen Wechselwirkungen der Natur vereint werden, nämlich die Gravitation, der Elektromagnetismus, die schwachen und die starken Kernkräfte. Bisher gibt es noch keine solch allumfassende Theorie.

In historischer Hinsicht hat der Ausdruck Einheitliche Feldtheorie seinen Ursprung in den Versuchen Albert Einsteins, die zwei Grundkräfte der Gravitation und des Elektromagnetismus zu vereinen. Er wollte also nach der Vorstellung seiner Gravitationstheorie -- der Allgemeinen Relativitätstheorie -- seine Ergebnisse mit der Beschreibung des Elektromagnetismus durch die berühmten Gleichungen James Clerk Maxwells in Einklang bringen. Einsteins Plan war, seine und Maxwells Beschreibung zu kombinieren, indem er beide Gegenstände von einem absoluten geometrischen Blickwinkel aus betrachtete. Aber er konnte sein Ziel nicht erreichen. Dieser Fehlschlag muss allerdings im Licht der Tatsache gesehen werden, dass zu dieser Zeit die schwachen und starken Kernkräfte noch nicht entdeckt waren.

Andere Versuche, um den Elektromagnetismus in den grundsätzlichen, geometrischen Formalismus einzubinden, stammen von dem deutschen Wissenschaftler Weyl und dem Amerikaner John Wheeler. Obwohl einige dieser Theorien in ästhetischer Hinsicht angenehmer sind als andere, so fehlt doch allen die Verbindung zu quantenmechanischen Phänomenen, welche für Wechselwirkungen außer der Gravitation so wichtig sind.

Spätere Versuche einer Vereinheitlichung sind von völlig anderen Gesichtspunkten aus unternommen worden, indem nämlich die verschiedenen Quantenfeldtheorien verschmelzt wurden, welche die vier fundamentalen Wechselwirkungen beschreiben, oder vorgeben zu beschreiben. Die erfolgreichste Theorie bis heute war die Theorie der schwachen elektrischen Kräfte von Sheldon Glashow, Steven Weinberg und Abdus Salam, durch welche der Elektromagnetismus und die schwachen Wechselwirkungen verbunden werden. In der einfachsten Version dieser Theorie werden die Kräfte durch vier verschiedene Arten von Teilchen übertragen, welche als Bosonen bezeichnet werden, die als masselos angesehen sind. Durch eine "gebrochene Symmetrie" kommt es zur Bildung einer Masse mit drei Bosonen, W^+, W^- und Z^0, welche Massen im Bereich des 50- bis 100-fachen des Protons besitzen, und einem vierten Boson, dem Photon, das masselos ist. Die W- und Z-Bosonen wurden bei Hochenergieexperimenten in Jahr 1983 in den CERN-Laboratorien entdeckt. Weinberg, Salam und Glashow erhielten 1979 für ihr Modell den Nobelpreis für Physik.

Außer der Theorie der schwachen Kernkräfte sind auch noch viele andere Theorien vorgeschlagen worden. Durch einige werden die starken Wechselwirkungen eingeschlossen, und bei "Theorien für alles" wird auch die Gravitation eingeschlossen. Die letzteren sind als Supersymmetrietheorien bekannt. Bisher konnte sich noch keine dieser Theorien durchsetzen.

QUANTENMECHANIK

Laut Einsteins Allgemeiner Relativitätstheorie kann sich nichts mit Lichtgeschwindigkeit oder schneller bewegen. Allerdings erlaubt die Quantenmechanik ein Phänomen, das als Tunneln bezeichnet wird, durch welches theoretisch eine Methode geliefert wird, um Überlichtgeschwindigkeiten zu erreichen. William Corliss erwähnt, dass deutsche Forscher im Jahr 1985 behauptet hätten, Mozarts 40. Symphonie über eine Länge von 12 cm mit der 4,7-fachen Lichtgeschwindigkeit übertragen zu haben!

Die Quantenmechanik ist die fundamentale Theorie, welche von den Physikern des 20. Jahrhunderts verwendet wird, um atomare und subatomare Phänomene zu beschreiben. Hierdurch war es möglich, eine ganze Reihe von Beobachtungen zu einem kohärenten Bild des Universums zusammenzufügen.

Während die Quantenmechanik einige der Konzepte der Newtonschen Mechanik verwendet, so unterscheidet sie sich doch grundsätzlich von letzterer. In der Newtonschen Physik glaubte man noch, dass alle Größen kontinuierlich veränderbar seien und jeden beliebigen Wert annehmen könnten. Ein Beispiel ist das Winkelmoment, welches für ein Teilchen, das sich auf einer Kreisbahn um den Mittelpunkt bewegt, proportional zur Geschwindigkeit multipliziert mit dem Abstand vom Mittelpunkt ist. Weil der Abstand in der Newtonschen Mechanik jeden beliebigen Wert annehmen kann, gilt dies auch für das Winkelmoment. In der Quantenmechanik ist das Winkelmoment auf bestimmte unstetige Werte beschränkt, die Vielfache einfacher rationaler Zahlen sind.

Ein weiterer fundamentaler Unterschied zwischen der Quantenmechanik und der früheren Physik ist, dass die Wahrscheinlichkeit für die Beschreibung der Welt eine entscheidende Rolle spielt. Dies zeigt sich deutlich in der Art und Weise, wie die Quantenmechanik und die Newtonsche Mechanik mit zukünftigen Prognosen umgehen. Für etwas, das durch die Newtonsche Mechanik beschrieben wird, wie z.B. das Sonnensystem, ist es möglich, das zukünftige Verhalten des Systems mit einigermaßen großer Genauigkeit zu bestimmen, falls ausreichend genaue Messungen vorgenommen werden. Für Systeme, welche durch die Quantenmechanik beschrieben werden, sind genaue Prognosen des zukünftigen Verhaltens normalerweise unmöglich, selbst bei einem so einfachen System wie einem Atom mit einem Elektron. Stattdessen kann nur eine Wahrscheinlichkeit der verschiedenen Verhalten angegeben werden. Dies kann durch die Beschreibung eines instabilen, radioaktiven Kerns aufgezeigt werden. Durch die Quantenmechanik wird nicht vorhergesagt, wann der einzelne Kern zerfallen wird, wenn allerdings mehrere Kerne untersucht werden, kann man vorhersagen, welcher Anteil zu einem bestimmten Zeitpunkt zerfallen wird. Diese neue Eigenschaft der Quantenmechanik, welche als Unschärferelation bekannt ist, war ein Punkt, welchen einige prominente Physiker, wie z. B. Albert Einstein, dazu veranlasst haben, diese abzulehnen. Trotzdem scheint es sich hierbei um eine unvermeidliche Eigenschaft der Physik im atomaren und subatomaren Bereich zu handeln.

FRÜHE HISTORISCHE ENTWICKLUNGEN: PLANCKS ARBEIT

Die Quantenmechanik ist über einen Zeitraum von 30 Jahren entwickelt worden, währendessen sie erfolgreich auf verschiedene physikalische Phänomene angewandt worden ist, wie z.B. auf die Analyse der elektromagnetischen Strahlung. Diese Untersuchung wurde im Jahr 1900 von Max Planck durchgeführt. Planck versuchte, die Frequenzverteilung der Abstrahlung eines heißen Gegenstandes, wie z.B. der Sonnenoberfläche, zu erklären. Er fand heraus, dass er annehmen musste, dass die Strahlung nicht kontinuierlich abgestrahlt wurde, wie bisher geglaubt worden war, um die Ergebnisse in Einklang mit seinen Beobachtungen zu bringen. Stattdessen wurde sie in bestimmten Mengen abgestrahlt, welche er als Quanten bezeichnete. Für diese Quanten gab es immer eine Beziehung zwischen der Frequenz *f* und der Menge der abgestrahlten Energie *E*, und zwar in der Form $E = h f$. Hier ist *h* eine universelle Konstante, die von Planck eingeführt worden ist und nun nach ihm benannt wurde. Ihr numerischer Wert beträgt ca. $6{,}63 \times 10^{-34}$ Js. Das spezifische Ergebnis von Plancks Analyse war eine Formel, durch welche die abgestrahlte Energiemenge bei jeder Frequenz als eine Funktion der Temperatur des strahlenden Objekts ausgedrückt wurde. Diese Beziehung, die Frequenzverteilung eines Schwarzen Strahlers, stimmt genau mit den Beobachtungen überein.

In Plancks Arbeit war die Natur dieser Quanten ziemlich mysteriös. Dies wurde durch die Arbeit Einsteins geklärt, der im Jahr 1905 vorschlug, dass das Licht selbst aus einzelnen Energiepaketen bestünde, welche später als Photonen bezeichnet wurden. Einstein schlug auch vor, dass die Frequenz des Lichts mit der Energie der Photonen durch die Plancksche Formel verbunden ist. Einsteins Theorie der Lichtquanten, welche durch viele seiner Zeitgenossen - eingeschlossen Planck - abgelehnt wurde, ist sowohl durch Robert Milikans Arbeit über den photoelektrischen Effekt, als auch durch die Entdeckung des Compton-Effekts (der Streuung von Photonen durch Elektronen) durch Arthur Compton bestätigt.

Eine weitere bedeutende, frühe Anwendung der Quantenidee stammt von Niels Bohr, der im Jahr 1913 durch die Annahme, dass das Winkelmoment des Elektrons im Wasserstoffatom nur Werte annehmen kann, die ganzzahlige Vielfache der Planckschen Konstanten geteilt durch 2 Pi sind, exakte Ausdrücke für die Lichtfrequenzen, die durch ein Atom abgestrahlt wurden, ableiten konnte. Bohrs Analyse ging davon aus, dass nur bestimmte Energiewerte für Elektronen in einem Atom möglich sind, dass es einen minimalen Wert gibt, und dass in diesem Zustand der minimalen Energie das Elektron keine Energie abstrahlen kann. Durch dieses Ergebnis konnte erklärt werden, weshalb das Atom stabil ist, und alle Atome eines Elements die gleichen chemischen Eigenschaften besitzen. Allerdings erwies es sich als unmöglich, Bohrs Ideen direkt auf Atome anzuwenden, welche komplexer als das Wasserstoffatom sind. Die seltsame Mischung der Newtonschen Mechanik mit der Quantenmechanik ließ die Physiker auch in bezug auf die Grundprinzipien ihrer Wissenschaft unsicher werden.

VERSCHIEDENE FORMEN DER QUANTENMECHANIK

Die Entwicklung der tatsächlichen Quantenmechanik -- der mathematischen Theorie -- fand in den Jahren 1924 bis 1927 statt. Anfänglich gab es zwei scheinbar unterschiedliche Vorgehensweisen: die Matritzenmechanik, von Werner Heisenberg entwickelt, und die Wellenmechanik, die von Erwin Schrödinger erfunden wurde. Es zeigte sich jedoch bald, dass es sich hierbei nur um zwei verschiedene Aspekte der selben Theorie handelte, die schließlich als Quantenmechanik bezeichnet wurde. Diese vereinte Version wurde von Paul Dirac erfunden. In der Matritzenmechanik werden physikalische Werte, wie die Position eines Teilchens, nicht durch Zahlen ausgedrückt, sondern durch Matritzen. Diese Methode ist sehr nützlich, wenn nur geringe Energiemengen vorhanden sind, wie z.B. bei einem Teilchen mit einem bestimmten Winkelmoment in einem Magnetfeld.

Die Wellenmechanik ist in Situationen vorteilhafter, in denen die Energiemenge unendlich wird, wie z.B. bei einem Elektron in einem Atom. Sie basiert auf der Idee, welche ursprünglich von Louis deBroglie stammt, nämlich, dass Teilchen wie Elektronen mit Wellen verbunden sind. Die Wellenlänge *Gamma* steht durch folgende Beziehung mit der Masse m und der Geschwindigkeit v des Teilchens in Zusammenhang: *Gamma = h / mv.* Hierdurch ergibt sich, dass die Wellenlänge für ein Elektron, das sich mit 10% der Lichtgeschwindigkeit bewegt, wie dies in Elektronenröhren der Fall ist, ungefähr 10^{-10} m ist, also der Abstand zwischen Atomen in einem Kristallgitter. Diese Vorhersage deBroglies wurde von Clinton Davisson und George Thomson bewiesen, denen es gelang, die Elektronenwellen durch einen metallischen Kristall zu leiten und Beugungsmuster, ähnlich denen bei Röntgenstrahlen, zu erzeugen.

Im Jahr 1925 entwickelte Erwin Schrödinger eine Gleichung, die nun seinen Namen trägt und die beschreibt, wie sich eine Welle, die mit einem Elektron oder einem anderen subatomaren Teilchen verbunden ist, in Raum und Zeit verändert, wenn sie verschiedenen Kräften ausgesetzt ist. Diese Gleichung hat viele verschiedene Lösungen, und Schrödinger erlegte die Bedingung auf, dass für ein Teilchen, welches an ein Atom gebunden ist, die Lösung in mathematischer Hinsicht entsprechend definiert sein sollte. Wenn sie auf den Fall des Elektrons in einem Wasserstoffatom angewandt wurde, ergaben sich aus Schrödingers Gleichung sofort die richtigen Energienieveaus, welche schon zuvor von Bohr berechnet worden waren. Allerdings konnte die Gleichung auch auf komplexere Atome angewendet werden, und sogar auf Teilchen, welche nicht an Atome gebunden sind. Es wurde bald herausgefunden, dass sich in jedem Fall durch Schrödingers Gleichung eine korrekte Beschreibung des Verhaltens eines Teilchens ergab, vorausgesetzt, dass sich dieses nicht mit einer Geschwindigkeit in der Nähe der Lichtgeschwindigkeit bewegte.

Trotz dieses Erfolgs blieb die Bedeutung der Wellen unklar. Schrödinger glaubte, dass die Stärke der Welle an einem Punkt im Raum die "Menge" des Elektrons darstellte, welches an diesem Punkt vorhanden war. Dies bedeutete also, dass das Elektron nicht auf einen Punkt konzentriert war, sondern sich weiter ausdehnte. Allerdings stellte sich bald heraus, dass diese Interpretation unhaltbar war, weil, selbst falls ein Teilchen ursprünglich auf einen kleinen Bereich konzentriert war, es sich bald über einen immer größeren Bereich ausdehnen würde, was im Gegensatz zu dem beobachteten Verhalten des Teilchens stand.

Die korrekte Interpretation der Wellen wurde von Max Born entdeckt. Als er untersuchte, wie Zusammenstöße zwischen Teilchen durch die Quantenmechanik beschrieben werden, erkannte er, dass die Stärke der deBroglie-Schrödinger-Welle ein Maß für die Wahrscheinlichkeit war, das Teilchen an jedem Punkt im Raum zu finden. Oder anders ausgedrückt: Durch die Messung würde eher ein ganzes Teilchen gefunden werden als ein Teil davon, aber in Bereichen, wo die Wellenstärke gering war, konnte das Teilchen nur selten aufgefunden werden, wohingegen es in Bereichen hoher Stärke oft zu finden war.

HEISENBERGS UNSCHÄRFERELATION

Ein wichtiger Beitrag für die Interpretation der Quantenmechanik stammt von Heisenberg. Im Jahr 1927 analysierte er verschiedene Gedankenexperimente, die ersonnen worden waren, um Informationen über die Position und die Geschwindigkeit eines Teilchens zu liefern. In einem Fall wurde ein Mikroskop zur Beobachtung des Elektrons eingesetzt. Es ist bekannt, dass aufgrund der Welleneigenschaften des Lichts eine genaue Abbildung des Elektrons die Verwendung von Licht sehr kurzer Wellenlänge und deshalb hoher Frequenz verlangt. Aus der Planck-Einstein-Beziehung ergibt sich allerdings, dass bei einem solchen Licht die Photonen eine große Energiemenge und ein großes Moment besitzen müssten. Bei Zusammenstößen zwischen solchen Photonen und Elektronen wird sich das Moment des Elektrons in unbestimmbarer Weise verändern. Hierdurch wird die erhöhte Genauigkeit, mit welcher die Position des Elektrons bekannt ist, von einem unvermeidlichen Verlust der Genauigkeit in bezug auf das Moment begleitet. Auf Basis dieser Dinge und ähnlicher Analysen kam Heisenberg auf die Idee, seine Unschärferelation zu formulieren, welche in ihrer einfachsten Form besagt, dass eine umgekehrte Beziehung zwischen der Unschärfe *Delta x*, mit der man die Position eines beliebigen Objekts angeben kann, und der Unschärfe *Delta p*, mit der das Moment beschrieben wird, vorhanden ist. Die mathematische Gleichung für die Unschärferelation ist: *Delta y x Delta p* ist geringer als *h/4 Pi.* Für ein Objekt gewöhnlicher Größe spielt dies keine Rolle, wenn es mit den üblichen experimentellen Fehlerquellen verglichen wird. Aus diesem Grund sind zwischen den Vorhersagen der Newtonschen Mechanik und der Quantenmechanik auch kaum irgendwelche Unterschiede vorhanden. Für ein Elektron in einem Atom ist die Unschärferelation allerdings so bedeutend, dass hierdurch sowohl die Größe, als auch die minimale Energie stark beeinflusst werden.

Mit Borns Wahrscheinlichkeitsinterpretation der Wellenstärke, und Heisenbergs Unschärferelation waren die Elemente der indetermistischen Interpretation der Quantenmechanik vereint. Diese Interpretation wird oft als die Kopenhagen-Interpretation (1930) bezeichnet, weil Niels Bohr, der einen wichtigen Beitrag zu deren Formulierung leistete, während dieser Zeit in dieser Stadt ein einflussreiches, physikalisches Labor leitete. Allerdings waren viele Physiker, eingeschlossen Einstein und Schrödinger, welche die mathematischen Formulierungen anerkannten, mit der Kopenhagen-Interpretation unzufrieden und kritisierten diese. Die Frage der richtigen Interpretation des mathematischen Formalismus ist weiterhin ein Problem geblieben.

Direkt nach ihrer Entdeckung wurde die Quantenmechanik auf viele Probleme der Atomphysik und Chemie angewandt, wie z.B. auf die Struktur von Atomen mit mehreren Elektronen und auf Moleküle. Diese Anwendungen waren - hinsichtlich der Erklärung alter Beobachtungen und der Vorhersage neuer - im allgemeinen sehr erfolgreich. Ein Beispiel für den letzten Fall war die erfolgreiche Vorhersage, dass Wasserstoffmoleküle in zwei verschiedenen Typen bestehen können, und zwar abhängig von der relativen Orientierung des Winkelmoments des Kerns. Dieser Erfolg führte dazu, das Paul Dirac im Jahr 1928 erklärte, dass die Quantenmechanik die gesamte Chemie und den größten Teil der Physik einschließt. Obwohl sich erwiesen hat, dass der zweite Teil dieser Behauptung nicht ganz richtig ist, war es durch Ausweitungen der Quantenmechanik möglich, eine immer größere Zahl physikalischer Phänomene zu erklären. Z.B. verwendete George Gamow in den Dreißiger und Vierziger Jahren die Quantenmechanik, um den radioaktiven Zerfall des Atomkerns zu erklären.

Für einige Anwendungen hinsichtlich des Atomkerns, und für genaue Berechnungen in der Atomphysik war es notwendig, die ursprüngliche Form zu erweitern, um sie in Übereinstimmung mit der Speziellen Relativitätstheorie zu bringen. Dies erfolgte zuerst durch Dirac im Jahr 1927, und zwar durch eine Gleichung, die seinen Namen trägt. Diracs Gleichung erwies sich schnell als erfolgreich, um die Eigenschaft von Elektronen, die als Spin bekannt ist, zu erklären. Es war schon zuvor bekannt, dass die Elekronen einen Spin mit dem Wert *h / 4 Pi* aufweisen, aber die Gründe hierfür waren nicht klar. Durch die Dirac-Gleichung konnte nun dies und einige magnetische Eigenschaften rotierender Elektronen erklärt werden. Sie ließ auch eine neue Vorhersage in bezug auf die Existenz von Teilchen zu, welche eine ähnliche Masse und einen ähnlichen Spin wie die Elektronen, jedoch eine entgegengesetzte Ladung besitzen. Diese Teilchen, die später als Positronen bekannt wurden, sind im Jahr 1932 durch Carl Anderson entdeckt. Sie waren das erste Beispiel für Antiteilchen, deren Existenz durch eine Theorie vorhergesagt werden konnte, durch die sowohl die Bedingungen der Quantenmechanik, als auch der Speziellen Relativitätstheorie erfüllt wurden.

QUANTENFELDTHEORIE

Die Untersuchung von Antiteilchen und ihrer Eigenschaften deckte einen neuen Aspekt der Quantentheorien auf -- die Erzeugung und Auslöschung von Materie. Dirac hatte vorhergesagt, und dies konnte schon bald bestätigt werden, dass sich Elektronen und Positronen zu Paaren vereinigen können, wenn hochenergetische Photonen durch Materie hindurchgehen. Weiterhin löst sich ein Positron, das in die Nähe eines Elektrons kommt, sehr schnell zusammen mit dem Elektron auf, indem es sich in verschiedene Photonen verwandelt. Um Umwandlungen zu beschreiben, bei denen die Zahl der Teilchen veränderlich ist, war es notwendig, die Quantenmechanik auf ein neues Gebiet anzuwenden -- auf das von Feldern.

In der Newtonschen Physik stellt ein Feld eine physikalische Größe dar, wie z.B. eine elektrische Kraft, die sich nach exakten

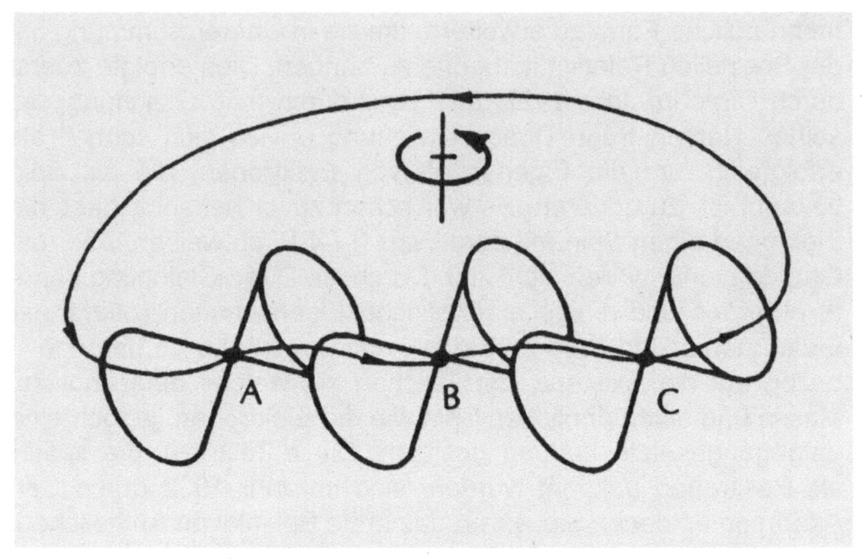

Geneigte Lichtkegel in einem rotierenden Universum (nach Nahin 1993)

mathematischen Gleichungen von Punkt zu Punkt in Raum und Zeit verändert. Solche klassischen Felder können an jedem Punkt jeden beliebigen Zahlenwert annehmen. Die allgemeine Version der Quantentheorie wurde zuerst von Dirac auf das elektromagnetische Feld angewendet, indem er zeigen konnte, dass diese Kombination automatisch die Existenz von Photonen erforderte, und zwar mit den Eigenschaften, wie sie von Planck und Einstein angegeben worden waren. Weiterhin konnte Dirac diesen Quantenfeldformalismus, der als QED oder Quantenelektrodynamik bekannt wurde, dazu benutzen, um zu beschreiben, wie Photonen von geladenen Teilchen absorbiert und abgestrahlt werden,s und wann ein Elektron in einem Atom abstrahlt. Eine wichtige praktische Anwendung der QED war die Erfindung des Lasers in den späten Fünfziger Jahren.

Eine Reihe von Physikern wandten ähnliche Ideen auf andere bisher unbekannte Gebiete an, um Prozesse zu beschreiben, in

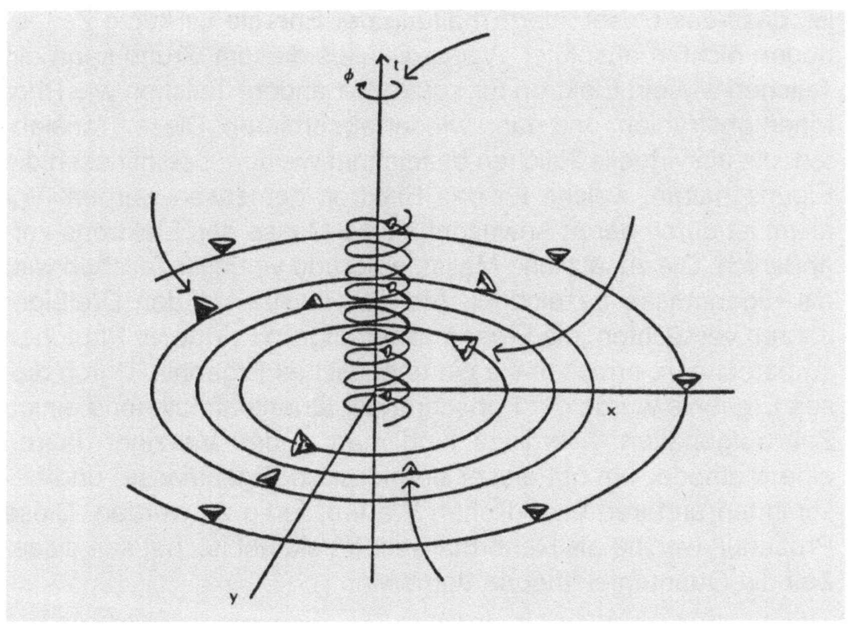

Die Zukunftslichtkegel zeigen fast alle in die +t-Richtung, weit weg von der rotierenden Materie. Sie beginnen sich zu neigen, wenn die Materie erreicht wird. Beachten Sie, dass ein spiralförmiger, zeitähnlicher Pfad vorhanden ist, der sich lokal in der t-Richtung in die Zukunft bewegt. (Nach Nahin).

denen die Zahl anderer Typen von Teilchen veränderlich ist. Z.B. verwendete im Jahr 1933 Enrico Fermi die Quantenfeldtheorie, um die Abstrahlung von Elektronen aus dem Kern zu erklären, ein Prozess, der als Beta-Zerfall bekannt ist. Die allgemeine Schlussfolgerung, die man hieraus ziehen kann, ist, dass durch Felder, auf welchen die Gesetze der Quantenmechanik und Relativitätstheorie angewendet werden können, automatisch Teilchen beschrieben werden, welche erzeugt und zerstört werden können.

Die Quantenfeldtheorie besitzt einige unvorhergesehene Konsequenzen. Ein Aspekt der Heisenbergschen Unschärferelation ist, dass das Gesetz der Erhaltung der Energie für kurze Zeitperioden nicht in absoluter Weise gilt. Aus diesem Grund kann ein Teilchen wie ein Elektron für kurze Zeit andere Teilchen wie Photonen abstrahlen, und dann wieder absorbieren. Diese Transienten, die als virtuelle Teilchen bezeichnet werden, beeinflussen die Eigenschaften, welche für das Elektron gemessen werden. Vor allem ist durch deren Anwesenheit die Masse des Elektrons veränderlich. Die zusätzliche Masse aufgrund virtueller Teilchen wird als Eigenmasse bezeichnet. Als die Physiker in den Dreißiger Jahren versuchten, die Eigenmasse aufgrund virtueller Photonen zu berechnen, erhielten sie ein unendliches Ergebnis. Durch dieses Ergebnis wurde der Fortschritt der Quantenfeldtheorie einige Zeit aufgehalten. Allerdings fand man in den Vierziger Jahren eine Methode, um mit dieser unendlichen Eigenmasse, und bestimmten anderen unendlichen Werten, fertig zu werden. Diese Prozedur, welche als Renormalisation bekannt ist, hat seit dieser Zeit die Quantenfeldtheorie dominiert.

RENORMALISATION

Die Idee hinter der Renormalisation ist, dass die Eigenmasse nicht direkt messbar ist. Nur die Kombination der Eigenmasse und der wirklichen Masse, welche das Elektron haben mag, kann beobachtet werden. Es wurde zuerst von Hendrik Kramers vorgeschlagen, dass sich eine unendliche Eigenmasse mit einer unendlichen, wirklichen Masse verbinden könnte, so dass sich die endliche, beoabachtete Masse ergibt. Es sollte dann möglich sein, alle anderen beobachteten Größen in Beziehung auf diese Summe auszudrücken, wodurch das Problem der Unendlichkeit vermieden würde. Berechnungen in bezug auf diese Prozedur, welche als Massenrenormalisation bekannt ist, sind ziemlich schwierig. Tatsächlich konnten sie nur durch die Einführung neuer Techniken in den Vierziger Jahren durch Julian Schwinger und Richard Feynman durchgeführt werden. Diese Techniken sind so aufgebaut, dass sie in allen Phasen mit der

Relativitätstheorie übereinstimmen, im Gegensatz zu früheren Methoden, welche klare Unterschiede zwischen Raum und Zeit machten. Feynmans Methoden schließen die Verwendung von suggestiven Bildern ein, welche heute als Feynman-Diagramme bekannt sind. Z.B. wird die Abstrahlung eines Photons durch ein Elektron als eine durchgezogene Linie unbestimmter Länge dargestellt, welche das Elektron repräsentiert, und mit einer welligen Linie, welche das Photon darstellt und von der Mitte der Elektronenlinie ausgeht. Feynman beschrieb eine Reihe von Regeln, durch welche die Wahrscheinlichkeit eines Ereignisses irgendeines Prozesses direkt aus dem entsprechenden Diagramm berechnet werden konnte.

In den späten Vierziger Jahren machten die Wissenschaftler aufgrund der Abstrahlung und Absorption virtueller Photonen einige kleinere Korrekturen, und zwar für die Energie des Elektrons in einem Wasserstoffatom und für die magnetischen Eigenschaften des Elektrons. Diese Berechnungen, die mit immer größerer Genauigkeit durchgeführt wurden, stimmen in einigen beobaqchteten Fällen mit der unglaublichen Abweichung von einem Milliardstel überein. Dies darf man vielleicht als den größten Triumph bezeichnen, welchen die theoretische Physik bisher errungen hat.

Der Erfolg der QED führte viele Physiker dazu zu glauben, dass noch andere renormalisierbare Quantenfeldtheorien gefunden werden konnten, um Eigenschaften subatomarer Teilchen zu beschreiben, welche in der QED nicht enthalten sind, wie z.B. die starken Kernkräfte, welche die Neutronen und die Protonen im Kern zusammenhalten, und die schwachen Kernkräfte, welche für den Betazerfall verantwortlich sind. Jahrelang erfüllte sich diese Hoffnung jedoch nicht, weil noch nicht ausreichend viel über die verschiedenen Typen renormalisierbarer Theorien, oder die Teilchen, auf welche diese Theorien angewandt werden sollten, bekannt war. Die Lage veränderte sich in den Sechziger und Siebziger Jahren, nachdem durch Chen-Ning Yang und Robert Mills eine bestimmte Art renormalisierbarer Quantenfeldtheorien

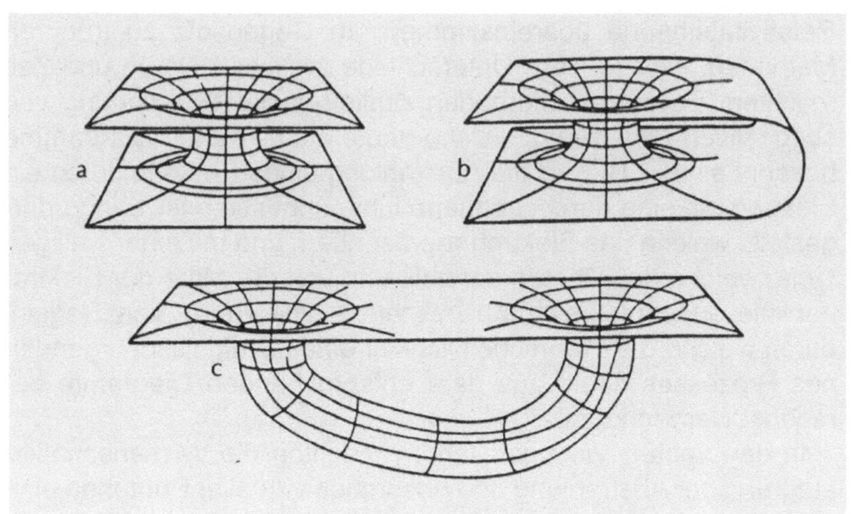

Zeittunnel und Wurmlöcher. Das Wurmloch in a verbindet zwei unterschiedliche Universen, während in b und c das gleiche Universum verbunden wird. Entsprechend dem äußeren Raum zwischen den Öffnungen der Wurmlöcher kann dieses lang oder kurz sein.

erfunden wurden. Es konnte gezeigt werden, dass es durch eine Art dieser Feldtheorien, welche Quantenchromodynamik oder QCD genannt wurde, möglich war, die starken Wechselwirkungen zu beschreiben, vorausgesetzt, dass sie nicht auf Protonen und Neutronen, sondern auf Quarks angewendet wurdens, hypothetischen Teilchen, aus denen die Protonen und Neutronen und andere Teilchen bestehen. Durch eine weitere Feldtheorie von Sheldon Glashow, Steven Weinberg und Abdus Salam konnten auch die elektromagnetischen und schwachen Kernkräfte gemeinsam beschrieben werden, wodurch zwei wichtige Aspekte der Natur in einer einzigen Theorie vereint wurden.

Trotz des Erfolgs der renormalisierten Quantenfeldtheorien haben einige bekannte, theoretische Physiker, wie z.B. Dirac, ihre Missbilligung über diese ausgedrückt. Obwohl die beobachteten Größen in diesen Theorien endlich sind, wird dies nur durch Ma-

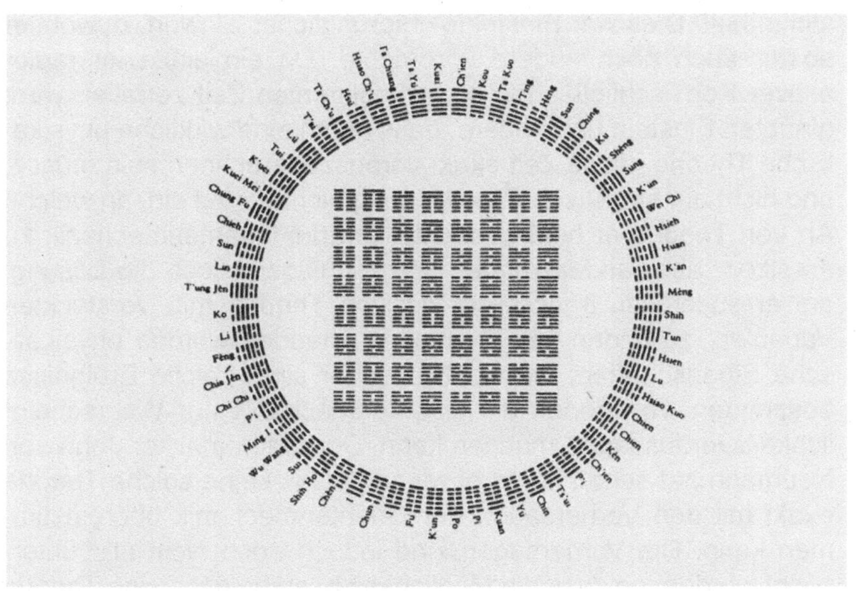

Die 64 Haxagramme des I Ching dargestellt in der traditionellen Anordnung in einem Kreis und einem Quadrat. Dieses antike Orakel erlaubt dem Anwender eine Art von Zeitreise, da hierdurch kommende Ereignise oder eine Veränderung der Zukunft "vorhergesagt" werden können.

nipulationen unendlicher Größen erreicht, welche in mathematischer Hinsicht suspekt und ästhetisch gesehen unerfreulich sind.

THEORIEN MIT VERSTECKTEN VARIABLEN

Die Quantenmechanik ist nun über 60 Jahre alt und war sehr erfolgreich, Erklärungen für physikalische Phänomene zu finden. Nichtsdestotrotz sind einige Physiker mit dieser Theorie und der vorherrschenden Kopenhagen-Interpretation mehr oder minder unzufrieden. Ein großer Teil dieser Kritik hat seinen Grund in den radikalen Abänderungen im Vergleich zu den früheren Theorien der Quantenmechanik.

Ein Kritikpunkt an der Quantenmechanik betrifft ihre Unbestimmtheit. Dies war Einsteins ursprünglicher Einwurf, obwohl er später auch noch andere vorbrachte. Da ein einzelner radioaktiver Kern schließlich in einer bestimmten Zeit zerfallen wird, glaubten Einstein und andere, dass durch eine wirkliche physikalische Theorie, diese Zeit exakt vorauszuberechnen sein müsse, und nicht nur statistisch. Einstein ging nicht darauf ein, an welche Art von Theorie er hierbei dachte, um die Quantenmechanik zu ersetzen, aber andere haben vorgeschlagen, dass die Lösung, die er suchte, in irgendeiner Art von Theorie mit "versteckten Variablen" zu finden sei. In solchen Theorien würden physikalische Eigenschaften, die nicht messbar sind, solche Ereignisse bestimmen, von denen die Quantenmechanik nur Wahrscheinlichkeitsvoraussagen machen kann. Der Mathematiker John von Neumann hat schon lange bewiesen, dass keine solche Theorie exakt mit den Vorhersagen der Quantenmechanik übereinstimmen kann. Die Vorhersagen sind jedoch noch nicht alle untersucht worden, so dass die Möglichkeit besteht, dass eine Theorie aufgestellt werden kann, die mit allen Beobachtungen übereinstimmt, die gemacht wurden. Bisher gibt es allerdings noch keine, welche die Physiker befriedigt hat.

Ein zweites Problem in bezug auf die Interpretation der Quantenmechanik, das selbst solche stört, welche diese Theorie anerkennen, bezieht sich auf die Messung. Schrödingers Wellengleichung kann verwendet werden, um zu beschreiben, wie sich ein System zeitlich verändert. Falls die Welle zu einem Zeitpunkt überall im Raum bekannt ist, kann sie überall zu einem späteren Zeitpunkt vorhergesagt werden. Wenn man allerdings nur die Wellenstärke kennt, kann nur eine Wahrscheinlichkeitsvoraussage über die Ergebnisse der Messungen gemacht werden. Wenn eine Messung tatsächlich durchgeführt wird, dann erhält der Beobachter plötzlich exakte Informationen über zumindest eine Eigenschaft des Systems, wie z.B. die Energie. Dieser Wechsel von einer wahrscheinlichen zu einer exakten Information ist als die Reduktion der Wellenfunktion bekannt. Es hat sich erwiesen, dass, selbst falls die Wechselwirkung zwischen dem

Messinstrument und dem zu untersuchenden System in Rechnung gestellt wird, diese Reduktion durch die Schrödinger-Gleichung nicht genau beschrieben werden kann. Verschiedene Wissenschaftler haben unterschiedliche Ansichten in bezug auf diese Ergebnisse. Einige haben die Ansicht favorisiert, dass das Bewusstsein eines Beobachters eine entscheidende Rolle bei der Reduktion der Wellenfunktion spielt. Andere haben argumentiert, dass die Quantenmechanik nicht vollständig ist, weil sie die Reduktion nicht erklären kann. Die vielleicht am weitesten verbreitete Ansicht ist, dass die Reduktion der Wellenfunktion immer mit einer Wechselwirkung zwischen einem mikroskopischen Objekt, wie z.B. einem Elektron, und dem makroskopischen System, nämlich dem Messgerät, verbunden ist. Wenn diese Wechselwirkung vonstattengeht, kommt es zu einer irreversiblen Veränderung des Messgeräts, und es ist diese Veränderung, welche zur Reduktion der Wellenfunktion des Elektrons führt. Diese Ansicht mag teilweise richtig sein, aber hierdurch wird nur ein Teil des Problems gelöst, weil die Irreversibilität noch nicht völlig verstanden ist.

DAS EINSTEIN-PODOLSKY-ROSEN-PARADOXON UND BELLS THEOREM

Ein anderes Problem in bezug auf die Interpretation der Quantenmechanik ergab sich aus der Zusammenarbeit von Einstein mit Boris Podolsky und Nathan Rosen. In einem Artikel, der im Jahr 1935 veröffentlicht wurde, wiesen sie darauf hin, dass die Vorhersage der Quantenmechanik, vor allem die Vorstellung der Unschärferelation, in einigen Fällen mit dem, was sie als ein plausibles Kriterium für die Realität ansahen, im Widerspruch stehe. Es wurde ein physikalisches System vorgestellt, das sich in zwei Systeme aufspaltet, die schließlich weit auseinanderdriften. Die Realtitätsbedingung, welche sie aufstellten, lautete, dass sich die Messung in einem Teil des Systems nicht auf diejenige im anderen auswirken sollte. Ein Beispiel für ihre Analyse ist ein Atom, das ein Elektron und ein Proton enthält, beide mit einem Winkelmoment *h / 4 Pi*, aber mit einem Gesamtspin Null. Wenn die beiden Teilchen auseinanderfliegen, bewegt sich das Elektron in die eine Richtung und das Proton in die andere. Aufgrund der Erhaltung des Winkelmoments bleibt das gesamte Winkelmoment des Protons und des Elektrons Null, selbst wenn sie einen großen Abstand besitzen. Wenn ein Physiker bestimmt, dass der Spin des Elektrons in die eine Richtung geht, dann kann er sofort schließen, dass das Proton in die andere Richtung rotiert. Die Realitätsbedingung würde dann besagen, dass der Spin des Protons schon bestimmt ist, bevor die Messung des Elektrons durchgeführt wurde.

Ein Argument, im Jahr 1964 von John Bell vorgebracht, befasste sich mit der Tatsache, dass Einsteins Schlussfolgerung der Quantenmechanik widerspricht. Seine Entdeckung, die als Bells Theorem bekannt ist, basiert auf statistischen Messungen des Spins von vielen zusammenhängenden Elektronen und Protonen. Es besagt, dass jede Theorie, welche Einsteins Realitätsbedingungen erfüllt -- dass also die Realität ein lokales Phänomen ist und Teilchen bestimmte Eigenschaften haben -- notwendigerweise auf eine Beziehung in den Ergebnissen einer Reihe von Messungen basiert. Es wurden viele Experimente durchgeführt, um Einsteins Realitätsbedingungen und Bells Theorem zu testen. Durch die Ergebnisse konnte Einstein nicht bestätigt werden, sondern es zeigte sich, dass die Quantenmechanik Recht hatte.

Forschungen, in denen die Quantenmechanik verwendet wird, stehen immer noch im Mittelpunkt der heutigen Physik. Ein Aspekt dieser Forschungen schließt die Suche nach Näherungsmethoden ein, die mit den Grundprinzipien der Quantenmechanik bei Untersuchungen von Situationen angewendet werden können, die so komplex sind, dass sie nicht exakt erfasst werden können. Eine wichtige Entdeckung auf diesem Gebiet ist die, dass in manchen Situationen die Diskretheit der physikalischen Größen, welche üblicherweise auf dem subatomaren Niveau stattfindet, auch auf einem makroskopischen Niveau auftreten kann. Beim quantizierten Hall-Effekt handelt es sich um ein vor kurzem entdecktes Beispiel dieser Art.

Ein anderer wichtiger Forschungsbereich betrifft die Versuche, auch die Gravitation unter die Phänomene einzureihen, welche durch die Quantenmechanik beschrieben werden können. Obwohl es bisher keine Beobachtungen gibt, welche eine Quantentheorie für die Gravitation notwendig machen, glauben die Physiker, dass solche Phänomene innerhalb von Schwarzen Löchern auftreten und im Frühstadium des Universums überall vorhanden gewesen sein könnten. Bisher war es noch nicht möglich, eine konsistente Quantentheorie der Gravitation aufzustellen, weder mit Hilfe der Allgemeinen Relativitätstheorie, noch durch die Anwendung der Quantenfeldtheorie. Zur Zeit gehen einige Physiker einer Methode nach, die auf die Quantentheorie der Strings basiert, Objekte, die sich nur in einer Raumdimension ausdehnen, im Gegensatz zu konventionellen Teilchen, die keine Ausdehnung besitzen. Vielleicht wird es durch Stringtheorien gelingen, die Gravitation mit den anderen Naturkräften in einer einheitlichen, quantenmechanischen Beschreibung der Natur zu vereinen. Bis dahin besteht allerdings kein Zweifel, dass die Quantenmechanik die erfolgreichste Theorie in bezug auf physikalische Phänomene ist, die bisher durch den menschlichen Geist erfunden wurde.

SUPERSTRINGTHEORIEN UND GROßE EINHEITLICHE THEORIEN

In der theoretischen Physik sind Superstringtheorien mathematische Modelle, bei denen die Elementarteilchen als extrem kurze (ungefähr 10^{-35} m), eindimensionale Strings angesehen werden. Es wird angenommen, dass diese Strings in der Lage sind, sich zu verbinden, zu trennen und zu Schleifen zu formen. Es wird auch davon ausgegangen, dass sie in mehr als vier Dimensionen existieren, wobei die zusätzlichen Dimensionen im

Raum aufgerollt sind. Superstringtheorien sind extrem spekulativ und bisher noch nicht bewiesen, aber bestimmte erfolgreiche Vorhersagen der Modelle lassen hoffen, dass sie letztendlich zu einer einzigen Theorie der Kräfte und Teilchen führen werden. Die ersten Stringtheorien sind dazu benutzt worden, um die starken Kernkräfte zu verstehen, allerdings ohne Erfolg. Sie sind danach mit Theorien der Supersymmetrie verbunden worden, deshalb der Name Superstring.

In der theoretischen Physik sind Große Einheitliche Theorien (GET) Versuche, die drei grundsätzlichen Naturkräfte, nämlich die starken, schwachen und elektromagnetischen Kräfte, als Aspekt einer einzigen Wechselwirkung darzustellen. Sie beschreiben auch die beiden grundsätzlichen Bestandteile der Materie, die Quarks und Leptonen, als Manifestationen einer einzigen Art eines subatomaren Teilchens.

Laut der gegenwärtigen Theorien werden die Kräfte zwischen subatomaren Teilchen mittels Abstrahlungen und Absorptionen von Vektorbosonen übertragen, Teilchen mit einer Einheit eines inneren Winkelmoments. Die Theoretiker verwenden eine mathematische Struktur, die als Einheitsfeld bezeichnet wird, um diese fundamentalen Wechselwirkungen zu beschreiben. Die schwachen, starken und elektromagnetischen Wechselwirkungen unterscheiden sich hauptsächlich in ihrer Stärke und werden durch die Ruheenergie ihrer Bosonen und durch die Wahrscheinlichkeit der Bosonenabstrahlung gemessen. Nach abnehmender Stärke handelt es sich bei den Bosonen um Gluonen (starke Kernkräfte), Photonen (elektromagnetische Kräfte) und W- und Z-Teilchen (schwache Kernkräfte).

In den GETs wird der Unterschied zwischen den fundamentalen Kräften als das Ergebnis der Tatsache angesehen, dass die Teilchen bei relativ geringen Energien beobachtet werden. Wenn Teilchen bei sehr hohen Energien beobachtet werden könnten, dann würde sich herausstellen, dass die drei Arten von Wechselwirkungen die gleiche Stärke besäßen. Zusätzlich würden sich Quarks und Leptonen unter solchen Bedingungen ähnlich verhalten. Die Energie, bei welcher diese Vereinigung erwartet wird, beträgt 10^{14} GeV, das Trillionenfache der Energie der heutigen Experimente. Obwohl es wahrscheinlich nie möglich ist, solche Hochenergieprozesse im Laboratorium zu untersuchen, glaubt man, dass im Urzustand des Universums, ein paar Bruchteile einer Sekunde nach dem Urknall, die Durchschnittsenergie aller Teilchen groß genug war, damit sie sich in der Art verhalten konnten, wie dies durch die GETs beschrieben wird.

Eine überraschende Vorhersage der GETs ist, dass auch noch neue Wechselwirkungen vorhanden sein könnten, welche Vektorbosonen betreffen, deren Ruhemasse 10^{14} GeV beträgt. Durch diese Wechselwirkungen wäre es möglich, dass sich drei Quarks in ein Lepton verwandeln könnten, eingeschlossen dem Zerfall von Protonen und Neutronen in Leptonen. Das Ergebnis eines solchen Zerfalls wäre eine Protonenlebenszeit von 10^{31} "Leistungsjahre", und Beweise in dieser Hinsicht würden die Ansicht der ewigen Stabilität der Protonen zerstören. Es werden schon Experimente unternommen, um diesen seltenen Protonenzerfall zu entdecken, aber bisher sind noch keine schlüssigen Beweise erhalten worden.

Obwohl die Gültigkeit der GETs bisher noch nicht anerkannt wird, entwickeln die Physiker Theorien, durch welche die vierte Kraft, die Gravitation (und ihr Boson, das Graviton) mit den anderen drei Kräften verbunden werden soll. Diese Theorien werden als Supersymmetrietheorien bezeichnet.

SYMMETRIE IN DER THEORETISCHEN PHYSIK

In der Physik stellt ein System eine Symmetrie zur Schau, wenn es sich bei einer bestimmten Operation nicht verändert. Z.B. sieht ein Ball, der sich dreht, aus jeder Richtung gleich aus. Es wird deshalb gesagt, dass der Ball eine sphärische Symmetrie besitzt. Solche Symmetrien spielen für das Verständnis verschiedener physikalischer Phänomene eine grundsätzliche Rolle. Vor allem beim Studium der Elementarteilchenphysik sind sie von entscheidender Bedeutung, wo die genaue Natur der Kraftgesetze noch immer unbekannt ist. Die Bedeutung der Symmetrie ist die, dass viele Aspekte des Verhaltens eines Systems auf Basis seiner Symmetrie vorhergesagt werden können, ohne dass man ein detailliertes Wissen über die inneren Prozesse besitzen muss.

Alle Symmetrien können in zwei Klassen eingeteilt werden: diskrete und kontinuierliche Symmetrien. Bei einer diskreten Symmetrie gibt es nur eine endliche Zahl von Operationen, die zu identischen, physikalischen Konfigurationen führen können. Z.B. hat ein Quadrat, das auf ein Blatt Papier gezeichnet wird, eine diskrete Symmetrie, weil es nur vier Möglichkeiten gibt, wie es senkrecht zur Papierebene um seine Achse rotiert werden kann, um sein Aussehen nicht zu verändern. Auf der anderen Seite verändert sich ein Kreis bei jedem beliebigen Rotationswinkel nicht. Auf diese Weise weist er also eine kontinuierliche Rotationssymmetrie auf.

Weitere Beispiele für eine kontinuierliche Symmetrie sind Raumzeittranslationen und Rotationen. Die erstere bezieht sich auf alle Punkte im Raum und der Zeit, wobei diese äquivalent sind, jedenfalls soweit die physikalischen Gesetze betroffen sind. Die letztere bezieht sich auf die Äquivalenz in alle Raumrichtungen (Isotropie des Raumes). Zwei wichtige Beispiele einer diskreten Symmetrie sind räumliche Relexionen und Zeitumkehrungsinvarianzen. Viele physikalische Gesetze bleiben bei einer Spiegelreflexion und bei der Umkehrung der Zeitrichtung unverändert.

Ein Energieerhaltungsgesetz stellt fest, dass einige physikalische Parameter eines Systems während der Zeitevolution gleich bleiben. Z.B. ist in der klassischen (nichtrelativistischen) Physik die Gesamtmasse eines Systems vor und nach einem Kollisionsprozess fest. In der gleichen Weise gehorchen auch das lineare Gesamtmoment und Winkelmoment und die Gesamtenergie eines Systems sowohl in der relativistischen, als auch nichtrelativistischen Physik dem Energieerhaltungsgesetz.

Seit der Einführung der Lagrange-Formulierung in die Physik steht fest, dass die Existenz des Energieerhaltungsgesetzes mit einer darunterliegenden Symmetrie verbunden ist. Z.B. ist die Erhaltung des linearen Moments eine direkte Folge der Lagrange-Invarianz bei einer Raumtranslation oder Homogenität des Raumes. Auf ähnliche Weise ergibt sich der Energieerhaltungssatz aus der Invarianz bei einer Zeittranslation. Die Erhaltung des Winkelmoments ist das Ergebnis der rotationellen Invarianz. Eine Symmetrie bei einer räumlichen Reflexion führt zu einer Paritätsinvarianz.

Um die Natur der Erhaltungsgesetze in einem System zu bestimmen, muss die Natur der Kräfte in dem System und der damit verbundenen Symmetrien untersucht werden. Weil alle Kräfte ihren Ursprung in einer potentiellen Energie haben, ist es ausreichend, die potentielle Energie zu untersuchen, um die Erhaltungsgesetze zu finden. Z.B. ziehen sich die Erde und die Sonne durch eine Kraft, welche nur vom Abstand zwischen beiden und nicht von ihrer Orientierung abhängt (einer Zentralkraft), gegenseitig an. Das Kraftgesetz ist rotationell invariant und führt deshalb zu einer Erhaltung des Winkelmoments. Weil das Winkelmoment senkrecht zur Rotationsebene wirkt, sind die Erde und die Sonne für immer an die gleiche Rotationsebene gebunden. Auf diese Weise werden also zwei beliebige Körper, die aufgrund einer zentralen Kraft in Wechselwirkung treten, diese Eigenschaft aufweisen.

Durch Symmetrien sind nur bestimmte Endzustände möglich, sobald der Anfangszustand gegeben ist, woraus sich umgekehrt ergibt, dass das Auftreten mehrerer Endzustände untersagt, oder zumindest höchst unwahrscheinlich ist. Die Regeln, durch welche solche Übergänge gesteuert werden - Selektionsregeln genannt - sind für die Untersuchung atomarer Systeme von Bedeutung, wo durch das Wissen von erlaubten Anfangs- und Endzuständen z.B. die Stärke und die Energie des abgestrahlten Lichts von Lasern bestimmt wird.

INNERE SYMMETRIE UND RAUMZEIT

Die Symmetrien, die bisher besprochen wurden, bezogen sich auf den Raum und die Zeit oder beides. Es sind allerdings bestimmte Symmetrien bekannt, bei denen durch die Symmetrieoperation eine Art von Teilchen in ein anderes verwandelt wird. Z.B. ist bekannt, dass im Kern zwischen einem Proton-Proton-, Proton-Neutron- und Neutron-Neutron-Paar die gleiche Kraft vorhanden ist, was bedeutet, dass eine austauschbare Symmetrie zwischen dem Proton und dem Neutron existiert. In einem imaginären "Raum", wo sich das Proton und das Neutron in zwei hypothetische Richtungen drehen, bleiben bei jeder Rotation in diesem Raum die nuklearen Kräfte unverändert. Diese Eigenschaft wird als Isospin-Symmetrie bezeichnet. Die Einbeziehung zusätzlicher Teilchen in einem solchen Raum führt zu einer höheren Einheitssymmetrie. Andere Beispiele für innere Symmetrien sind elektrische Ladungen, die Baryon-Zahl usw., welche alle ihren Ursprung den Operationen in einem fiktiven, inneren Raum verdanken.

Die inneren Symmetrien können an jedem Raumzeitpunkt in der gleichen Weise vorhanden oder unterschiedlich sein. Im letzteren Fall werden sie Einheitssymmetrien genannt. In den Sechziger Jahren wendeten die Theoretiker die Einheitssymmetrie sowohl auf die Konzepte der schwachen Kernkräfte, als auch auf die elektromagnetischen Kräfte an. Sie untersuchten die Idee eines "spontanen Symmetriebruchs", bei dem bestimmte Beziehungen in theoretischer Hinsicht eine perfekte Symmetrie besitzen können, allerdings in ihren physikalischen Manifestationen keine glatte Symmetrie aufweisen. Das Ergebnis war ein einziges mathematisches Modell, in dem beide Kräfte eingeschlossen waren: die Theorie der elektro-schwachen Kräfte.

Wir haben hieraus also gelernt, dass das Raumgefüge in verschiedenen Dimensionen existiert, und die Zeit, wie wir sie kennen, nicht in der gleichen Art und Weise in all diesen Dimensionen exisitiert. Es ist in theoretischer Hinsicht möglich, sich durch die Zeit zu “tunneln”, indem man den Hyperraum benutzt. Die Physiker erzählen uns, dass alle Dinge im Universum durch verschiedene Felder miteinander verbunden sind -- Gravitation, Elektrizität, Magnetismus, die “schwachen” Kräfte der Atome und die Zeit. Theoretisch gibt es kein Hindernis für Zeitreisen, es ist sogar so, dass Zeitreisen und Zeitanomalien ein Teil des Gefüges des Universums selbst sind!

2. KAPITEL

DIE RELATIVITÄTSTHEORIE UND RAUMZEITKRÜMMUNGEN

VON DER ENTROPIE ZU ZEITUMKEHRUNGSINVARIANZEN

In der Wissenschaft versucht man den Leuten etwas, das noch keiner zuvor gekannt hat, so zu erklären, dass es jeder verstehen kann. Aber in der Dichtkunst ist das Gegenteil der Fall.
Paul Dirac (1902-1984).

Mathematiker sind wie Franzosen: Alles was man ihnen sagt, übersetzen sie in ihre eigene Sprache, und es bedeutet dann etwas völlig anderes.
Spruch, der von Goethe stammen soll.

Der Wunsch nach mechanischen Zeitreisegeräten führt uns in das Reich der Relativitätstheorie und der Raumzeitkrümmungen. In den "Star Trek"-Filmen konnte die *USS Enterprise* "Warp-Geschwindigkeiten" erreichen, wobei bei diesen Überlichtgeschwindigkeiten der "Siliziumkristall" der *Enterprise* aufs Äußerste belastet wurde, wenn das Ziel so schnell wie möglich erreicht werden sollte.

In den "Star Wars"-Filmen von George Lucas sind die Raumschiffe allerdings in der Lage, in einem Augenblick von einem Ort zum anderen zu springen, von einem Sonnensystem in das andere. Statt dass sie sich mit "Warp-Geschwindigkeit" bewegen, springen sie also eher durch den Hyperraum. Hierbei handelt es sich um keine Überlichtgeschwindigkeit, sondern es ist etwas "anderes" als Licht. Es handelt sich um Reisen, bei denen die Raumschiffe von einer Dimension in die andere springen und Raum und Zeit gleichzeitig überbrücken. Kein Punkt, dessen Koordinaten berechnet werde können, ist zu weit entfernt. Er kann in einem Augenblick erreicht werden. Hier handelt es sich ebenfalls um Zeitreisen. Um den Hyperraum zu erobern, ist ein tieferes Verständnis der Relativitätstheorie und der Raumzeitkrümmungen notwendig.

VON DER ENTROPIE ZUR ZEITKONTROLLE

Entropie ist der wissenschaftliche Ausdruck für den Grad der Unordnung in Prozessen und Systemen. In der physikalischen Wissenschaft ist die Entropie ein Hauptpunkt für die Beschreibung der Thermodynamik oder Verhältnissen bei der Wärmeübertragung bei Molekülen, Verbrennungsmaschinen und sogar beim Universum als Ganzes. Sie ist auch auf solchen Gebieten wie der Kommunikationstheorie und der Sozial- und Lebenswissenschaft nützlich.

Die Entropie wurde zuerst von dem deutschen Physiker Rudolf Clausius im Jahr 1865 definiert, was teilweise auf die früheren Arbeiten von Sadi Carnot und Lord Kelvin basierte. Claudius fand heraus, dass sogar bei einem "perfekten" oder vollständig umkehrbaren Wärmeaustausch zwischen materiellen Systemen ein Energieverlust vorhanden ist. Er nannte diesen Verlust eine Zunahme der Entropie und definierte die Zunahme als die übertragene Wärmemenge, dividiert durch die absolute Temperatur, bei welcher der Prozess stattfindet. Weil nur wenige wirkliche Prozesse umkehrbar sind, ist die wirkliche Entropiezunahme sogar größer als diese Quantität. Dieses Prinzip ist eines der grundsätzlichen Naturgesetze, das als Zweiter Hauptsatz der Thermodynamik bekannt ist.

Der Erste Hauptsatz der Thermodynamik besagt, dass es zu einer Erhaltung der Energie kommt; durch keinen Prozess kann ständig mehr Energie freigesetzt werden als aufgenommen wurde, es ist also kein Wirkungsgrad von über 100% möglich. Der Zweite Hauptsatz ist sogar noch restriktiver, da er besagt, dass alle Prozesse aufgrund der unvermeidlichen Entropiezunahme durch Abwärme einen Wirkungsgrad von weniger als 100% besitzen müssen. Große Kohlekraftwerke verschwenden unvermeidlich 67% des Energiegehalts der Kohlen. Andere Verbrennungsmaschinen, wie das Automobil und der menschliche Körper, sind sogar noch weniger wirkungsvoll und verschwenden 80% der vorhandenen Energie. Ein hypothetisches Perpetuum mobile müsste gegen diese Naturgesetze verstoßen, um zu funktionieren. Eine solche Maschine, welche ihre eigene Ausgangsleistung als einzige Energiereserve hat, müsste einen Wirkungsgrad von 100% besitzen, um weiter laufen zu können. Durch die Reibung wird dies unmöglich gemacht, denn sie verwandelt einen Teil der Energie in Abfallwärme.

DER PFEIL DER ZEIT

Eine andere Manifestation der Entropie ist die Tendenz eines Systems, sich im Laufe der Zeit auf einen Zustand größerer Unordnung hinzubewegen. Natürliche Prozesse verlaufen eher in Richtung eines Gleichgewichts und einer Homogenität, als in Richtung eines geordneten Zustandes. Z.B. bildet sich ein Zuckerwürfel, der in Kaffee aufgelöst wird, nicht wieder zu einem Würfel zurück, und Parfummoleküle in der Luft kehren normalerweise nicht in die Parfumflasche zurück. Genauso treten auch eher chemische Reaktionen auf, bei welchen die Produkte eine größere Unordnung (Entropie) aufweisen als die ursprünglich vorhandenen Stoffe. Ein Beispiel ist die Verbrennung von Treibstoff. Solche Reaktionen kehren sich nicht spontan um. Diese Tendenz zur Unordnung gibt den natürlichen Prozessen eine zeitweilige Richtung -- dem “Pfeil der Zeit”.

Eine Konsequenz der ständigen Entropiezunahme kann das Verschwinden aller nutzbaren Energie im Universum sein. Die Physiker theoretisieren, dass das Universum schließlich ein Temperaturgleichgewicht erreichen wird, bei welchem die Unordnung ihr Maximum erreicht hat und nicht länger irgendwelche nutzbaren Energieresourcen vorhanden sind, um das Leben oder auch nur eine Bewegung aufrecht zu erhalten. Dieser "Wärmetod des Universums" wäre allerdings nur möglich, wenn das Universum physikalisch begrenzt wäre und von den gleichen Gesetzen der Thermodynamik wie auf der Erde gesteuert würde.

Das Konzept der Entropie spielt auch in der Informationsindustrie eine wichtige Rolle, wo es die Tendenz einer Kommunikation, durch Lärm oder statische Interferenzen in einen ungeordneten Zustand überzugehen, kennzeichnet. Der amerikanische Mathematiker Claude E. Shannon gebrauchte diesen Ausdruck für diesen Zweck zum ersten Mal im Jahr 1948. Ein Beispiel hierfür ist die Praxis des Fotokopierens. Wenn eine Information immer wieder kopiert wird, dann nimmt sie immer mehr ab, bis sie schließlich unverständlich wird. Geflüsterte Gerüchte unterliegen einer ähnlichen Degenerierung, die als psychologische Entropie bezeichnet werden kann. Eine solche Degeneration kommt auch in der Telekommunikation und auf Schallplatten vor. Um die Entropiezunahme zu reduzieren, kann die Information digital als Einser und Nuller kodiert werden, die auch bei einem hohen Rauschpegel, also in Anwesenheit zusätzlicher, unerwünschter Signale, noch erkannt werden können.

Die Entwicklung des Lebens und der Zivilisation auf der Erde erscheint manchen Beobachtern mit dem Zweiten Hauptsatz im Widerspruch zu stehen, der besagt, dass die Entropie niemals abnehmen kann. Andere haben hierauf geantwortet, dass es sich bei der Erde um kein geschlossenes System handelt, weil sie nutzbare Energie von der Sonne erhält, und der Zweite Hauptsatz erlaubt eine lokale Entropieabnahme, solange diese durch eine größere Entropiezunahme an anderer Stelle ausgeglichen wird. Z.B. kommt es durch die Abwärme eines Kühlschranks insgesamt zu einer Entropiezunahme in der Küche, obwohl die Entropie innerhalb des Geräts abnimmt. Das Leben auf der Erde kann eine lokale Entropieabnahme in einem Universum darstellen, in dem die Gesamtentropie immer weiter steigt.

Die Arbeiten des belgischen Chemikers Prigogine, und anderer, zielen darauf hin, die traditionelle Thermodynamik auszuweiten, um auch lebende Wesen und Sozialsysteme einzuschließen.

Der Erfahrung der Zeit ist in der Literatur und Philosophie große Aufmerksamkeit geschenkt worden. Diese Erfahrung ist bei verschiedenen Menschen unterschiedlich, und aufgrund ihrer subjektiven Natur kann sie sogar innerhalb eines Menschen ungleichmäßig sein. In der Wissenschaft werden numerische Maßeinheiten verwendet, um Beobachtungen zu ordnen. Wenn dem "Jetzt" der numerische Wert Null zugeschrieben wird, dann ist es normal, dass früheren Zeiten negative Werte, und späteren Zeiten positive Werte zugeordnet werden. Um eine Zeitskala zu erhalten, müssen irgendwelche periodische Phänomene verwendet werden, die sich mit einer gleichförmigen Rate wiederholen, welche unterteilt und gezählt werden können.

Vor dem 20. Jahrhundert wurde es als selbstverständlich angesehen, dass eine einzige, universelle, gleichförmige Zeitskala existiert. Man war davon ausgegangen, dass es für zwei Ereignisse, welche in großer Entfernung zueinander stattfinden, keine Schwierigkeiten gibt, die Bedeutung des Konzepts der Gleichzeitigkeit zu definieren -- nämlich, dass, wenn die Ereignisse für einen Beobachter gleichzeitig zu geschehen scheinen, auch alle anderen Beobachter zustimmen würden, dass die Ereignisse tatsächlich gleichzeitig geschehen. Albert Einstein erkannte jedoch anfang des 20. Jahrhunderts, dass aufgrund der universellen Konstanz der Lichtgeschwindigkeit die Messung der Zeit von der Bewegung des Beobachters abhängt.

Stellen sie sich zwei Ereignisse A und B vor, die getrennt im Raum ablaufen und für einen Beoabachter gleichzeitig abzulaufen scheinen; für einen anderen Beobachter, der sich relativ zum ersten bewegt, kann das Ereignis A vor oder nach B geschehen, und zwar abhängig von der relativen Bewegung zwischen den beiden Beobachtern. Aus diesem Grund ist die Zeit nach der modernen Ansicht nicht länger absolut, sondern hängt von der relativen Bewegung des Beobachters ab, welcher die Zeitmessung macht. Laut der Relativitätstheorie ist die Zeit nur ein Aspekt eines allgemeineren, vierdimensionalen Raumzeitkontinuums, in welchem die Ereignisse des Universums ablaufen. Raum und Zeit sind nur verschiedene Aspekte dieses darunterliegenden, vierdimensionalen Kontinuums. Des öfteren wird die Zeit als die vierte Dimension beschrieben.

ZEITSKALEN

Seit den frühesten Zeiten ist die Rotation der Erde (oder die scheinbare Position der Sonne am Himmel) verwendet worden, um eine gleichförmige Zeitskala zu erhalten. Um ein Datum anzugeben, müssen die Tage bei der Verwendung der scheinbaren Bewegung der Sonne als Zeitskala von irgendeinem Ausgangsdatum an gezählt werden. Die Zeit, die sich aus der scheinbaren Position der Sonne am Himmel ergibt, wird Sonnenzeit genannt. Aufgrund der Exzentrizität der Erdumlaufbahn um die Sonne, und der Neigung der Rotationsachse der Erde zur Bahnebene lierfert die Sonnenzeit keine gleichförmige Zeitskala. Diese Effekte können allerdings berechnet und dementsprechende Korrekturen gemacht werden, um eine gleichförmigere Zeitskala zu erhalten, die mittlere Sonnenzeit genannt wird. Die Weltzeit (UT_0) ist mit der mittleren Sonnenzeit am Längengrad in Greenwich identisch (mittlere Greenwichzeit oder MGZ). Die Beobachtungen der scheinbaren Bewegungen ferner Sterne können verwendet werden, um eine weitere Zeitskala zu erhalten, welche in der Astronomie verwendet und siderische Zeit genannt wird.

Weitere kleine Abweichungen der UT_0 können auf verschiedene Effekte, wie die Verlagerung der Erdachse und andere periodische Fluktuationen der Erdrotation, zurückgeführt werden; wenn man diese Effekte einberechnet, ergeben sich noch gleichförmigere Zeitskalen (UT_1 und UT_2). Die Ephemeridenzeit wird durch die orbitale Bewegung der Erde um die Sonne bestimmt und nicht von Fluktuationen der Erdrotation beeinflusst. Durch astronomische Beobachtungen kann sie mit einer Genauigkeit von ungefähr 0,05 Sekunden über einen Zeitraum von 9 Jahren bestimmt werden.

Die Erfindung von Quarzkristalloszillatoren und Atomuhren macht eine Messung der Zeit und der Frequenz mit einer größeren Genauigkeit als die jeder anderen physikalischen Größe möglich. Aus diesem Grund gibt es außer astronomischen Zeitskalen auch noch andere, wie die Atomzeit, die auf die Mikrowellenresonanz bestimmter Atome in einem Magnetfeld basiert. Mit Hilfe der Zyklen eines elektromagnetischen Signals, das sich in Resonanz mit Cäsiumatomen befindet, kann eine Genauigkeit von ein paar Milliardstel Sekunden in einem Zeitraum von einer Minute erzielt werden.

Seit ungefähr 1960 haben sich eine Reihe von Laboratorien überall auf der Welt zusammengeschlossen, um ihre Atomzeitskalen anzugleichen, was zur Aufstellung einer einheitlichen Zeitskala führte, welche nun als koordinierte Weltzeit (UTC) bezeichnet wird. Um die UTC in Übereinstimmung mit der Länge des Tages zu bringen, werden der Atomzeitskala manchmal ein paar Sekunden hinzugefügt oder weggenommen. Aufgrund internationaler Übereinkünfte darf die UTC nicht mehr als 0,7 Sekunden von der Navigationszeitskala UT_1 abweichen.

Die Fortschritte in bezug auf die Präzission in der Zeitmessung haben zu einer Neudefinition der Sekunde geführt. Vor 1956 wurde eine Sekunde als der 86400-ste Teil der mittleren Sonnenzeit definiert. Von 1956 bis 1967 wurde die ephemerische Sekunde als Maßeinheit verwendet, also genau der 31556925.9747-ste Teil des tropischen Jahres am 31. Dezember 1899 um 0 Uhr. Heute wird die Sekunde als das 9192631770-fache der Periodendauer, der dem Übergang zwischen den beiden Hyperfeinstrukturniveaus des Grundzustands von Atomen des Nuklids Caesium 133 entsprechenden Strahlung.

DIE RELATIVITÄTSTHEORIE

Albert Einsteins Relativitätstheorie hat zu einer Revolution in der Physik und Astronomie des 20. Jahrhunderts geführt. Er führte das Konzept der Relativität in die Wissenschaft ein -- die Ansicht, dass es keine absolute Bewegung im Universum gibt, sondern nur eine relative Bewegung, wodurch die 200 Jahre alte mechanische Theorie von Isaac Newton ersetzt wurde. Einstein zeigte, dass wir uns nicht in dem flachen Euklidischen Raum und der gleichförmigen, absoluten Zeit der alltäglichen Erfahrung befinden, sondern in einer anderen Umgebung: der gekrümmten Raumzeit. Diese Theorie spielte eine wichtige Rolle für den Fortschritt der Physik, der in das Atomzeitalter führte, mit seinem Potential zum Nutzen als auch zur Zerstörung, und hierdurch wurde auch ein Verständnis der Mikrowelt der Elementarteilchen und ihrer Wechselwirkungen möglich. Sie hat auch mit ihren Vorhersagen scheinbar bizarrer, astronomischer Phänomene, wie dem Urknall, Neutronensterne, Schwarze Löcher und Gravitationswellen, unsere Ansichten der Kosmologie revolutioniert.

Die Relativitätstheorie ist eine einzige, allumfassende Theorie der Raumzeit, der Gravitation und der Mechanik. In populärer Hinsicht besteht sie jedoch aus zwei getrennten, unabhängigen, theoretischen Teilen -- der Allgemeinen und der Speziellen Relativitätstheorie. Ein Grund für diese Unterteilung ist, dass Einstein die Spezielle Relativitätstheorie im Jahr 1905 vorgestellt hat, während die Allgemeine Relativitätstheorie in ihrer entgültigen Form nicht vor 1916 veröffentlicht worden ist. Ein anderer Grund ist der sehr unterschiedliche Anwendungsbereich der beiden Teile: Die Spezielle Relativitätstheorie gilt für den Bereich der mikroskopischen Physik, während die Allgemeine Relativitätstheorie auf die Welt der Astrophysik und Kosmologie Einfluss hat.

Ein dritter Grund ist, dass die Physiker die Spezielle Relativitätstheorie anfang der Zwanziger Jahre verstanden und anerkannt haben. Sie wurde sehr schnell zu einem Werkzeug für Theoretiker und Experimentatoren in dem sich gerade entwickelnden Bereichen der Atom- und Nuklearphysik und Quantenmechanik. Die Allgemeine Relativitätstheorie wurde allerdings nicht so rasch anerkannt. Diese Theorie schien keine so direkte Verbindung mit der Praxis zu besitzen wie die Spezielle Relativitätstheorie. Der größte Teil der Anwendungen bezog sich auf astronomische Dinge, und sie war offensichtlich auf die Hinzufügung winziger Korrekturen zu den Vorhersagen der Newtonschen Gravitationstheorie beschränkt; ihr kosmologischer Einfluss sollte erst nach einem weiteren Jahrzehnt spürbar werden. Zusätzlich war die Mathematik der Theorie außerordentlich schwierig zu verstehen. Der britische Astronom Sir Arthur Eddington, einer der ersten, der die Theorie vollständig verstand, wurde einmal gefragt, ob es wahr wäre, dass nur drei Leute in der Welt die Allgemeine Relativitätstheorie verstünden. Es wird gesagt, dass er Folgendes erwidert haben soll: "Wer ist der Dritte?"

Diese Situation blieb fast vierzig Jahre so. Die Allgemeine Relativitätstheorie wurde als ein achtbares Thema für reine Mathematiker und Philosophen angesehen, aber nicht für Physiker. Anfang der Sechziger Jahre wurde der Allgemeinen Relativitätstheorie allerdings plötzlich wieder mehr Beachtung zuteil, wodurch sie zu einem wichtigen und ernstgenommenen Bereich der Physik und Astronomie wurde. Dies hatte seinen Grund erstens in der Anwendung neuer mathematischer Techniken in bezug auf die Untersuchung der Allgemeinen Relativitätstheorie, durch welche die Berechnungen bedeutend vereinfacht wurden und welche erlaubten, dass die physikalisch bedeutenden Konzepte aus der mathematischen Komplexität isoliert wurden, und zweitens in der Entdeckung exotischer, astronomischer Phänomene, bei denen die Allgemeine Relativitätstheorie eine wichtige Rolle spielen konnte, wie z.B. Quasare (1963), die Mikrowellenhintergrundstrahlung (1965), Pulsare (1967) und die mögliche Entdeckung von Schwarzen Löchern (1971). Außerdem hatten die Experimentatoren durch den technologischen Fortschritt der Sechziger und Siebziger Jahre neue Hochpräzisionswerkzeuge zur Hand, um zu testen, ob die Allgemeine Relativitätstheorie die korrekte Theorie für die Gravitation ist.

Die Unterscheidung zwischen der Speziellen Relativitätstheorie und der gekrümmten Raumzeit der Allgemeinen Relativitätstheorie ist größtenteils gradueller Art. Die Spezielle Relativitätstheorie ist tatsächlich eine Annäherung zur gekrümmten Raumzeit, welche für ausreichend kleine Bereiche der Raumzeit gilt, genauso wie die gesamte Oberfläche eines Apfels gekrümmt ist, obwohl ein kleiner Bereich der Oberfläche annähernd flach ist. Die Spezielle Relativitätstheorie kann also angewandt werden, wann immer die Einflussbereiche des untersuchten Phänomens im Vergleich zu der Größe, wo sich die Raumzeitkrümmung (Gravitation) bemerkbar macht, klein ist. Für die meisten Anwendungen in der Atom- und Kernphysik ist diese Annäherung so genau, dass davon ausgegangen werden kann, dass die Relativitätstheorie richtig ist; oder anders ausgedrückt: Es ist absolut keine Gravitation vorhanden. Von diesem Gesichtspunkt aus betrachtet, kann die Spezielle Relativitätstheorie mit all ihren Konsequenzen aus einem einzigen, einfachen Postulat “abgeleitet” werden. Bei Vorhandensein einer Gravitation wird sich die Annäherungsnatur der Speziellen Relativitätstheorie manifestieren, so dass das Äquivalenzprinzip wirksam wird. Und wenn man über das Ausmaß der Raumzeitkrümmung bei Anwesenheit von Materie etwas in Erfahrung bringen will, wird schließlich die Allgemeine Relativitätstheorie angewandt.

DIE SPEZIELLE RELATIVITÄTSTHEORIE

Die beiden grundsätzlichen Konzepte der Speziellen Relativitätstheorie sind der Trägheitsbezugsrahmen und das Prinzip der Relativität. Ein Trägheitsbezugsrahmen kann jeder beliebige Bereich sein, wie z.B. ein frei fallendes Laboratorium, in dem sich alle Objekte mit einer gleichförmigen Geschwindigkeit geradlinig bewegen. Dieser Bereich ist frei von Gravitation und wird als Galileisches System bezeichnet.

Der "Flachlandschlitz" repräsentiert den dreidimensionalen Raum

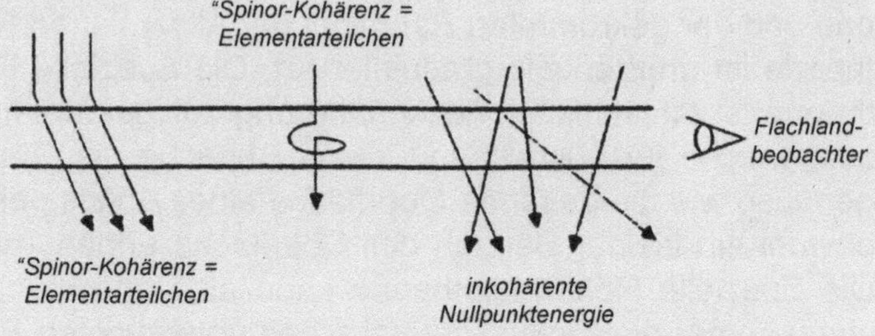

Die Nullpunktenergie kann aus einem orthogonalen Fluss aus der vierten Dimension entstehen

Die Transienten eines entgegengesetzten Magnetfeldes

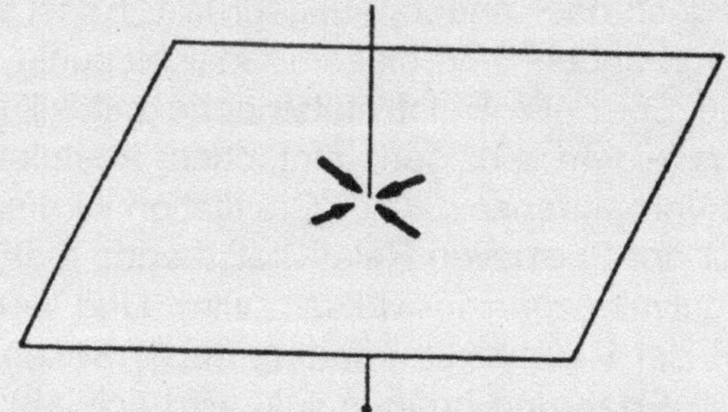

können den hyperräumlichen NPE-Fluss orthorotieren

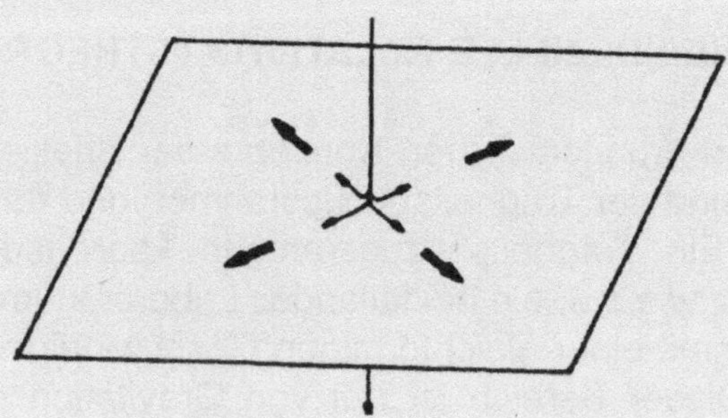

Der freie Fall ist eine Bewegung, welche nur von der Gravitationskraft abhängt. Ein Objekt im Weltraum befindet sich immer im freien Fall. Obwohl es von Gravitationsfeldern vieler Himmelskörper beeinflusst wird, “fällt” es nicht wirklich auf diese. Eine Person in einem frei fallenden Fahrzeug befindet sich ebenfalls im freien Fall und ist in diesem Zustand gewichtslos. Die Gravitation ist bei der Person und dem Fahrzeug die gleiche, so dass relativ zum Fahrzeug keine Beschleunigung verspürt wird.

Durch das Prinzip der Relativität wird postuliert, dass das Ergebnis eines beliebigen physikalischen Experiments, welches innerhalb eines Laboratoriums im Trägheitsbezugssystem durchgeführt wird, unabhängig von der gleichförmigen Geschwindigkeit des Systems ist. Oder anders ausgedrückt: Die Gesetze der Physik müssen in jedem Trägheitssystems die gleiche Form besitzen. Eine Folge davon ist, dass die Lichtgeschwindigkeit in jedem Trägheitssystem die gleiche sein muss (weil es sich bei der Messung der Lichtgeschwindigkeit um ein physikalisches Experiment handelt), und zwar unabhängig von der Geschwindigkeit ihrer Quelle oder derjenigen des Beobachters. Alle Gesetze und Konsequenzen der Speziellen Relativitätstheorie können aus diesen Konzepten abgeleitet werden.

Die erste wichtige Konsequenz ist die Relativität der Gleichzeitigkeit. Weil jede Definition gleichzeitiger Ereignisse an verschiedenen Orten das Senden von Lichtsignalen miteinschließt, müssen zwei Ereignisse, welche in einem Trägheitsrahmen gleichzeitig geschehen, von einem anderen Bezugsrahmen aus gesehen, der sich relativ zum ersten bewegt, nicht gleichzeitig geschehen. Diese Schlussfolgerung führte zur Abschaffung des Newtonschen Konzepts einer absoluten, universellen Zeit. In mancher Hinsicht ergeben sich die wichtigsten Konsequenzen und Bestätigungen der Speziellen Relativitätstheorie, wenn sie mit der Quantenmechanik verbunden wird, was zu vielen Vorhersagen führt, welche durch Experimente bestätigt werden konnten, wie z.B. der Spin der Elementarteilchen, der Atomaufbau, die Antimaterie usw.

Die mathematischen Grundlagen der Speziellen Relativitätstheorie wurden im Jahr 1908 durch den deutschen Mathematiker Hermann Minkowki gelegt, der das Konzept des "vierdimensionalen Raumzeitkontinuums" entwickelte, bei dem die Zeit und drei räumliche Dimensionen vorhanden sind.

DAS ÄQUIVALENZPRINZIP UND DIE RAUMZEITKRÜMMUNG

Die exakte Minkowski-Raumzeit der Speziellen Relativitätstheorie ist mit der Existenz der Gravitation nicht kompatibel. Ein Trägheitsbezugsrahmen, der für ein Teilchen gewählt wird, das sich weit von der Erde entfernt befindet, wo das Gravitationsfeld vernachlässigbar ist, wird für ein Teilchen in der Nähe der Erde keinen Trägheitsbezugsrahmen liefern. Eine annähernde Kompabilität zwischen den beiden kann durch eine bemerkenswerte Eigenschaft der Gravitation erreicht werden, welche als schwaches Äquivalenzprinzip bezeichnet wird: Alle Körper mit geringer Größe fallen in einem gegebenen, äußeren Gravitationsfeld mit der gleichen Beschleunigung, unabhängig von ihren Massen, ihrer Zusammensetzung und Struktur. Die Gültigkeit dieses Konzepts konnte in experimenteller Hinsicht durch Galileo, Newton, Friedrich Bessel und anfang des 20. Jahrhunderts durch Baron Roland von Eotvos bestätigt werden. Wenn ein Beobachter in einem Aufzug fahren würde, der in einem Gravitationsfeld frei nach unten fällt, dann würden sich alle Körper innerhalb des Aufzugs, weil sie alle mit der gleichen Rate fallen, deswegen gleichförmig in geraden Linien bewegen, so als ob die Gravitation verschwunden wäre. Umgekehrt würden Körper in einem beschleunigten Aufzug im freien Raum mit der gleichen Beschleunigung fallen (aufgrund iher Trägheit), genauso wie wenn sie sich in einem Gravitationsfeld befinden würden.

Einstein postulierte, dass dieses "Verschwinden" der Gravitation beim freien Fall nicht nur auf die mechanische Bewegung angewendet werden könnte, sondern auf alle Gesetze der Physik, wie z.B. auch auf den Elektromagnetismus. Dieses Postulat wird Einsteins Äquivalenzprinzip genannt.

Eine Folge hiervon ist die gravitationelle Rotverschiebung, eine Verschiebung der Frequenz f eines Lichtstrahls, der sich über eine Höhe h in einem Gravitationsfeld bewegt, welches durch $(Delta\ f)\ /\ f = gh\ /\ c^2$ gegeben ist, wobei g die gravitationelle Beschleunigung und c die Lichtgeschwindigkeit ist. Eine weitere Konsequenz des Äquivalenzprinzips ist, dass die Raumzeit gekrümmt sein muss. Obwohl es sich hier um ein hochtechnisches Thema handelt, stellen sie sich zwei Bezugssysteme vor, welche frei fallen, allerdings auf der gegenüberliegenden Seite der Erde. Nach dem Äquivalenzprinzip ist die Minkowski-Raumzeit lokal in jedem Bezugssystem gültig; da die Systeme allerdings aufeinander zu beschleunigen, können die beiden Minkowski-Raumzeiten nicht ausgedehnt werden, bis sie sich vereinigen. Bei der Anwesenheit der Gravitation ist die Raumzeit nur lokal gesehen flach, aber global gesehen muss sie gekrümmt sein.

Jede Theorie, welche das Äquivalenzprinzip erfüllt, wird als "metrische Theorie" bezeichnet. Weil das Äquivalenzprinzip die Grundlage für diese Ansicht darstellt, ist es sehr gut getestet worden. Als das Eotvos-Experiment im Jahr 1964 in Princeton und im Jahr 1971 in Moskau durchgeführt wurde, konnte es mit einer Genauigkeit von 1 zu 10^{12} bestätigt werden. Auch durch Messungen der gravitationellen Rotverschiebung von der Harvard-Universität (1965) und durch Atomuhren, welche in Flugzeugen und Raketen mitgenommen worden waren (1976), konnte dieser Effekt mit einer Genauigkeit von 1% bestätigt werden.

ALLGEMEINE RELATIVITÄTSTHEORIE

Das Äquivalenzprinzip und seine experimentelle Bestätigung zeigen, dass die Raumzeit durch die Anwesenheit von Materie gekrümmt wird, aber hierdurch wird nicht offen gelegt, wie groß die Raumkrümmung aufgrund der Materie wirklich ist. Um diese Krümmung zu bestimmen, ist eine spezifische, metrische Theorie der Gravitation notwendig, wie die Allgemeine Relativitätstheorie, welche eine Reihe von Gleichungen liefert, durch welche die Raumzeitkrümmung aus einer gegebenen Verteilung der Materie berechnet werden kann. Diese Gleichungen werden als Feldgleichungen bezeichnet. Es war Einsteins Ziel, die einfachsten Feldgleichungen zu finden. Das Ergebnis waren zehn Gleichungen. Hierbei handelt es sich allerdings nicht um die einzig mögliche metrische Theorie. Im Jahr 1960 entwickelten C.H. Brans und Robert Dicke eine metrische Theorie, in der zusätzlich zu den Feldgleichungen für die Krümmung Gleichungen für ein zusätzliches Gravitationsfeld vorgeschlagen wurden. Zwischen 1960 und 1976 wurde sie zu einem ernstlichen Konkurrenten der Allgemeinen Relativitätstheorie. Seit 1916 sind auch noch viele andere metrische Theorien erfunden worden.

Es ist deshalb eine wichtige Frage, ob die Allgemeine Relativitätstheorie wirklich die richtige Theorie für die Gravitation ist. Diese Frage lässt sich nur durch Experimente beantworten. In der Vergangenheit sprachen die Wissenschaftler immer von den drei klassischen Tests, welche von Einstein vorgeschlagen wurden: die gravitationelle Rotverschiebung, die Beugung des Lichts und die Veränderung des sonnennahsten Punkts des Merkurs. Die Rotverschiebung ist allerdings ein Test für das Äquivalenzprinzip und nicht der Allgemeinen Relativitätstheorie selbst, und seit Einsteins Zeit sind noch zwei weitere wichtige Tests entdeckt worden: die Zeitverzögerung von I.I. Shapiro (1964) und der Nordtvedt-Effekt von K. Nordtvedt, Jr. (1968).

Die Bestätigung der Ablenkung des Sternenlichts durch die Sonne bei der Sonnenfinsternis im Jahr 1919 war ein triumphaler Moment für die Allgemeine Relativitätstheorie und brachte Einstein weltweiten Ruhm. Laut der Theorie sollte ein Lichtstrahl, der sich in der Nähe der Sonne durch die gekrümmte Raumzeit bewegt, um 1,75 Bogensekunden abgelenkt werden. Unglücklicherweise sind Messungen des Sternenlichts schwierig (teilweise durch die Notwendigkeit einer Sonnenfinsternis, um das Sonnenlicht auszuschalten), und durch wiederholte Messungen

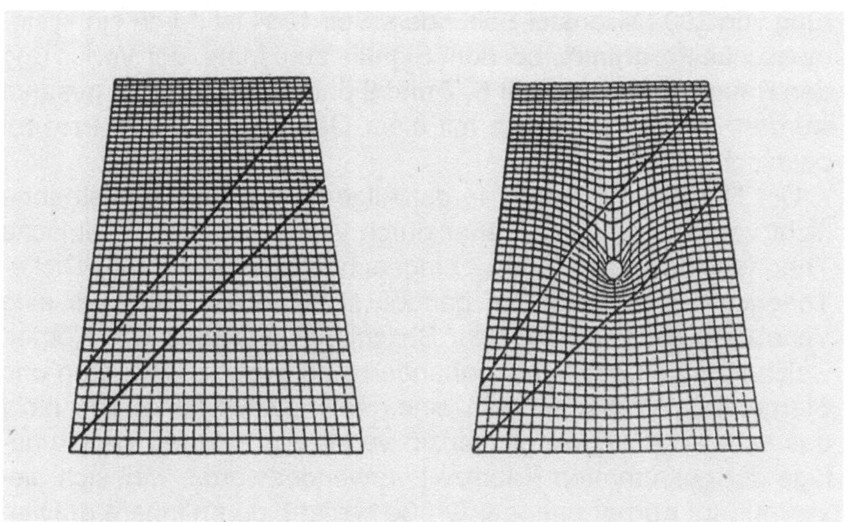

Diese Abbildung zeigt die Krümmung der Raumzeit bei einer zweidimensionalen Ebene, welche den dreidimensionalen Raum darstellt. Die Linien zeigen den Weg des Lichts durch den Raum auf. Durch einen großen Körper wird das Licht abgelenkt und der Raum gekrümmt, wie die Allgemeine Relativitätstheorie beschreibt. (Aus Moray B. Kings "Die Nutzbarmachung der Nullpunktenergie").

zwischen 1919 und 1973 ergaben sich ungenaue Ergebnisse. Diese Methode ist deshalb durch die Messung der Ablenkung von Radiowellen von fernen Quasaren ersetzt worden, wobei Radiointerferometer eingesetzt werden, die auch bei Tageslicht betrieben werden können. Zwischen 1969 und 1975 sind 12 solcher Messungen durchgeführt worden, bei denen schließlich nur eine Abweichung von einem Prozent zu der von der Allgemeinen Relativitätstheorie vorhergesagten Ablenkung gemessen wurde. Bei der Zeitverzögerung handelt es sich um eine kleine Verzögerung bei der Rückkehr eines Lichtsignals, welches durch die gekrümmte Raumzeit in der Nähe der Sonne zu einem Planeten oder Raumschiff gesendet wird. Bei einem Strahl, der an der Sonnenoberfläche vorbeistreicht, ergibt sich eine Verzögerung von 200 Millionstel Sekunden. Seit 1964 ist durch ein systematisches Programm, bei dem Signale zum Mars, der Venus und den Raumsonden Mariner 6, 7 und 9 und Viking-Sonden gesandt wurden, diese Vorhersage mit einer Genauigkeit von 1 Prozent bestätigt worden.

Der Nordtvedt-Effekt ist in der Allgemeinen Relativitätstheorie nicht vorhanden, er wird aber durch viele alternative, metrische Theorien der Gravitation, eingeschlossen der Brans-Dicke-Theorie, vorhergesagt. Es handelt sich hier vielleicht um eine Verletzung der Gleichheit der Beschleunigung massiver Körper, welche an die Gravitation gebunden sind, wie z.B. Planeten und Sterne. Das Vorhandensein eines solchen Effekts würde nicht das schwache Äquivalenzprinzip verletzen, welches als Grundlage der gekrümmten Raumzeit verwendet wurde, weil sich dieses nur auf Körper geringer Größe bezieht, deren innere gravitationelle Bindung vernachlässigbar ist. Eine der bemerkenswerten Eigenschaften der Allgemeinen Relativitätstheorie ist, dass bei allen Arten von Körpern das Äquivalenzprinzip gilt. Wenn der Nordtvedt-Effekt vorhanden wäre, dann würden die Erde und der Mond durch die Sonne mit einer leicht unterschiedlichen Beschleunigung angezogen, was zu einer geringen Veränderung der Mondumlaufbahn führen würde, welche durch Lasermessungen aufgedeckt werden könnten. Bei Messungen zwischen 1969 und 1976 wurden keine Abweichungen entdeckt, und zwar hinunter bis zu einer Genauigkeit von 30 cm, was in völliger Übereinstimmung mit der Vorhersage der Allgemeinen Relativitätstheorie und im Gegensatz zu den Vorhersagen der Brans-Dicke-Theorie steht.

In den letzten Jahrzehnten sind auch eine Reihe von weiteren Tests durchgeführt worden. Die Allgemeine Relativitätstheorie hat jeden Test bestanden, während viele Mitstreiter versagt haben. Nun werden Versuche mit Gravitationsstrahlung geplant. Bei einem Experiment sollen rotierende Objekte in die Erdumlaufbahn gebracht werden und dann die exakten relativistischen Effekte gemessen werden.

KOSMOLOGIE UND ZEIT

Eine der ersten astronomischen Anwendungen der Allgemeinen Relativitätstheorie lag auf dem Gebiet der Kosmologie. Durch die Theorie wird vorhergesagt, dass sich das Universum aus einem ursprünglich kompakten Zustand ausdehnen könnte, ein Prozess, der als Urknall bekannt ist. Einige Jahre lang stand die Urknalltheorie im Wettstreit mit der Theorie, die besagt, dass es im ganzen Universum zu einer ständigen Erzeugung von Materie kommt. Durch spätere Erkenntnisse über das Weltall hat sich allerdings die Urknalltheorie durchgesetzt. Solche Funde wurden entweder von der Relativitätstheorie vorhergesagt, oder standen im Einklang mit dieser. Vielleicht einer der kritischsten Beweispunkte war die Entdeckung der Hintergrundstrahlung im Jahr 1965. Dieses "Meer" aus elektromagnetischer Strahlung füllt das Universum bei einer Temperatur von ca. 2,7° Kelvin aus. Die Hintergrundstrahlung wurde von der Allgemeinen Relativitätstheorie als ein Überbleibsel einer frühen, heißen Phase des Universums nach dem Urknall angesehen. Der hohe prozentuale Anteil von Helium (20 bis 30%) ist ebenso eines der Erfordernisse für die Urknallbedingungen, wie sie von der Relativitätstheorie vorhergesagt wurden.

Zusätzlich sind von der Allgemeinen Relativitätstheorie verschiedene Arten astronomischer Phänomene vorhergesagt worden, eingeschlossen Neutronensterne, Schwarze Löcher, Gravitationslinsen und Gravitationswellen. Laut der Relativitätstheorie handelt es sich bei Neutronensternen um extrem kleine Himmelskörper mit sehr hoher Dichte. Ein Neutronenstern mit der Masse der Sonne würde z.B. nur einen Radius von 10 km besitzen. Solche Sterne sind von den Gravitationskräften so zusammengedrückt worden, dass ihre Dichte mit der Dichte des Atomkerns verglichen werden kann, und sie bestehen vorwiegend aus Neutronen. Solche Sterne sollen als Nebenprodukt von Supernovas oder anderen gravitationellen Implosionen von Sternen entstehen. Seitdem Neutronensterne zum ersten Mal in den Dreißiger Jahren vorgeschlagen wurden, sind zahllose Himmelskörper entdeckt worden, welche solche Eigenschaften besitzen. Im Jahr 1967 wurde auch das erste von vielen Objekten entdeckt, welche nun als Pulsare bezeichnet werden. Diese Sterne, welche Strahlungspulse in schneller und gleichmäßiger Folge abgeben, werden heute als schnell rotierende Neutronensterne betrachtet, wobei die Pulsfrequenz der Rotationsperiode entspricht.

Schwarze Löcher gehören zu den exotischsten Vorhersagen der Allgemeinen Relativitätstheorie, obwohl das Konzept hierfür schon lange vor dem 20. Jahrhundert entwickelt worden ist. Hierbei handelt es sich um Himmelskörper, die ein so hohes Gravitationsfeld besitzen, dass kein Teilchen oder keine Strahlung -- nicht einmal Licht -- von deren Oberfläche entweichen kann. Schwarze Löcher werden höchstwahrscheinlich durch Implosionen extrem großer Sterne erzeugt, und sie können wachsen, wenn andere Materie in ihr Gravitationsfeld eintritt. Einige Theoretiker haben spekuliert, dass einige superstarke Schwarze Löcher im Zentrum einiger Sternhaufen existieren könnten, eingeschlossen der Milchstraße. Obwohl die Existenz solcher Schwarzen Löcher bisher noch nicht zweifelsfrei erwiesen wurde, gibt es an verschiedenen bekannten Stellen starke Beweise für ihr Vorhandensein.

Theoretisch kann sogar eine relativ geringe Masse zu einem schwarzen Loch werden. Die Masse müsste immer stärker verdichtet werden, und zwar bis zu einem bestimmten, kritischen Radius, der als Schwarzschild-Radius bekannt ist, weil er im Jahr 1916 als erster von dem deutschen Astronomen Karl Schwarzschild berechnet wurde. Für ein Objekt, welches die Masse der Sonne besitzt, müsste der Schwarzschild-Radius ungefähr 3 km betragen. Wissenschaftler, wie der englische Theoretiker Stephen Hawking haben spekuliert, dass solche winzigen Schwarzen Löcher tatsächlich existieren könnten.

Das Konzept von Gravitationslinsen basiert auf die schon besprochene, relativistische Vorhersage, dass Licht beim Vorbeigang an Himmelskörpern abgelenkt wird. Die Größe der Ablenkung hängt von der Größe des Himmelskörpers ab. Dies führte zu der Vermutung, dass sehr große Himmelsobjekte wie Galaxien wie grobe optische Linsen für das Licht aus noch weiter entfernten Sternen wirken könnten. Im Jahr 1979 wurde zum ersten Mal eine Gravitationslinse entdeckt.

Ein Phänomen, das von der Allgemeinen Relativitätstheorie vorhergesagt wurde, konnte bisher allerdings noch nicht bestätigt werden: das Vorhandensein von Gravitationswellen. Sie würden sich mit Lichtgeschwindigkeit bewegen, Energie übertragen und zu einer relativen Bewegung zwischen zwei Teilchen auf ihrem Weg führen oder Spannungen in größeren Objekten erzeugen. Die Astrophysiker glauben, dass Gravitationswellen von dynamischen Quellen wie Supernovas, großen Doppelsternsystemen und Schwarzen Löchern oder Zusammenstößen schwarzer Löcher erzeugt werden müssten. Bisher sind verschiedene erfolglose Versuche gemacht worden, um diese Wellen zu beobachten. Ein grundsätzlicherer Punkt, durch welche die Allgemeine Relativitätstheorie konfrontiert wird, ist der Versuch der Physiker, die Gravitation mit der Quantenmechanik zu vereinen. Die Suche nach einer einheitlichen Feldtheorie ist die Hauptaufgabe der Forscher auf dem Gebiet der Quantenkosmologie.

DAS UHRENPARADOXON

Das Uhrenparadoxon ist das bekannteste Beispiel für eine Klasse von Paradoxa, welche konstruiert worden sind, um die logische Konsistenz der Speziellen Relativitätstheorie zu untersuchen oder sie zu widerlegen. Um ein solches Paradoxon zu formulieren, stellt man ein Gedankenexperiment auf, für welches die Theorie offensichtlich eine Vorhersage macht, wenn das Experiment auf die eine Art analysiert wird, sich aber eine gegensätzliche Vorhersage ergibt, wenn es auf eine andere Weise analysiert wird. Man geht im allgemeinen davon aus, dass solche Paradoxa allerdings auf einfache Art und Weise aufgelöst werden können, wenn man die Prinzipien der Relativitätstheorie richtig anwendet.

Eine einfache Version des Uhrenparadoxons ist die folgende: Zwei identische Zwillinge, Charlie und Kip, trennen sich, wobei Charlie zu Hause bleibt und Kip mit einer Rakete mit konstanter Geschwindigkeit an einen fernen Ort fliegt. Wenn er sein Ziel erreicht, kehrt er wieder mit konstanter Geschwindigkeit nach Hause zurück. Von Charlies Gesichtspunkt sind Kips Uhren aufgrund der relativistischen Zeitverkürzung, welche sich aus seiner Geschwindigkeit ergibt, schneller gelaufen als seine; aus diesem Grund sollte Kip bei seiner Rückkehr jünger sein als sein Zwillingsbruder. Dies ist eine erstaunliche Vorhersage, und obwohl sie richtig ist, ist sie in sich selbst widersprüchlich. Das offensichtliche Paradoxon ergibt sich, wenn die Situation aus Kips Blickwinkel analysiert wird. Aus Kips Blickwinkel ist es Charlie, der sich mit konstanter Geschwindigkeit weg bewegt und dann wieder zurückkehrt. Aus diesem Grund sollten seine Uhren langsamer laufen als diejenigen von Kip, und Charlie sollte jünger sein. Beide Vorhersagen können nicht richtig sein, deshalb handelt es sich um ein offensichtliches Paradoxon.

Der einfachste Weg, um diese Paradoxon zu lösen, ist zu erkennen, dass die beiden Situationen nicht wirklich symmetrisch sind. Charlie bleibt während des gesamten Experiments in einem Trägheitsbezugssystem (oder in einer nichtbeschleunigten Umgebung, in welcher Newtons Gesetze gelten), wohingegen Kip einer Beschleunigung unterliegt, wenn er seine Rakete anhalten und zurückkehren muss.

Während dieser Beschleunigung bemerkt er, dass Charlies Uhren schneller werden und tatsächlich seine Uhren überholen. Dies versteht er, indem er sorgfältige relativistische Berechnungen durchführt, bei denen er eine Reihe von Trägheitsbezugssystemen verwendet, welche zu jedem Zeitpunkt während der Beschleunigung in bezug auf ihn momentan in Ruhe sind. Weil diese Systeme unterschiedliche Beschleunigungen besitzen, muss er den systematischen Unterschied in einer solchen Art und

Weise einberechnen, dass die Uhren zwischen den Systemen synchronisiert sind.

Eine alternative Methode, um das Schnellerwerden von Charlies Uhren zu verstehen, ist zu erkennen, dass aufgrund des Äquivalenzprinzips Kip sein beschleunigtes Bezugssystem nicht von einem solchen, dass sich in einem gleichförmigen Gravitationsfeld in Ruhe befindet, unterscheiden kann, in welchem offensichtlich eine "gravitationelle Blauverschiebung" vorhanden ist, durch welche Charlies Uhren schneller laufen werden. Es ergibt sich also folgende Schlussfolgerung: Beide Beobachter kommen zu der Entscheidung, dass Kip bei seiner Rückkehr jünger sein wird als Charlie.

Durch ein Experiment, das im Jahr 1966 im Teilchenbeschleuniger der CERN in Genf in der Schweiz durchgeführt wurde, konnte dieses Ergebnis bestätigt werden, wobei die Reisenden hierbei durch instabile Elementarteilchen dargestellt wurden, welche als Myonen bezeichnet werden, welche durch Magnetfelder dazu gezwungen werden, sich auf einer Kreisbahn mit 99,6% der Lichtgeschwindigkeit zu bewegen. Bei den zurückkehrenden Myonen stellte sich heraus, dass sie "jünger" waren -- d.h. dass sie langsamer zerfallen waren als Myonen, die sich im Laboratorium in Ruhe befanden. Es kann also sowohl durch Experimente als auch durch die richtige Anwendung der Theorie bestätigt werden, dass es kein Uhrenparadoxon gibt.

RAUMZEITKONTINUUM

Wie schon erwähnt, handelt es sich beim Raumzeitkontinuum um ein Konzept, das mit der Relativitätstheorie in Verbindung steht. Hierdurch wurde das Newtonsche Konzept des Raumes und einer getrennten, absoluten Zeit ersetzt. In der Newtonschen Mechanik kann jedes Ereignis mit einem Ort im Raum und einem Moment abhängig von der Zeit verbunden werden. Die gewählten Koordinaten sind beliebig, aber zwei Größen sind von der Wahl unabhängig: der räumliche Abstand zwischen den beiden

Ereignissen, *Delta l*, und der Zeitunterschied zwischen beiden, *Delta t*.

Mit dem Aufkommen der Relativitätstheorie wurde jedoch klar, dass die Zeit von der Geschwindigkeit abhängt und dass *Delta l* und *Delta t* nicht länger getrennt invariant sind. *Delta l* ist der Fitzgerald-Lorentz-Kontraktion und *Delta t* einer Zeitverkürzung unterworfen. Stattdessen ist eine neue Größe, *Delta s*, invariant. Diese Größe, welche als das "Linienelement" bekannt ist, ist mit anderen Größen durch einen quadratischen Ausdruck, in dem die Lichtgeschwindigkeit vorkommt, verbunden. Diese Größe *Delta s* ist nun das invariante Maß zwischen Ereignissen, und der Ausdruck "metrisch" (vom griechischen Wort für Messung) bezieht sich oft auf den quadratischen Term s^2. In der Allgemeinen Relativität ist die Raumzeitmetrik komplizierter und entspricht der gekrümmten Raumzeit.

Die Fitzgerald-Lorentz-Kontraktion ist ein Effekt, der zuerst im Jahr 1892 von George F. Fitzgerald postuliert und im Jahr 1895 durch Henrik A. Lorentz weiter ausgeführt wurde. Dieser war vorgeschlagen worden, um die absolut negativen Ergebnisse des Michelson-Morley-Experiments, das im Jahr 1887 durchgeführt worden war, zu erklären, durch welches die Zeit gemessen worden war, die ein Lichtstrahl benötigte, um die Entfernung *d* hin und zurück zurückzulegen, wenn die Bewegungsrichtung des Strahls parallel zur Bewegung des Laboratoriums oder des Beobachters durch den Äther war. Die Zeit wurde mit der Dauer für die gleiche Wegstrecke verglichen, wenn sich das Laboratorium senkrecht zu den Lichtstrahlen bewegte. Laut der klassischen Theorie hätte die Zeit für beide Wegstrecken unterschiedlich sein sollen. Durch das Michelson-Morley-Experiment konnte allerdings kein Unterschied festgestellt werden. Fitzgerald schlug vor, dass, falls die Länge des parallelen Armes *d* auf *d* multipliziert mit der Wurzel aus $(1- v^2/c^2)$ (wo *v* die Geschwindigkeit des Laboratoriums ist) verkürzt würde, während diejenige des parallelen Arms unverändert bleiben würde, die Vorhersage mit dem Experiment übereinstimmen würde.

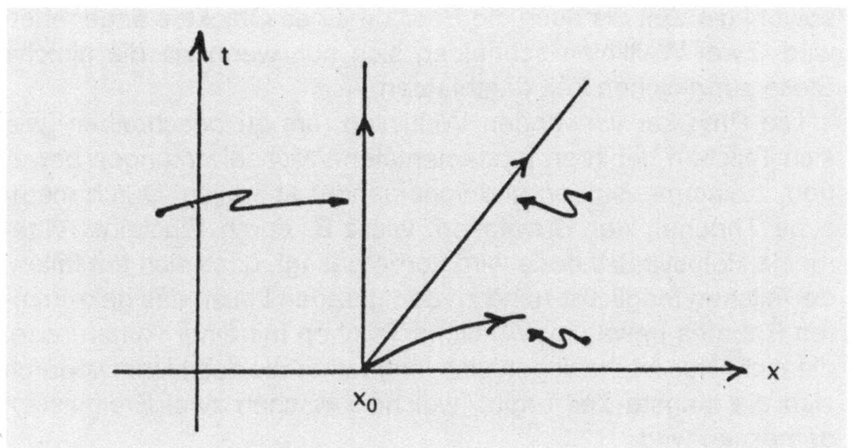

Die Weltlinien dreier Teilchen.

Lorentz schlug später ein Materiemodell vor, bei welchem dieser Effekt berücksichtigt wurde. Es besagte, dass die Atome und Moleküle, aus denen die Materie besteht, durch eine Bewegung entlang der Bewegungsrichtung zusammengedrückt werden würden. Es wäre unmöglich, diese Deformation zu messen, da ein Lineal, welches neben dem sich bewegenden Objekt aufgestellt, ebenso verkürzt würde.

Albert Einstein zeigt in seiner Relativitätstheorie, dass diese Kontraktion die grundsätzliche Konsequenz davon ist, dass die Lichtgeschwindigkeit in allen Bezugssystemen die gleiche ist. Der Effekt ist allerdings nur bei relativistischen Geschwindigkeiten groß genug.

DIE WELTLINIEN

Bei einer Weltlinie handelt es sich um einen Weg durch die Raumzeit. Dies ist ein mathematisches Konzept, das in der Physik verwendet wird, um die Bewegung von Teilchen oder anderen Objekten zu beschreiben. Durch eine Weltlinie wird eine bessere Beschreibung erhalten, da an jedem Punkt entlang der Weltlinie sowohl die Zeit als auch die Position eines Objektes angegeben wird. Zwei Weltlinien schneiden sich nur, wenn sie die gleiche Stelle zur gleichen Zeit durchlaufen.

Die Physiker verwenden Weltlinien, um zu beschreiben, wie sich Teilchen bei ihren fundamentalen Wechselwirkungen bewegen, zusammenstoßen und voneinander abprallen. Durch metrische Theorien der Gravitation, wie z.B. durch Einsteins Allgemeine Relativitätstheorie wird vorhergesagt, dass sich frei fallende Teilchen möglichst nahe zu den geraden Linien des gekrümmten Raumes bewegen. Wirkliche Teilchen mit einer Ruhemasse, die nicht Null ist, bewegen sich langsamer als das Licht, wodurch sich die längste Zeit ergibt, welche zwischen zwei Ereignissen gemessen wird.

ZEITUMKEHRUNGSINVARIANZ

Eine Bewegung, bei welcher sich die Ereignisse in umgekehrter Reihenfolge abspielen, wird in bezug auf die ursprüngliche Bewegung als zeitlich umgekehrt bezeichnet. Wenn laut der bekannten, physikalischen Gesetze eine Bewegung möglich ist, dann kann auch in fast allen Fällen eine zeitumgekehrte Bewegung sein. Dies gilt für Bewegungen, welche durch gravitationelle und elektromagnetische Kräfte verursacht werden. Es wird deshalb gesagt, dass diese Gesetze eine Zeitumkehrungsinvarianz besitzen. Z.B. wäre es sehr ungewöhnlich, wenn eine Person ein Ei auf dem Boden zerbrechen, sich dieses selbst wieder zusammenfügen und als Ganzes in die Hand der Person fliegen würde, wie bei einem Film, der rückwärts läuft. Trotzdem ist ein solcher Prozess laut der bekannten, physikalischen Gesetze nicht unmöglich, obwohl es unwahrscheinlich ist, dass er tatsächlich geschehen könnte. Aufnahmen von einfacheren Prozessen, wie z.B. einem Kreisel oder einer schwingenden Glocke, erscheinen fast normal, wenn sie rückwärts abgespult werden.

Die grundsätzlichen Naturgesetze, welche die meisten Elementarprozesse steuern, sind bei einer Zeitumkehr invariant. Die meisten Naturprozesse selbst jedoch scheinen bei einer Zeitumkehr nicht symmetrisch zu sein. Dies liegt an der Komplexität makroskopischer Systeme, welche viele Teilchen enthalten. Stellen sie sich z.B. einen Behälter vor, der durch eine luftdichte Trennwand in zwei Bereiche unterteilt ist. Ein Bereich enthält Luft, und der andere ist evakuiert. Wenn die Trennwand entfernt wird, wird sich die Luft ausdehnen, bis beide Bereiche des Behälters mit Luft gefüllt sind. Um eine zeitumgekehrte Bewegung zu erreichen, müsste die Geschwindigkeit aller Moleküle umgekehrt werden -- eine unmögliche Aufgabe. Durch die Komplexität dieses Systems wäre eine extrem geringe Wahrscheinlichkeit vorhanden, dass es zu einer zeitumgekehrten Bewegung kommt. Komplexe Systeme entwicklen sich zeitlich gesehen in Richtung eines wahrscheinlicheren Zustands. Diese Zunahme der Wahrscheinlichkeit ist mit einer Zunahme der Entropie des Systems verbunden.

Im subatomaren Bereich sind in bezug auf die Zeitumkehrungsinvarianz zusätzliche Kräfte zu berücksichtigen -- die starken Kernkräfte, welche für den Zusammenhalt des Atomkerns verantwortlich sind, und die schwachen Kernkräfte, welche den radioaktiven Zerfall solcher Teilchen wie Neutronen bestimmen. Das Neutron zerfällt in ein Proton, ein Elektron und ein Antineutrino.

Die zeitumgekehrte Bewegung des Neutronenzerfalls wird durch eine Formel dargestellt, in der das Antineutrino, ein Elektron und ein Proton zusammenkommen, um ein Neutron zu bilden. Damit die zeitumgekehrte Reaktion dem ursprünglichen Zerfall entspricht, muss die Energie der eintreffenden Teilchen die gleiche sein als diejenige, der zuvor abgestrahlten Teilchen, und die Geschwindigkeiten und die Spins der Teilchen müssen umgekehrt sein. Dieser Prozess ist möglich, wenn auch unwahrscheinlich.

Die Zeitumkehrungsinvarianz scheint bei allen Prozessen, außer bei dem schwachen Zerfall von K-Mesonen, eine entsprechende Symmetrie aufzuweisen.

ZEITREISEN UND DER QUANTENHAUFEN

Im Frühling des Jahres 1998 wurde weltweit in der Presse von einem speziellen Experiment berichtet, das an der Universität von Sussex in Englang stattgefunden hatte, bei dem die Zeit wortwörtlich "eingefroren" wurde.

Die Zeitungen in London berichteten Folgendes:

"Für ein paar Sekunden befand sich der kälteste Punkt des Universums in Brighton. Während sich die Temperaturen am 22. September um die 20° C befanden, betrugen sie in Malcolm Boshiers Optiklaboratorium nur ein paar Milliardstel Grad über dem absoluten Nullpunkt von -273° C.

Als Boshier und sein Team 100 000 Atome auf eine solch niedrige Temperatur absenkten, dann wollten sie nicht nur ins Guinness Buch der Rekorde aufgenommen werden. Es handelt sich vielmehr um einen Schritt auf dem Weg, die empfindlichsten Messgeräte der Welt herzustellen, die so empfindlich sind, dass sie die Geheimnisse der Gravitation entschlüsseln können.

Durch die große Kälte bildete sich ein Bose-Einstein-Kondensat (BEK), welches auftritt, wenn die Atome fast ihre Gesamtenergie verlieren. In diesem Zustand geschieht eine außergewöhnliche Sache: Jedes Atom verliert seine Individualität. Sie schließen sich zu einem Haufen zusammen, der sich wie ein riesiges "Superatom" verhält. "Es handelt sich um ein Objekt, welches den Gesetzen der Quantenmechanik gehorcht, und trotzdem ist es groß genug, dass man ein Bild davon machen kann," sagt Boshier.

"sAlbert Einstein und Satyendra Bose haben vor 70 Jahren vorhergesagt, dass eine solche Sache bei ultraniedrigen Temperaturen auftreten würde, aber erst 1995 gelang es einer Colorado-Forschungsgruppe, ein BEK zu erzeugen," sagt Boshier. "Wir sollten hierdurch in der Lage sein, Geräte zu bauen, welche auf alles, was auf dem Energieniveau eines Atoms geschieht, extrem empfindlich reagieren, und das schließt die Gravitation ein.

Die Forscher suchen immer noch nach einem Verständnis der Gravitation, und ein Instrument, um ihre feinen Effekte zu messen, ist von herausragender Bedeutung, um deren Geheimnisse zu entschlüsseln. Die nächste Phase hat schon begonnen. Das Zentrum für Optische Physik und Atomphysik in Sussex hat inzwischen schon einen "magnetischen Spiegel" hergestellt, welcher Atome in der gleichen Art und Weise abstößt wie ein Spiegel Laserlicht. Boshier wird bald versuchen, ein BEK auf einen magnetischen Spiegel fallen zu lassen, um herauszufinden, ob dieses in der gleichen Weise zurückprallt wie normale Atome.

Falls dem so ist, dann wird das Team versuchen, ein "Atominterferometer" zu bauen. Laser liefern sehr genaue Interferometer, wodurch sehr kleine Dimensionen gemessen werden können. Wenn man einen Laserstrahl in zwei Strahlen aufteilt, kann die Länge der beiden verschiedenen Strahlenwege gemessen werden. Jene in der einen Hälfte befinden sich nicht exakt in Phase mit der anderen. Hierdurch konnten hochempfindliche Instrumente wie Laserkreisel entwickelt werden.

In einem BEK sind die Atome genauso wie die Photonen in einem Laserstrahl zusammengeschlossen, wodurch sich ein noch wesentlich genaueres Interferometer ergibt. Um ein BEK zu erzeugen, müssen zwei Phasen durchlaufen werden: Zuerst wird Rubidiumdampf in einen evakuierten Kolben gebracht. Um den Kolben herum werden sechs Laser angebracht, deren Strahlen sich im Zentrum des Kolbens treffen. Hierdurch verlieren die Atome Energie, verringern ihre Geschwindigkeit und kühlen sich ungefähr auf ein Tausendstel Grad über dem absoluten Nullpunkt ab, was allerdings nicht kalt genug ist.

Die Laser führen den Atomen ständig Energie zu, und sie werden deshalb abgeschaltet, und stattdessen wird ein speziell geformtes Magnetfeld eingeschaltet. Hierdurch können nur die Atome mit dem höchsten Energieniveau aus dem Kolben oder dieser magnetischen Falle entweichen, wodurch die verbleibenden Atome immer kälter werden. Das Ergebnis ist ein Quantenhaufen mit einem Durchmesser von ein paar Mikrometer. Das klingt viel-

leicht nicht nach viel, aber er kann vielleicht die Zukunft enthalten, glaubt Boshier.

"Dieses Wissenschaftsgebiet weitet sich explosionsartig aus: In den letzten drei Jahren sind fünf- oder sechshundert Abhandlungen darüber geschrieben worden," sagt Boshier.

Tatsächlich könnten einige der Geheimnisse von Zeitreisen durch Boshier und sein Team entschlüsselt worden sein. Die Technik des Aufspaltens von Laserstrahlen und die Verwendung von Laserkreiseln kann vielleicht letztendlich zum Bau eines praktischen Zeitreisegeräts führen, auf das viele Leute warten, wie wir im letzten Kapitel noch sehen werden.

Bis dahin lassen sie uns einen Blick auf die Vergangenheit werfen. Denn es scheint so, dass solche, welche an Zeitreisen interessiert sind, wahrscheinlich auf Zeitreisende treffen werden!

ZEITGANGSTER DES 18. JAHRHUNDERTS

Es ist kein Wunder, in der Luft zu fliegen oder auf dem Wasser zu wandeln, sondern auf der Erde zu gehen.
Chinesisches Sprichwort.

Der Mensch ist annäherd sich selbst, wenn er die Ernsthaftigkeit eines Kindes beim Spiel erreicht.
Heraklit, griechischer Philosoph.

Zeitreisen als ein Produkt der Moderne, würden wahrscheinlich bald missbraucht werden, vor allem wenn sie für den gewöhnlichen Verbraucher erlaubt würden. Durch Zeitgangster, welche aus persönlicher Gewinnsucht in die Vergangenheit reisen würden, wäre letztendlich eine Art "Zeitpolizei" notwendig. Dieses Thema ist in verschiedenen Filmen ausgeschlachtet worden, wie z.B. in dem George-Harrison-Film *Zeitgangster* und dem Jean-Claude-van-Damme-Film *Zeitpolizist.* Sehr viele Filme und Fernsehserien befassen sich mit dem Thema Zeitreisen, wie z.B. *The Time Tunnel* (1968), *Sliders* (1986), die britischen "Dr. Who-Serien" und die *Zurück-zur-Zukunft-Filme* und viele andere Produktionen. Tatsächlich scheint das Thema Zeitreisen in Hollywood sehr populär zu sein.

Einige mögen vielleicht behaupten, dass dies alles mit George Pals Kinoversion von H.G. Wells Erzählung *Die Zeitmaschine* aus dem Jahr 1895 begann. Andere stellen die Theorie auf, dass der gesamte Zeitreisenwahnsinn mit der Erfindung der Zeitmaschine im Jahr 2112 n. Chr. begann, jedenfalls in bezug auf den normalen Verbraucher, wodurch es zu bestimmten Veränderungen der

Geschichte kam, wie z.B. das rückwirkende Schreiben von Büchern und die Produktion von Filmen und Fernsehsendungen. Wie langweilig die Zukunft ohne all die Zeitreisenden gewesen wäre! Sie beschlossen, dass eine Beschleunigung der Geschichte und der Erfindungen notwendig war.

WO SIND DIE GANZEN ZEITREISENDEN GEBLIEBEN?

Skeptiker des Zeitreisephänomens betonen, dass, falls Zeitreisen Realität wären, wir viel mehr von Zeitreisenden in Talkshows und so weiter hören müssten. Arthur C. Clarke schrieb im Jahr 1985: "Das überzeugendste Argument, welches gegen Zeitreisen spricht, ist, dass es bemerkenswert wenige Zeitreisende gibt. Wie unangenehm unser Zeitalter auch immer für die Zukunft erscheinen muss, so darf man doch erwarten, dass uns einige Lehrer und Schüler besuchen sollten, wenn eine solche Sache überhaupt möglich sein sollte. Wenn sie auch versuchten, sich zu verkleiden, würde es doch zu Zwischenfällen kommen, genauso wie wenn wir in das Römische Reich mit Kameras und Kasettenrekordern, welche unter unseren Nylon-Togas versteckt sind, zurückreisen würden. Zeitreisende könnten nicht lange im geheimen agieren.

Der Physiker Paul Nahin zitiert in seinem Werk *Zeitmaschinen*, welches durch das Amerikanische Institut der Physik veröffentlicht wurde, den Physiker McDevitt: "Falls Zeitreisen möglich wären, würde bald jemand erfahren, wie dies praktisch geschehen könnte. In diesem Falle wäre die gesamte Geschichte bald mit Zeitreisenden durchsetzt. Sie wären überall."

Nahin, Clarke, McDevitt und alle anderen möchten gern erfahren, wo all die Zeitreisenden sind. Nahin meint: "Von dem Zeitpunkt an, nachdem die erste Zeitmaschine konstruiert wurde, bis in die heutige Zivilisation, gäbe es unzählige Historiker (ganz abgesehen von den Wochenendurlaubern), welche jedes wichtige, historische Ereignis der bekannten Geschichte besuchen wollten. Sie können zwar alle aus verschiedenen, zukünftigen Zeiten kommen, aber sie würden alle an Zielen angelangen, die mit ihren Zeitgenossen überfüllt wären -- und hierfür gibt es nicht die geringsten historischen Beweise!"

Nahin zitiert einen anderen Physiker namens Fulmer, welcher folgenden Kommentar abgab: "Tatsächlich kenne ich nur ein Argument, welches gegen die Möglichkeit von Zeitreisen spricht, und dies ist die Tatsache, dass soetwas anscheinend nie geschehen ist. Hiermit möchte ich sagen, dass es keine Zeitreisen aus dem Jahr 1985 in das Jahr 1975 gibt, weil wir uns im Jahr 1975 befinden und keine Zeitreisenden zu Gesicht bekommen. Aber dieses Argument ist bei weitem nicht schlüssig genug."

Tatsächlich bedeutet es nicht, dass es zur Zeit keine Zeitreisenden gibt, weil wir sie nicht in irgendeiner Fernsehshow sehen. Es wäre gefährlich, in viele antike Perioden zu reisen, wie z.B. Schlachten, Mordanschläge usw. Nichtsdestotrotz mögen vielleicht einige Zeitreisende den Tod riskiert haben ("Es tut uns leid, aber ihr Sohn starb bei einem Unfall vor 2000 Jahren, während er eine Zeitreise machte ..."), und historische Berichte weisen viele Zwischenfälle mit ungewöhnlichen Leuten auf, welche am leichtesten durch Zeitreisen erklärt werden können.

Es könnten ganze Bücherbände mit historischen Zwischenfällen gefüllt werden, welche etwas mit Zeitreisen zu tun haben. Ich möchte hier nur ein paar wenige erwähnen. Fast alle der Beweise in bezug auf "Frühastronauten", welche in Hunderten von Büchern gefunden wurden, können alternativ durch die Zeitreisenhypothese erklärt werden, und das ist auch geschehen. Der britische Autor Robin Collins schrieb über dieses Thema in seinem Buch *Ancient Astronauts: A Time Reversal* im Jahr 1976, als der "Götter-aus-dem-Weltraum-Wahnsinn" gerade seinen Höhepunkt erreicht hatte.

Es gibt verschiedene seltsame Berichte von Besuchen von sehr menschlich aussehenden "Engeln", welche die Leute vor plötzlichen Katastrophen warnen. Das Wissen um "zukünftige" Ereignisse ist ein Hinweis auf eine Art von Zeitreisen. In ähnlicher Weise weisen viele historische Ereignisse oft ein Element der Vorahnung oder einer "Warnung" auf. Die Teilnehmer sind gezwungen, ihre Rolle im Drehbuch zu spielen, aber viele Beobachter wissen schon vorher, dass solche Dinge passieren werden. "Wir haben sie gewarnt," ist ein oft gehörter Ausdruck. Zeitreisende müssen ihn oft verwenden

Es gibt bestimmte historische Persönlichkeiten, wie z.B. der berühmte Graf von Saint Germain, der ein zeitreisendes Genie zu sein scheint, der kommen und gehen konnte, wann er wollte. In manchen Fällen haben solche Leute zur entsprechenden Zeit sogar ihren Tod vorgetäuscht, genauso wie der Held in der Fernsehserie *Der Highlander*, oder manchmal verschwanden sie auch einfach im Nebel der Geschichte. Von einigen Personen wie Enoch oder Saint Germain ist kein Todesdatum bekannt. Das gleiche gilt für den chinesischen Philosophen Lao Tzu, welcher das Buch *Das Tao te ching* schrieb, vielleicht das berühmteste Buch des antiken Chinas.

Leser von Charles Forts Büchern oder der britischen Zeitschrift *Fortean Times* sind wahrscheinlich mit Berichten von seltsamen dimensionssprengenden Ereignissen vertraut, von geheimnisvollen Besuchern, die scheinbar alles wissen (eingeschlossen der Zukunft) oder von Fischen und Fröschen, welche aus dem klaren, blauen Himmel fallen.

Da die Medien immer schneller werden und überall vorhanden sind, werden vielleicht immer mehr Geschichten über Zeitreisen auftauchen. Von der antiken Geschichte ist uns ziemlich wenig überliefert. Zu Beginn des 19. Jahrhunderts jedoch tauchten in den Ländern mit einer weiter entwickelten Zeitungsindustrie, wie England, Deutschland, Frankreich und Amerika, Berichte von fortschrittlichen Flugmaschinen und geheimnisvollen Männer mit seltsamen Geräten auf, welche kurz mit den Einheimischen in Kontakt traten und dann wieder verschwanden. Im Gegensatz zu ähnlichen Ereignissen in der Vergangenheit, gelangten solche ungewöhnlichen Geschehnisse in die Zeitungen und wurden für zukünftige Forschungen archiviert!

DIE GEHEIMNISVOLLEN LUFTFAHRZEUGE DES SPÄTEN 19. JAHRHUNDERTS

Geheimnisvolle Luftfahrzeuge haben den Atlantischen Ozean offensichtlich schon vor über 100 Jahren überflogen. William Corliss erwähnt in seinem Kalender der unerklärlichen Phänomene aus dem Jahr 1999, dass der Kapitän und die Besatzung des britischen Dampfers am 22. März 1870 in der Nähe der westafrikanischen Küste eine seltsame Beobachtung gemacht hatten. Es handelte sich um ein graues Objekt, welches in vier miteinander verbundenen Abteilungen getrennt war. Hinter sich schleppte es einen langen “Haken”, der mit der Mitte des UFOs verbunden war. Es befand sich inmitten der Wolken, flog gegen den Wind und war eine halbe Stunde lang sichtbar.

Im Jahr 1873 sahen Baumwollarbeiter in Bonham in Texas ein glänzendes, silbriges Objekt am Himmel, das auf sie zusteuerte.

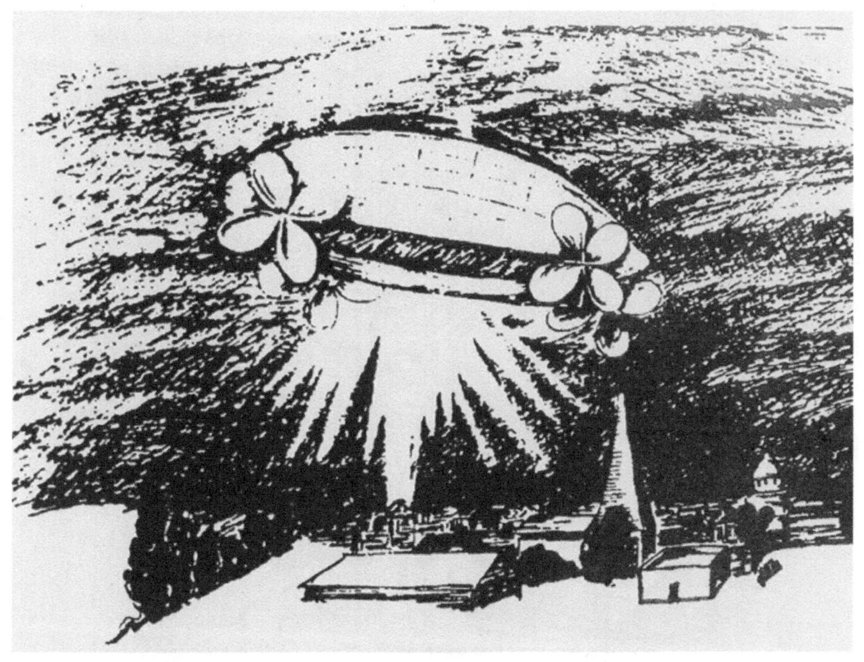

Ein Raumschiff, welches am Himmel über den Vereinigten Staaten in den Achtziger Jahren des letzten Jahrhunderts gesehen wurde.

Vor Schrecken rannten sie weg, während sich die “große, silbrige Schlange”, wie sie einige Leute beschrieben, herumdrehte und erneute auf sie zuflog. Ein paar Zugpferde liefen weg und der Fahrer kam unter die Räder und wurde getötet. Ein paar Stunden später tauchte in Fort Riley in Kansas ein ähnliches Luftfahrzeug auf, durch welches die Pferde einer Kavallerieparade so aufgeschreckt wurden, dass alles in einem Tumult endete.

Luftfahrzeuge, oft mit starken Suchscheinwerfern, bevölkerten den Himmel über Amerika in den Achziger und Neunziger Jahren des letzten Jahrhunderts, und im Jahr 1897 kam es schließlich zu einer großen Sichtungswelle.

Diese begann im November 1896 in San Francisco, als Hunderte von Einwohnern ein großes, längliches, dunkles Objekt

Zeichnung eines Luftfahrzeugs, das im Jahr 1896 über Chicago gesehen wurde.

sahen, das gewaltige Suchscheinwerfer besaß und sich gegen den Wind in nordöstlicher Richtung über Oakland bewegte. Ein paar Stunden später kamen Berichte aus dem nördlichen Kalifornien, wie z.B. aus Santa Rosa, Chico, Sacramento und Red Bluff, in denen anscheinend das gleiche Luftfahrzeug beschrieben wurde. Es ist ganz und gar möglich, dass sich dieses Fahrzeug in Richtung von Mount Shasta in Nordkalifornien bewegte.

Das Luftfahrzeug bewegte sich sehr langsam und majestätisch, flog manchmal sehr tief und fuhr in der Nacht seine starken Suchscheinwerfer aus. Es ist angebracht, hier anzumerken, dass das Schiff machen konnte, was es wollte, weil nicht das Risiko bestand, dass es verfolgt werden konnte. Es gab keine Düsengeschwader, welche den Eindringlich gejagd hätten, keine Luftabwehrgeschütze oder Raketen, um es abzuschießen.

Allerdings bewegte sich das Luftfahrzeug, welches eindeutig kein Ballon war, manchmal sehr abrupt; es verschwand plötzlich, wechselte den Kurs auf einen Schlag, veränderte seine Höhe mit großer Geschwindigkeit und verwendete, wie gesagt, starke Suchscheinwerfer, um die Landschaft abzusuchen.

Diese geheimnisvollen Luftfahrzeuge wurden in den gesamten Vereinigten Staaten gesichtet, eingeschlossen vieler dicht besiedelter Gebiete wie Omaha und Milwaukee. Am 10. April 1897 haben Tausende von Menschen in Chicago ein zigarrenförmiges Luftfahrzeug gesehen.

James Clark berichtet in der UFO-Enzyklopädie, dass am 1. Februar 1897 in der *Omaha Daily Beef* eine Geschichte über ein "großes, glänzendes Licht" veröffentlicht wurde, welches dahinschwebte, auf- und niederstieg und sich mit einer äußerst bemerkenswerten Geschwindigkeit über Hasting in Nebraska bewegte.

Er stellt auch fest, dass die *St. Louis Dispatch* am 16. April 1897 davon berichtete, dass ein Einwohner von St. Louis behauptet hatte, in den Bergen außerhalb von Springfield in Missouri auf ein Luftfahrzeug und "Marsmenschen" getroffen zu sein. Er sagte, dass sie nicht mit ihm sprachen und dass sie angenehm, langhaarig und freundlich waren und keine Kleider trugen. Clark meint: "Offensichtlich hatten sie keine Ahnung vom Konzept der Zeit, da sie über seine Uhr erstaunt waren."

Man nimmt allgemein an, dass die vielen Berichte von Luftfahrzeugen nicht irgendwelchen bekannten Luftschiffen oder einer anderen Technologie dieser Zeit zugeschrieben werden können. Der erste motorgetriebene Flug wurde von Giffard mit einem Dampfluftschiff im Jahr 1852 durchgeführt, während die Tissandier-Brüder das erste elektrische Luftschiff im Jahr 1883 bauten. Renard und Krebs elektrisches Luftschiff, die *La France*, wurde erstmals im Jahr 1884 von Chalais nach Meudon geflogen. Das Aluminiumluftschiff von Schwartz wurde zuerst im Jahr 1897 auf dem Tempelhofer Feld in Deutschland geflogen, und das erste “erfolgreiche” Luftschiff, die *Lebaudy*, wurde zum ersten Mal 1903 in Paris testgeflogen.

Die Sichtungswelle des Jahres 1897 wurde normalerweise dadurch erklärt, dass es sich hierbei um außerirdische Raumschiffe handeln müsse. Jacques Vallee betont jedoch in seinem Buch *Dimensions*, dass die Beweise nicht auf Außerirdische hindeuten, weil sich die Führer der Luftfahrzeuge, welche sich mit den Zeugen unterhielten, nicht von der durchschnittlichen, amerikanischen Bevölkerung dieser Zeit unterschieden.

Viele Besatzungsmitglieder unterhielten sich tatsächlich mit den Einheimischen und boten ihnen sogar manchmal an, mitzufliegen, obwohl nur wenige diese Einladung angenommen haben. Bei einem seltsamen Zwischenfall in Hot Springs in Arkansas in der Nacht des 6. Mai 1897 beobachteten der Polizist Sumpter und der Hilfssheriff McLemore ein Luftfahrzeug, das während einer regnerischen Nacht landete. Indem sie ihre Winchester-Gewehre herauszogen, verlangten sie von der Besatzung, sich zu identifizieren. Ein Mann mit einem langen, dunklen Bart kam mit einer Laterne (vielleicht elektrischer Art?) in seiner Hand herbei und “nachdem wir ihm gesagt hatten, wer wir waren, erzählte er uns, dass er und die anderen -- ein junger Mann und eine Frau -- mit diesem Luftfahrzeug durch das Land reisen würden. Wir konnten deutlich die Umrisse des Schiffes erkennen, welches zigarrenförmig und ungefähr 20 m lang war, und genauso aussah, wie die Bilder, welche kürzlich in den Zeitungen erschienen waren. Es war dunkel und es regnete, und der junge Mann, der ungefähr 30 m entfernt war, füllte einen großen Sack mit Wasser, die Frau blieb im Hintergrund. Sie hielt sich einen Schirm über den Kopf. Der Mann mit dem Bart lud uns ein, mitzufahren, und sagte, dass er uns dorthin bringen könne, wo es nicht regne. Wir sagten ihm, dass wir es lieber vorzögen, nass zu werden.

Nachdem wir den Mann gefragt hatten, warum das helle Licht an- und ausgeschaltet wurde, erwiderte er, dass es so stark sei, dass es einen großen Teil der Antriebsenergie verbrauche. ... Da wir in Eile waren, verschwanden wir danach, und nach unserer

Rückkehr - ungefähr 40 Minuten später - war nichts mehr zu sehen. Wir hörten und sahen nicht, als das Schiff abfuhr."

In einem anderen faszinierenden und aufschlussreichen Bericht aus der *Houston Post* vom 22. April 1897 behauptete ein gewisser John M. Barclay, der in der Nähe von Houston lebte, am 21. April um 11 Uhr abends ein Luftschiff am Boden gesehen zu haben. "Es handelte sich um ein seltsam geformtes Objekt mit länglicher Form, Flügeln und seitlichen Befestigungen verschiedener Form und Größe. Es waren helle Lichter vorhanden, welche viel heller als elektrische Lichter erschienen."

Als er es zuerst sah, stand es bewegungslos ungefähr 5 m über dem Boden. Es kreiste ein paar Mal und sank dann in der Nähe der Scheune, gegenüber dem Haus, langsam auf den Boden. Er nahm seine Winchester und ging nach unten, um die Sache zu untersuchen. Sobald das Schiff, oder was es auch immer gewesen sein mochte, landete, gingen die Lichter aus.

Die Nacht war hell genug, dass man einen Mann in ein paar Metern Entfernung erkennen konnte, und als er sich ungefähr 30 Meter vom Schiff entfernt befand, traf er auf einen gewöhnlichen Sterblichen, der von ihm verlangte, dass er sein Gewehr weg legen sollte, da er friedlich sei. Daraufhin kam es zur folgenden Unterhaltung: "Wer sind Sie, und was wollen Sie?"

"Wir kümmern uns nicht um Namen, nennen sie mich Smith. Ich möchte ein wenig Schmieröl und ein paar Meissel, falls Sie solche Dinge haben, und ein wenig Kupfervitriol. Ich nehme an, dass das Sägewerk die beiden ersten Dinge hat und der Telegraphist das Kupfervitriol. Hier ist ein Zehn-Dollar-Schein; nehmen Sie ihn, besorgen Sie uns diese Waren und behalten Sie das Wechselgeld für Ihre Mühe." Mr. Barclay sagte: "Was haben Sie dort? Ich möchte es mir ansehen."

"Nein, wir können Ihnen nicht erlauben, näher zu kommen, aber machen Sie, was wir von Ihnen wünschen und Ihre Freundlichkeit wird belohnt werden, da wir Sie zu einem späteren Zeitpunkt nochmals aufsuchen, und Sie dann auf einen Trip mitnehmen werden."

Danach besorgte Barclay das Öl und die Meissel, allerdings konnte er kein Kupfervitriol auftreiben. Sie hatten kein Wechselgeld gehabt und Barclay reichte ihm den Zehn-Dollar-Schein, aber er lehnte ihn ab. Der Mann schüttelt ihm die Hand, dankte ihm freundlich und bat ihn, ihm nicht zum Schiff zu folgen. Als er ging, rief ihm Barclay nach und fragte ihn, wo er herkomme und wo er hingehe. Er erwiderte: "Von überall her, aber übermorgen werden wir in Griechenland sein." Er ging an Bord, und wieder war dieses säuselnde Geräusch zu hören, und danach war das Ding wie ein Blitz verschwunden, wie Barclay es ausdrückte."

Während solche Zwischenfälle für die meisten Leute ziemlich erstaunlich sein mögen, sind sie im Zusammenhang mit Zeitreisen gesehen nicht so außergewöhnlich. Jacques Vallee glaubt, dass die Bemerkung des Fremden, dass er von überall her wäre und übermorgen in Griechenland sein werde, absurd ist. Aber was ist an dieser vagen Antwort absurd? Im Jahr 1897 war dies mit der damaligen Luftschifftechnik unmöglich; und welche Außerirdische, fragt sich Vallee, würden behaupten, dass sie in zwei Tagen in Griechenland sein werden? Für einen menschlichen Zeitreisenden auf dem Weg nach Griechenland scheint diese Antwort allerdings ziemlich vernünftig zu sein.

Die Sichtungswelle von 1896/97 wird nie entgültig geklärt werden können. Hat sie etwas mit Zeitreisenden zu tun? Berichte aus der Zukunft scheinen diese These zu bestätigen. Bei den 100 Sichtungen im ganzen Land handelte es sich sicherlich bei einigen um Schwindel und Erfindungen, die ihren Ursprung in den vielen Zeitungsberichten hatten, die zu dieser Zeit über dieses Thema erschienen. Wallace Chariton sagt zum Schluss seines Buches *The Great Texas Airship Mystery* Folgendes: "Viele der Zeugen hörten ein seltsames Säuseln oder Pfeifen, das sie nicht identifizieren konnten. Es gab verschiedene Berichte, dass die Flugmaschine einige Zeit über einem Ort schwebte und dann mit hoher Geschwindigkeit verschwand. Es war immer zumindest ein Licht vorhanden, das des öfteren als das hellste Licht beschrieben wurde, das die Zeugen jemals gesehen hatten. Einige Zeugen sagten, dass sie ein helles, fluoreszierendes Leuchten um das Schiff herum gesehen hätten, und viele andere behaupteten, dass entlang der Seiten mehrfarbige Lichter vorhanden waren. Falls jemand die Forschungen in bezug auf moderne UFO-Sichtungen liest, dann wird er feststellen, dass auch dort ähnliche Beobachtungen zu finden sind."

DIE ZEITMASCHINE AUS DEM JAHR 1895

Kurz vor der Sichtungswelle des Jahres 1897 wurde eine bemerkenswerte Erzählung veröffentlicht: *Die Zeitmaschine.* Dieses Buch aus dem Jahr 1895 von H.G. Wells war das Erste einer Reihe wissenschaftlicher Fantasiegeschichten, die seinen frühen Ruhm begründeten. In dieser Geschichte erfindet ein reicher Erfinder eine Zeitmaschine und reist mit dieser in die Zukunft und findet sich in den Überbleibseln seines Londoner Laboratoriums wieder.

Genauso wie Wells spätere sozialphilosophische Arbeiten, hat auch diese Geschichte eine politische Botschaft, die sich auf die zukünftigen Beziehungen zwischen der Arbeiterklasse und der herrschenden Klasse in der Industriegesellschaft bezieht. Der Zeitreisende in seiner Geschichte reist mit seiner Maschine in ein Zeitalter, in dem die Welt von zwei Rassen bewohnt ist, den vergnügungsliebenden Eloi und den affenähnlichen Morlocks, welche unterirdisch leben. Wells ironischer Kommentar in bezug auf die Auswirkungen des Fortschritts des 19. Jahrhunderts ist in *Die Zeitmaschine* eine pessimistische Parabel auf die Zukunft der Menschheit.

Wurde Wells vielleicht durch einige Zeitreisende in das Konzept von Zeitmaschinen eingeführt? All diese Dinge geschahen um die Zeit der Wilson-Brüder von EMI/Thorn und ihrer vermutlichen Verbindung mit dem Philadelphia-Experiment. EMI/Thorn ist eine britische Mediengruppe mit Sitz in London, die im späten 19. Jahrhundert gegründet wurde. Obwohl sie nicht mehr so mächtig ist wie einst, ist sie trotzdem eine der ältesten Unter-

Vom 19. Jahrhundert bis jetzt (und in die Zukunft hinein) gab es viele seltsame Verbindungen in bezug auf Zeitreisen. In diesem Bild ist die Zeitmaschine aus H.G. Wells Roman "Die Zeitmaschine" dargestellt.

haltungsgesellschaften mit Verbindungen bis hin zurück zu den frühen Tagen von Tesla, Westinghouse, Edison und General Electrics and Marconis Gesellschaft, die heute als Marconi Systems bekannt und ebenfalls in London ansässig ist.

Im Jahr 1898 passierten seltsame Dinge. Nikola Tesla erfand den Wechselstrommotor und beleuchtete New York mit seiner erstaunlichen neuen Energiequelle. Die Welt hatte sich für immer verändert und über Nacht waren große elektrische Betriebe entstanden. Tesla sah Todesstrahlen, Antigravitation, Gedankenmaschinen und andere futuristische Geräte voraus. Das moderne Technologiezeitalter begann. Ohne Teslas Wechselstrom und der Pulstechnologie hätten viele wichtige Erfindungen, so auch die Zeitmaschine, nicht erfunden werden können.

Es waren immer noch seltsame Objekte am Himmel, Objekte, die scheinbar aus der Zukunft stammten. Jerome Clark erwähnt, dass am 15. März 1901 die Zeitschrift *Enterprise* aus Silver City in New Mexico berichtete, dass acht Tage zuvor ein dort ansässiger Mann, namens Dr. S.H. Miliken, ein Foto von einem seltsamen, fliegenden Objekt gemacht hatte.

Die *Enterprise* schrieb: "Auf dem Foto sind drei zigarrenförmige Objekte zu sehen, die miteinander verbunden zu sein scheinen." Unglücklicherweise hat diese Zeitschrift das historisch wertvolle Bild nicht veröffentlicht. Clark sagt, es ist nun verloren. Wir hätten dann bestimmen können, ob es sich um ein Objekt aus der Zukunft, oder aus der Vergangenheit gehandelt hat.

Clark erwähnt einen anderen seltsamen Zwischenfall, der am 18. März 1903 in Indiana stattfand. An diesem Tag schwebte ein riesiges Objekt wie eine gigantische Gurke mit leicht abgeschrägten Enden und mit zwei Reihen von Fenstern entlang der Seiten über eine Farm in Helmer in Indiana. Zeugen dieses Vorfalls waren die Mitglieder der Brosius-Familie, welche schätzten, dass das zigarrenförmige Objekt ungefähr 30 m lang war. Die Brosius-Familie gab an, dass sich das Objekt im Zickzackkurs mit großer Geschwindigkeit über den Himmel bewegte und dann verschwand. Wie Clark sagt, trug sich dieser Zwischenfall mehr als vierzig Jahre vor der Ära der "fliegenden Untertassen" zu und bevor das Wort UFO zu einem Standardausdruck wurde. Handelte es sich hierbei vielleicht um Zeitreisende auf einer Pauschalreise in das Amerika des Jahres 1903?

Nur ein Jahr später sichtete die Besatzung der *USS Supply*, eines amerikanischen Kriegsschiffes vor der Küste von Korea, drei rote, eiförmige Objekte unterhalb der Wolken. Leutnant Frank Schofield berichtete am 28. Februar 1904, dass, als sich die Objekte dem Schiff näherten, "über den Wolken dahinflogen. Das größte hatte eine scheinbare Größe des sechsfachen der Sonnenscheibe, das zweite die Größe des zweifachen und das dritte die Größe der Sonnenscheibe." Schofield wurde in den Dreißiger Jahren zum Kommandant der Pazifischen Flotte ernannt und darf als zuverlässiger Zeuge angesehen werden.

Die *London Daily Mail* veröffentlichte am 20. Mai 1909 eine Geschichte, in der von einem Mann namens C. Lethbridge berichtet wird, der zwei Tage zuvor bei einem Spaziergang auf einem Gebirgspfad in Cardiff in Wales "ein langes röhrenförmiges Gebilde" gesehen hatte. Im Innern befanden sich zwei Männer in dicken Pelzmänteln. Als sie Lethbridge sahen, sprachen sie in einer fremden Sprache aufgeregt miteinander und segelten dann davon."

Viele moderne UFO-Forscher glauben, dass es sich hierbei vielleicht um einen Schwindel gehandelt haben könnte, vor allem deswegen, weil eine solche Technologie für diese Zeitperiode als unmöglich erschien. Es kann sich jedoch um Zeitreisende gehandelt haben und das "große, röhrenförmige Gebilde" war vielleicht ihr Raumfahrzeug oder Zeitreisegerät.

William Corliss berichtet, dass am 9. Februar 1913 die Einwohner eines Ortes in der Nähe von Esterhazy in Saskatchewan von einer seltsamen Lichtformation am Himmel berichteten, welche einem Schnellzug am Himmel ähnelte. Die Prozession heller, feuriger Lichter, die sich majestätisch bewegten, tauchte aus dem Nordwesten auf und war für mehr als drei Minuten am Himmel zu beobachten. Die Lichter waren von einem Lärm begleitet, der sich wie ein ferner Donner anhörte. Corliss sagt, dass sie auch von Berufsastronomen beobachtet worden waren, aber deren Erklärung, dass es sich bei diesen Lichtern um Meteore gehandelt hat, lässt einige Zweifel aufkommen.

"ENTSCHULDIGEN SIE, KÖNNTEN SIE MIR VIELLEICHT SAGEN, WIEVIEL UHR ES IST?"

In den Vierziger und Fünfziger Jahren kam es dann zu anderen beunruhigenden, bekannten Zusammentreffen mit gewöhnlichen Menschen in ungewöhnlichen Fahrzeugen. Bei diesen Menschen kann es sich um Zeitreisende gehandelt haben. Nach den ersten Berichten von Fliegenden Untertassen in den späten Vierziger Jahren, also einige Jahre nach dem sog. Philadelphia-

Experiment, erschienen im Jahr 1950 solche Bücher wie *Behind the Flying Saucers* von Frank Scully und *Flying Saucers Over Los Angeles* von DeWayne Johnson.

Frank Scully erwähnt die Bruchlandung eines UFOs am 25. März 1948 in der Nähe von Aztec in New Mexico. Scully behauptet, dass es sich bei dem Fahrzeug, dass in der Nähe von Farmington auf ein Felsenplateau stürzte, vielleicht um ein Raumschiff der "Venusianer" gehandelt haben mag. Noch seltsamer klingt, dass die Untersuchungskommission die Körper von 16 menschlichen Wesen fand, welche im Stil des späten 19. Jahrhunderts gekleidet waren. Scully spekulierte auch darüber, ob das Fahrzeug "nicht entlang magnetischer Kraftlinien geflogen ist." Er fragte sich nicht, ob es sich hierbei vielleicht um Zeitreisende gehandelt hat, welche einen verheerenden Ausflug aus dem Jahr 1890 gemacht hatten. Der Absturz in Aztec bleibt auch weiterhin ein stark diskutiertes Ereignis, aber die Gegend um Farmington in New Mexico war in den späten Vierziger und frühen Fünfziger Jahren ein Brennpunkt von UFO-Aktivitäten, wie von Johnson und Thomas in ihrem Buch *Flying Saucers Over Los Angeles* berichtet wurde.

Z.B. sah der berühmte Astronom Clyde Tombaugh am 20. August 1949 ein großes, zigarrenförmiges Fahrzeug mit einer Reihe von seitlich angebrachten, beleuchteten Fenstern, als er sich in seiner Wohnung in der Nähe von Las Cruces in New Mexico befand. Und Professor Tombaugh hatte im Jahr 1930 den Pluto entdeckt.

In ähnlicher Weise warnte der Kontrollturm am 20. Januar 1951 in Sioux City in Iowa die DC-3 von der Mid-Continent-Fluglinie, beim Abflug auf ein sich näherndes, unbekanntes Flugzeug zu achten. Als sich das Flugzeug in der Luft befand, sahen die Besatzung und die Passagiere ein Licht, das sich mit großer Geschwindigkeit auf das Flugzeug zubewegte. Als das Licht näher kam, konnte die Besatzung erkennen, dass es sich um ein gut beleuchtetes, zigarrenförmiges Luftfahrzeug handelte. Entlang der Seite befanden sich mehrere Fensterreihen. Das Objekt

Am 20. August 1949 sah Professor Clyde Tombaugh, der Astronom, welcher im Jahr 1930 den Pluto entdeckt hatte, in der Nähe von Las Cruces in New Mexico dieses riesige, zigarrenförmige UFO.

begleitete die DC-3 für kurze Zeit und schoss dann mit großer Geschwindigkeit davon.

Ein paar Jahre später traf die Kontaktlerin Elizabeth Klarer aus Südafrika die Liebe ihres Lebens, einen stattlichen Mann namens Akon. Akon war ein Prachtstück vom Planeten Meton. Elizabeth behauptete in ihrem Buch *Beyond the Light Barrier*, dass sie mit Akon für vier Monate auf den Planeten Akon ging, als sie schwanger wurde. Meton sah der Erde ziemlich ähnlich, nur zu einer verschiedenen Zeit, höchstwahrscheinlich in der Zukunft. Elizabeth behauptete bis zu ihrem Tod im Jahr 1994, dass Akon ihre einzige Liebe sei und dass er und sein Sohn sie ständig besuchen würden.

"HEY MANN, WO GEHT´S HIER IN DIE SECHZIGER?"

Für Zeitreisende, die Spaß haben wollen, wären die Sechziger und Siebziger Jahre ein geeignetes Ziel. Halluzinierende Drogen waren immer noch legal, die sexuelle Revolution begann und die Leute fingen an, komische Kleider zu tragen. Hierdurch könnten sich seltsam aussehende Zeitreisende leichter eingewöhnen. "Hip" zu sein, ist nicht immer leicht für Zeitreisende. Fremdartige Besucher wie die "Men in Black" und Fliegende Untertassen wurden immer bekannter.

Ungefähr um 11 Uhr vormittags am 18. April 1961 hatte der sechzigjährige Joe Simonton, der in Eagle River in Wisconsin eine Hühnerfarm besaß, ein höchst ungewöhnliches Zusammentreffen. Aufgrund eines seltsamen Geräusches, "das sich wie Stöckelschuhe auf einer Teerstraße anhörte", war er nach draußen gegangen. Dort sah er dann ein silbriges, untertassenförmiges Objekt, "glänzender als Chrom", das anscheinend knapp über dem Boden schwebte, ohne diesen allerdings zu berühren. Das Objekt war ungefähr 4 m hoch und hatte einen Durchmesser von 10 m.

Ungefähr 1,5 Meter über dem Boden öffnete sich eine Luke, und Simonton sah drei Männer innerhalb der Maschine. Einer war mit einem schwarzen, zweiteiligen Anzug bekleidet. Die Insassen waren ungefähr 1,50 m groß. Sie waren glatt rasiert und sahen Italienern ähnlich. Sie besaßen schwarze Haare und eine dunkle Hautfarbe und trugen gestrickte Kopfbedeckungen. Aus dieser Beschreibung scheint es so, dass sie Overalls getragen haben und Rastafarians waren, weil diese oft gestrickte Mützen tragen. Durch solche Kopfbedeckungen können die Haare, die Ohren, Kopfhöhrer oder andere Dinge verdeckt werden.

Einer der Männer hielt einen Krug in der Hand, der offensichtlich aus dem gleichen Material gemacht war wie die Untertasse. Anscheinend wollte er Joe Simonton zeigen, dass er Wasser benötigte. Simonton nahm den Krug, ging ins Haus und füllte ihn mit Wasser. Als er zurückkehrte, sah er, dass einer der Männer in der Untertasse Essen auf einem flammenlosen Grill irgendwelcher Art röstete. Das Innere des Schiffes war schwarz. Simonton sah verschiedene Instrumente und hörte ein summendes Geräusch, wie das Brummen eines Generators. Als er den Männern andeutete, dass er an dem Essen interessiert wäre, überreichte ihm einer der Männer drei "Cookies", die einen Durchmesser von ungefähr 7,5 cm und kleine Löcher besaßen.

Die ganze Sache dauerte ungefähr fünf Minuten. Als das Objekt dann wieder nach oben stieg, erzeugte es einen Luftstrom, durch welche die nahe gelegenen Kieferbäume umgebogen wurden.

An der Kante der Untertasse befanden sich Abgasrohre, die zwanzig oder dreißig Zentimeter lang waren. Die Luke war ungefähr 1,8 m hoch und 75 cm breit, und obwohl das Objekt immer als Untertasse beschrieben worden war, hatte es in Wirklichkeit die Form von zwei umgekehrten Schüsseln.

Simonton berichtete später zwei Hilfssheriffen, dass er einen der "Cookies" gegessen hatte und dass dieser nach nichts geschmeckt hätte. Die Amerikanische Luftwaffe, welche die verbleibenden beiden "Cookies" untersuchte, drückte sich etwas wissenschaftlicher aus: "Die "Cookies" bestanden aus gehärtetem Fett, Stärke, Buchweizenschalen, Sojabohnenschalen und Weizenkleie. Es handelte sich also um ein gewöhnliches Gebäck irdischer Herkunft.

Für den bekannten UFO-Forscher Jacques Vallee klingt dieser Fall glaubwürdig, jedoch absurd! Welche Außerirdischen sehen schon wie normale Menschen aus, tragen Overalls und überreichen irgendwelchen Besitzern von Hühnerfarmen in Wisconsin "Cookies"? Vallee glaubt, dass sie "interdimensionale" Besucher waren. Ich schließe hieraus, dass es sich eher um Zeitreisende gehandelt hat.

Es ist absolut bekannt, dass es bei vielen Zusammentreffen mit UFOs zu einer Raumzeitstörung und zu seltsamen, elektromagnetischen Effekten kommt. Am 4. April 1966 fuhr Ronald Sullivan östlich von Bealiba in Victoria in Australien, als er bemerkte, dass seine Frontlichter gebogen waren -- ein Effekt, der sämtlichen Gesetzen der Physik zu widersprechen schien. Sullivan hielt sofort an, stieg aus und sah einen Suchscheinwerfer, der sich über ein Feld bewegte. Er blickte dann nach oben und sah, dass der Scheinwerfer an ein UFO angebracht war, welches gerade aus dem Blickfeld verschwand. Später waren seine Frontlichter wieder völlig normal.

Viele Leute haben berichtet, dass ihre Autos aus nicht ersichtlichen Gründen plötzlich stehen blieben, wenn UFOs in ihrer Nähe schwebten. Sullivans verbogene Frontlichter können vielleicht irgendetwas mit einer dimensionalen Verzerrung aus einer Zeitmaschine zu tun gehabt haben. Berichte von Luftfahrzeugen, welche starke Suchscheinwerfer besitzen, datieren bis auf die Achtziger Jahre des letzten Jahrhunderts zurück.

Ein anderer seltsamer Zwischenfall geschah am 3. Dezember 1967, als ein Wachmann namens Herb Schirmer aus Ashland in Nebraska eine ungewöhnliche Erfahrung machte, durch welche sich sein Leben für immer veränderte. In seinem Logbuch schrieb er in dieser Nacht, dass er an der Kreuzung der Highway 6 und 63 eine Fliegende Untertasse gesehen hätte. Schirmer berichtete, dass er eine Reihe flackernder Lichter gesehen hätte, die sich über dem Highway erhoben hatten. Der Wachmann entschloss sich, diesen zu folgen und fuhr einen Feldweg in Richtung der starken Lichter. Er versuchte, die Polizei in Wahoo in Nebraska zu rufen, aber sein Funkgerät funktionierte nicht. Sein Wagen starb ab und er starrte auf das Objekt, das metallisch war, die Form eines Fußballs hatte und von einem silbrigen Glühen umgeben war. Es gab einen zischenden Ton von sich, und die Lichter flackerten in schneller Folge. Unter dem Fahrzeug tauchten Füße auf und es landete. Schirmer versuchte nach Hause zu fahren, aber er wurde durch etwas in seinem Geist davon abgehalten.

Die Insassen des Fahrzeugs kamen zu seinem Auto. Er war nicht in der Lage, seine Pistole zu ziehen. Ein grünliches Gas wurde auf den Wagen gerichtet, und ein Insasse richtete ein helles Licht auf ihn, wodurch er ohnmächtig wurde. Als Schirmer wieder erwachte, erkannte er, dass ihm zwanzig Minuten fehlten. Später wurde er dann hypnotisiert.

Unter Hypnose erinnerte sich Schirmer dann, dass er das Wagenfenster heruntergelassen und mit dem Insassen des Fahrzeugs gesprochen hatte, der irgendetwas gegen seinen Nacken drückte und fragte: "Sind Sie der Wachmann für dieses Gelände?" Er zeigte dann auf das in der Nähe liegende Kraftwerk und fragte: "Ist dies die einzige Energiequelle, die Sie haben?"

Schirmer wurde auf das Fahrzeug gebracht. Er sah Steuerungseinrichtungen und computer-ähnliche Maschinen. Die Insassen schienen menschliche Wesen zu sein und trugen Overalls mit dem Abzeichen einer geflügelten Schlange. Sie sagten ihm, dass ihr Fahrzeug mittels eines umgekehrten Magnetismus funktionieren würde und dass sie ihre Energie aus großen Wasserreservoirs ziehen.

"Bis zu einem gewissen Maß wollen sie die Leute verwirren," sagte Schirmer unter Hypnose. Bei einer Gelegenheit brachte einer der Männer Schirmer zu einem der großen Fenster des Schiffes, zeigte auf die verlassene Landschaft und sagte in erhabenem Ton: "Wachmann, irgendwann wirst du das Universum sehen!" Um ihn anscheinend auf die falsche Fährte zu locken, sagten sie ihm, dass sie aus einer anderen Galaxie kämen, dass er sich später nicht erinnern würde, in diesem Schiff gewesen zu sein, und schließlich sagten sie: "Sie werden nicht in vernünftigerweise über diese Nacht sprechen. Wir werden zurückkehren, um sie noch zweimal zu sehen."

Bei einem ähnlichen Zwischenfall am 23. März 1966 in Temple in Oklahoma fuhr ein Dozent der Luftwaffenbasis in Sheppard um 5 Uhr morgens zur Arbeit. Als er die Kreuzung zum Highway 70 erreichte, sah er plötzlch ein großes fischförmiges Objekt, welches den Highway blockierte. Er fuhr an die Seite und näherte sich dem Objekt, wobei er einen Mann innerhalb des seltsamen Gefährts sah, welches dann plötzlich abhob.

In einem Telefongespräch erzählte der Dozent dem UFO-Forscher Jacques Vallee Folgendes: "Einen Kilometer vor der Kreuzung sah ich ein sehr helles Licht, und ich dachte, dass es sich um einen Lastwagen handeln würde, der irgendwelche Probleme hatte. ... Ich ging zu dem Objekt hin, wobei ich die Lichter brennen und den Motor laufen ließ. Dann erinnerte ich mich, dass ich eine Kodak-Kamera im Auto hatte und damit vielleicht ein Foto machen könnte. Ich zögerte eine Sekunde und währenddessen sah ich einen Mann auf mich zukommen, der wie ein Mechaniker aussah. Er hatte eine Taschenlampe in seiner Hand und kniete vor dem Rumpf des Gefährts."

Das Objekt sah wie ein Flugzeug ohne Flügel aus. Es erhob sich ungefähr 15 m über den Boden und flog in südöstlicher Richtung davon. ... Es hatte die Größe eines Transportflugzeuges, aber es waren keine Antriebsaggregate sichtbar. Der Zeuge wurde in der Luftwaffenbasis von einer Reihe von Offizieren mit Fragen überhäuft, und ein Lastwagenfahrer hatte auf der gleichen Straße dasselbe Objekt beobachtet.

Was so faszinierend bei diesen und vielen anderen Begegnungen ist, ist, dass es sich bei den Insassen immer um normale menschliche Wesen handelt. Sie scheinen von unserem eigenen Planeten zu stammen, und es sieht oft so aus, als ob sie die Zeugen überhaupt nicht interessieren, oder mit diesen Kontakt aufnehmen wollen. Sie kümmern sich eher um ihre eigene Angelegenheiten oder reparieren irgendwelche Defekte an ihren Fahrzeugen. Bei einigen kommt es allerdings zu näheren Begegnungen, wobei sie sich sogar mit anderen verlieben, welche aus einer anderen Zeit stammen.

Im Fall der Sichtung in Nebraska haben die Insassen des Raumschiffs vielleicht nur nach einer Energiequelle gesucht, um ihre Energiereserven aufzufüllen. Als Schirmer darüber informiert wurde, dass er eines Tages das Universum sehen wird, hat dies vielleicht nur bedeutet, dass Zeitreisen und Reisen ins Weltall bald für die Menschheit möglich sein werden.

DAS GEBET DER ZEITREISENDEN

Stellen Sie sich vor, dass es eine Bank gibt, welche Ihnen jeden Morgen 86 400 Dollar Kredit gibt. Jeden Abend wird der Betrag, den Sie nicht verbraucht haben, eingezogen. Was würden Sie tun? Sie würden natürlich jeden Cent abheben!

Jeder von uns hat eine solche Bank. Sie wird ZEIT genannt.

Jeden Morgen schenkt sie uns 86 400 Sekunden, und jeden Abend wird das als verloren abgeschrieben, was Sie nicht für einen guten Zweck verwendet haben.

Jeden Tag wird ein neues Konto für Sie eröffnet. Jede Nacht werden die Überbleibsel des Tages vernichtet. Wenn Sie Ihre Tagesreserven nicht nutzen können, dann ist das Ihr Verlust. Es gibt kein Zurück. Sie müssen in der Gegenwart leben. Die Uhr läuft. Machen Sie das Beste aus dem Heute!

Um den Wert EINES JAHRES zu erkennen, fragen Sie einen Studenten, der seine Prüfungen nicht bestanden hat.

Um den Wert EINES MONATS zu erkennen, fragen Sie eine Mutter, die eine Frühgeburt hatte.

Um den Wert EINER WOCHE zu erkennen, fragen Sie den Herausgeber einer Wochenzeitung.

Um den Wert EINER STUNDE zu erkennen, fragen Sie Ihre Geliebten, die auf Sie warten.

Um den Wert EINER MINUTE zu erkennen, fragen Sie eine Person, die einen Zug verpasst hat.

Um den Wert EINER SEKUNDE zu erkennen, fragen Sie eine Person, die gerade einem Unfall entgangen ist.

Um den Wert EINER MILLISEKUNDE zu erkennen, fragen Sie eine Person, welche die Silbermedaille bei den Olympischen Spielen gewonnen hat.

Genießen Sie jeden Moment, den Sie haben. Und genießen Sie ihn umso mehr, weil Sie ihn mit jemand Besonderen teilen.

Und denken Sie daran, dass die Zeit auf niemanden wartet. Gestern ist Geschichte. Der Morgen ist ein Geheimnis. Das Heute ist ein Geschenk. Dies ist der Grund, weshalb es als Gegenwart bezeichnet wird!

4. KAPITEL

DAS PHILADELPHIA-EXPERIMENT -- DIE GESCHICHTE

Das größte Abschreckungsmittel für den wissenschaftlichen Fortschritt ist die Weigerung einiger Leute, eingeschlossen Wissenschaftler, zu glauben, dass Dinge, welche scheinbar erstaunlich sind, tatsächlich geschehen können.
George S. Trimble, Direktor des NASA-Raumfahrtzentrums in Houston in Texas.

Ein richtiger Zeitreisender sollte das Know-how über wichtige Fakten des Zeitreisens besitzen, eingeschlossen die Geschichte des Philadelphia-Experiments. Die Bedeutung dieses Experiments ist so groß, so dass diese ganze Episode als ein Wendepunkt in der Geschichte angesehen werden sollte, jedenfalls soweit Zeitreisen davon betroffen sind.

WO ALLES BEGANN

Die "Philadelphia-Geschichte" beginnt mit Dr. Morris K. Jessup. Dr. Jessup war ein Astronom, Buchautor und der äußerst aktive Präsident eines UFO-Clubs.

Morris K. Jessup wurde am 20. März 1900 in Rockville in Indiana geboren. Er nahm am 1. Weltkrieg teil und studierte später Mathematik und Astronomie an der Drake Universität De

Moines in Iowa und danach an der Universität von Michigan in Ann Arbor. Als ein Doktorant reiste er in den späten Zwanziger Jahren nach Südafrika und arbeitete am Lamont-Hussey-Observatorium in Bloemfontein.

Nach seiner Rückkehr nach Michigan erwarb Jessup im Jahr 1933 den Doktorgrad in Astrophysik. Während der großen Wirtschaftskrise gab es wenige Jobs für Astronomen oder Astrophysiker, so dass er als Mitglied eines Teams von Wissenschaftlern für das Landwirtschaftsministerium nach Brasilien ging, um die Gummiquellen am Oberlauf des Amazonas zu untersuchen. Was allerdings sehr seltsam ist, da der Oberlauf des Amazonas in Peru, Bolivien und Ecuador liegt.

Während dieser Zeit und bei späteren Reisen durch Mexiko und Peru besuchte Jessup die Ruinen von Teotihuacan und Cuzco. Jessup glaubte, dass diese gigantischen Mauern nicht von den Inkas gebaut sein konnten, wie die Archäologen allgemein glauben. Aus diesem Grund stellte er eine der ersten Theorien über die Götter aus dem Weltall auf und verfasste ein Buch über dieses Thema, welches im Jahr 1955 veröffentlicht wurde. Es trug den Titel *The Case for the UFO* und wurde von dem Verlag *Citadel Press* in New York veröffentlicht, der zu dieser Zeit vor allem Bücher über okkulte Themen herausbrachte. Im nächsten Jahr veröffentlichte Jessup noch zwei weitere Bücher für diesen Verlag mit den Titeln *The UFO-Annual* und *UFOs and the Bible*.

Zu dieser Zeit trat in Jessups Leben plötzlich ein Zeitreisender ein, der sich selbst mit verschiedenen Namen bezeichnete, unter anderem Charlos Miguel Allende und Carl M. Allen. Allende/Allen hatte schon im Jahr 1955 an Jessup geschrieben, als *Case For the UFO* zum ersten Mal veröffentlicht wurde. Jessup hatte ihm kurz geantwortet, weiter an seinen anderen Büchern gearbeitet und überall in den USA über UFOs und Einsteins Einheitliche Feldtheorie Vorträge gehalten.

Jessup erzählte dem Publikum z.B. folgende Dinge: "Falls das Geld, die Zeit und Energie, welche nun in die Entwicklung nutz-

Der Physiker Albert Einstein bei einem Treffen mit Marineoffizieren in seinem Büro in Princeton. Das Foto stammt vom 24. Juli 1943

loser Raketenantriebe gepumpt wird, stattdessen in die grundsätzliche Untersuchung der Gravitation, beginnend vielleicht mit der Erforschung von Dr. Einsteins Einheitlicher Feldtheorie, investiert würde, dann hätten wir sehr wahrscheinlich bald einen effektiven und ökonomischen Antrieb für den Weltraum zur Verfügung, der nur einen Bruchteil dessen kosten würde, was zur Zeit an Geld ausgegeben wird."

Allende/Allen besuchte zumindest einen der Vorträge von Jessup, und zwar irgendwann in den Jahren 1955 oder 1956, und schrieb ihm auch einen weiteren Brief. Er trug den Stempel von Miami und den Kopf des Turner Hotels in Gainesville in Texas und als Heimatadresse war Pennsylvania angegeben. In diesen Briefen sind die ersten Hinweise auf das Philadelphia-Experiment und das, was wirklich im Jahr 1943 passierte, zu finden.

MODERNE THEORIEN

Allendes Briefe an Dr. Jessup sind wichtige Dokumente für die Rekonstruierung dessen, was wirklich beim ersten Zeitreise- und Teleportationsexperiment der amerikanischen Regierung vor sich ging. Das Folgende ist nur ein Auszug aus seinen langen Briefen:

Charlos Miguel Allende
R.D. #1, Postfach 223
New Kensington, Penn.

Sehr geehrter Herr Jessup,

Ihr Aufruf an das Publikum, dass sie in Massen zu Ihren politischen Repräsentanten gehen und auf die Untersuchung von Dr. Albert Einsteins Einheitlicher Feldtheorie drängen sollten, ist absolut nicht notwendig. Es wird Sie vielleicht interessieren, dass der gute Doktor durch die Zurücknahme dieser Arbeit nicht so sehr durch die Mathematiker, als vielmehr durch die Humanisten beeinflusst wurde.

Seine späteren Berechnungen, die er nur als private Spielerei durchführte, und zwar in bezug auf die menschliche Zivilisation und deren Fortschritt im Vergleich zur Entwicklung des menschlichen Charakters im allgemeinen, waren ausreichend, um ihn in

Offizielles Marinefoto der USS Eldridge bei ihrem Verkauf an die griechische Marine

Schrecken zu versetzen. Aus diesem Grund wird uns heute gesagt, dass seine Theorie nicht "vollständig" war.

Dr. B. Russel nimmt an, dass sie nicht vollständig war. Er sagt auch, dass die Menschheit noch nicht reif dafür ist und dies auch bis nach dem 3. Weltkrieg nicht sein wird. Nichtsdestotrotz wurden "Resultate" von meinem Freund Dr. Franklin Reno verwendet. Hierbei wurde die Theorie komplett neu überarbeitet, und zwar in bezug darauf, wie sie möglichst schnell praktisch angewendet werden könnte. Es ergaben sich gute Resultate, soweit die Mathematik- und Physikuntersuchungsgruppe herausfinden konnte. UND TROTZDEM HAT DIE MARINE ANGST, DIESE ERGEBNISSE PRAKTISCH ZU VERWENDEN. Die Ergebnisse waren derart, dass sie heute als Beweis dienen können, dass die

Einheitliche Feldtheorie bis zu einem bestimmten Ausmaß korrekt war. Über dieses Ausmaß hinaus wird sich keine normale Person wagen. Es tut mir leid, dass ich Sie in meinem letzten Schreiben irre geführt habe. Es stimmt natürlich, dass eine solche Form der Levitation erreicht worden ist, wie sie beschrieben wurde. Es handelt sich um eine allgemein bekannte Reaktion bestimmter Metalle auf bestimmte Felder, welche einen Strom umgeben. Dieses Feld ist für diesen Zweck verwendet worden. ... Aber kommen wir zur Sache. Das Ergebnis war eine völlige Unsichtbarkeit des Schiffes, eines Zerstörers, und der gesamten Besatzung, während es sich auf hoher See befand (Oktober 1943). Das Feld dehnte sich in sphärischer Form über einhundert Meter aus. Von jeder Person, die sich innerhalb dieses Bereiches befand, konnten die Umrisse nur noch vage wahrgenommen werden, und es schien so, dass sie auf einem Nichts dahinschritten. Jede Person außerhalb dieses Bereiches konnte nichts außer die Umrisse des Schiffsrumpfes sehen, vorausgesetzt, dass sie sich nah genug befand. Warum erzähle ich Ihnen das? Ganz einfach, falls Sie verrückt wären, dann würden Sie diese Informationen veröffentlichen. Die Hälfte der Offiziere und der Besatzung des Schiffes sind zur Zeit vollkommen verrückt. Ein paar von ihnen sind immer noch in bestimmten Bereichen eingeschlossen, wo sie wissenschaftliche Hilfe erhalten und "leer" werden. Das "Leerwerden" ist eine Nachwirkung bei den Männern, die sich zu lange in dem Feld befunden haben, was keine unangenehme Erfahrung für gesunde Seemänner ist. Wenn sie allerdings "feststecken", dann ist das schon eine sehr unangenehme Erfahrung, ja die Hölle selbst. Ein Mann, der so feststeckt, kann sich nicht bewegen, bis nicht einer oder mehrere von denen, welche sich ebenfalls in dem Feld befinden, diesen sofort berühren, da er sonst "einfriert".

Wenn ein Mann einfriert, dann muss seine Position genau markiert werden und dann das Feld abgeschaltet werden. Alle außer den "eingefrorenen" Männern können sich bewegen und wieder fest werden. Dann muss das Mitglied der Besatzung, welches

SERIAL NUMBER A103664

BOOK NUMBER Z416175

UNITED STATES DEPARTMENT OF COMMERCE

CERTIFICATE OF SERVICE TO ABLE SEAMAN

This is to certify that Carl Meredith Allen 18 years of age, born in Pennsylvania having given satisfactory evidence to the undersigned United States Board ... Bureau of Marine Inspection and Navigation, for the district of NEW YORK that he has had the experience required by law, ... affidavit and having passed the examination as to eyesight, hearing and phys... condition, and the examination as to his efficiency, and having proved as a result of said ... that he has been trained in and is acquainted with the duties ... certification as prescribed by the Department of Commerce, is hereby rated as an ... for service on Any Waters

Issued by the undersigned Board of Local Inspectors on his 4 Th day of March 44

Raymond A. Shea

(Acting) Officer in Charge, Marine Inspection.

U.S. Board of Local Inspectors

Port of NEW YORK

Carl Meredith Allen

Das Marinezertifikat von Carl Allen vom 4. März 1944 mit der Nummer Z416175, die auch im Briefwechsel mit Jessup verwendet wurde.

sich die kürzeste Zeit auf dem Schiff befindet, zu der Stelle hingehen, wo er das Gesicht oder die nackte Haut eines “eingefrorenen” Mannes findet.

Manchmal dauert es nur eine Stunde oder so, manchmal Tag und Nacht und einmal hat es sogar sechs Monate gedauert, um einen Mann zu “entfrieren”. Diese “tiefe Gefrorenheit” war nicht psychologischer Art. Sie war das Ergebnis des Hyperfeldes, das innerhalb des Körperfeldes erzeugt wurde.

Es musste eine komplizierte Ausrüstung konstruiert werden, um diejenigen wieder zu “entfrieren”, welche “tiefgefroren” worden waren. Normalerweise wird ein “tiefgefrorener” Mann verrückt, fängt zu toben an, redet wirres Zeugs daher, wenn der “gefrorene” Zustand länger als einen Tag unserer Zeit dauert.

Ich spreche von Zeit, weil sich ein “tiefgefrorener” Mann keiner Zeit bewusst ist, wie wir sie kennen. Sie befinden sich in einem komaartigen Zustand, sie leben, atmen, sehen und fühlen, aber

Links: Carl Allen im Büro der NICAP in Tucson. Rechts: Foto des jungen Carl Allen. Kleines Bild: Foto von Allen, als er in Colorado lebte.

sie sind sich vieler Dinge unbewusst; sie befinden sich in einer "Unterwelt". Ein Mann, der nur normal "gefroren" ist, ist sich der Zeit bewusst, manchmal sogar äußerst intensiv. Trotzdem sind sie sich keiner solchen Zeit bewusst, so wie Sie und ich. Beim ersten "tiefgefrorenen" Mann hat es - wie gesagt - sechs Monate gedauert, um ihn zurückzuholen. Es hat auch ungefähr 5 Mio. Dollar an elektrischer Ausrüstung gekostet. Falls Sie in der Nähe des Hafens von Philadelphia ein paar Seemänner sehen, die ihre Hände auf einen Kollegen oder scheinbar in die Luft legen, dann beobachten sie die Finger des betreffenden Mannes. Falls er wie bei einer Fata Morgana verschwommen erscheint, gehen sie schnell hin und legen ihre Hände auf diesen, **denn dieser Mann ist der verzweifeltste Mann auf der ganzen Welt**. Keiner dieser Männer will jemals wieder unsichtbar werden. Ich glaube, dass ich nichts weiter sagen muss, weshalb die Menschheit für diese Kraftfeldexperimente noch nicht reif ist, oder?

Die Marine wusste nicht, dass die Männer auch unsichtbar würden, wenn sie sich nicht auf dem Schiff aufhalten, sondern sich nur unter dem Einfluss des Feldes befinden. ... die Marine wusste auch nicht, dass Männer durch die seltsamen Auswirkungen des Hyperfelds innerhalb unseres Feldes sterben könnten. ... Sie wissen dies nicht einmal heute, weshalb dies passiert ist. ...

Es war eine große Menge statischer Elektrizität vorhanden.

Ich schob meine Hand bis zum Ellenbogen in dieses einzigartige Feld hinein, welches sich mit gewaltiger Macht entgegen dem Uhrzeigersinn um das Schiff herumdrehte. Ich fühlte den Druck des Kraftfelds gegen meinen Arm. ...

Ich beobachtete die Luft um das Schiff, die immer dunkler wurde. ... Ich sah nach ein paar Minuten einen grünen Nebel auftauchen. ... Dieser Nebel muss aus atomaren Teilchen bestanden haben. Ich beobachtete, wie das Schiff danach plötzlich unsichtbar wurde. Trotzdem war eine Abbildung des Kiels und des Schiffsrumpfes auf der Wasseroberfläche zu sehen, als ich mit meinem Schiff vorbeifuhr. ... Wenn ich das Geräusch beschreiben soll, welches durch das Kraftfeld erzeugt wurde, das sich um die DE 173 herumdrehte, so könnte man es als ein Brummen bezeichnen, das sich in ein Zischen verwandelte. ...

Das Feld besaß eine Hülle aus reiner Elektrizität um sich, als es dahinfloss. Dieser Fluss war stark genug, um mich völlig aus dem Gleichgewicht zu bringen, und wenn sich mein ganzer Körper innerhalb des Feldes befunden hätte, dann hätte mich dieses sicherlich zu Boden geworfen, auf das Deck meines eigenen Schiffes. Da sich mein gesamter Körper nicht innerhalb des Kraftfelds befand, als dieses seine größe Stärke erreicht hatte, wurde ich nicht niedergeworfen und nur mein Arm und meine Hand weggestoßen.

Weshalb ich nicht sofort elektrokutiert wurde, als meine nackte Hand diese Hülle aus Elektrizität berührt hatte? Es muss daran gelegen haben, dass meine Seemannsschuhe dicke Gummisohlen besaßen und ich einen dicken Mantel trug.

Selbst die ONR-Wissenschaftler wissen heute noch nicht, was genau an diesem Tag geschehen ist. Sie sagten, dass das Feld umgekehrt wurde. Später erkannte ich, dass an diesem Tag Wissenschaftsgeschichte geschrieben worden war."

PROJEKT RAINBOW

Bei Allendes Briefen handelt es sich zweifelsohne um starken Tobakk! Man kann sich vorstellen, dass hierdurch das Interesse der Zeitreiseforscher der Marine erregt wurde. Das Zeitreiseexperiment der Marine wird heute als Philadelphia-Experiment bezeichnet. Über dieses Thema sind einige Bücher verfasst und zumindest ein Film gedreht worden. Manchmal ist die Wahrheit seltsamer als die Fantasie.

Laut Al Bielek (einem angeblichen Überlebenden des Experiments, über den später noch genauer gesprochen wird) hat das Philadelphia-Experiment seinen Ursprung in einer Machbarkeitsstudie der Universität Chicago aus dem Jahr 1931, später wurden die Aktivitäten allerdings dann an das Institut für Fortschrittliche Studien der Universität Princeton verlegt. Zu dieser Zeit trug das Projekt den Namen "Projekt Unsichtbarkeit", und in dem Programm waren verschiedene, berühmte Wissenschaftler dieser Zeit beteiligt, wie Dr. Albert Einstein, Dr. John von Neumann, Dr. Nikola Tesla, ein Dr. Alexander und andere.

Bielek behauptet, dass er an der Untersuchung genauso teilgenommen hat wie der Physiker und Marineoffizier Edward Cameron (geb. 4. August 1916). Sein jüngerer Bruder, Duncan Cameron (geb. Mai 1917) hat ebenfalls am Experiment teilgenommen.

Ursprünglich handelte es sich nur um eine Untersuchung der Methoden, um einen "Unsichtbarkeitsschirm" zu erzeugen, aber nach den ersten erfolgreichen Tests im Jahr 1940 entwickelte sich hieraus ein militärisches Projekt, nämlich das "Projekt Rainbow". Das Projekt wurde an der Universität Princeton durchgeführt, wobei Nikola Tesla der Leiter des Zeitreiseexperiments und Albert Einstein als Berater tätig war. Tatsächliche Versuche wurden im Marinehafen von Philadelphia vom Januar 1942 an unternommen, weshalb es auch als Philadelphia-Experiment bekannt ist.

William Moore erwähnt in seinem Buch *Das Philadelphia-Experiment*, dass, nachdem er die Marine nach Aufzeichnungen über ein geheimes Unternehmen mit dem Namen "Projekt Rainbow" gefragt hatte, ihm mitgeteilt worden war, dass in den Akten der Marine keine solche Bezeichnung existiere. Als Moore jedoch das Nationalarchiv durchforstete und den Codewort-Index vom 1. September 1941 fand, war dort das Wort "Rainbow" unter der Nummer 334 verzeichnet, was zeigte, dass die Marine nicht die Wahrheit gesagt hatte.

Laut Bielek musste für das Marineprogramm eine freiwillige Besatzung gesucht, trainiert und das entsprechende Schiff ausgesucht werden, wobei die Wahl auf die *Eldridge* (DE 173) fiel. Die Tests sollten außerhalb von Philadelphia in der Buch von Delaware durchgeführt werden.

Bielek sagt, dass es Teslas Absicht war, das Kriegsschiff unsichtbar zu machen, aber er sabotierte den Test vom Januar 1942, da er glaubte, dass man noch nicht soweit sei, ein solch gefährliches Experiment durchzuführen. Zu diesem Zeitpunkt wurde Tesla von Dr. John von Neumann ersetzt. Tesla hatte ein Analog-Unsichtbarkeitssystem konstruiert, aber Neumann ersetzte es durch ein "digal gespultes System". Dieses wurde laut Bielek auch später in den Mountauk-Experimenten verwendet.

Vier große Spulen mit eine einzigen Windung aus Kupferdraht wurden für das Deck verwendet, und eine Antennenanordnung wurde auf dem höchsen Mast der *USS Eldridge* angebracht. Es ist interessant anzumerken, dass während dieses Jahres, also 1943, kein Kupfer-Penny herausgegeben wurde, sondern nur ein Eisen-Penny. Weshalb? -- Weil das ganze Kupfer für die Kupferkabel auf der Eldridge und anderen Schiffen für die Degaussierungs- und Unsichtbarkeitsexperimente benötigt wurde!

Der erste Test wurde am 22. Juli 1943 durchgeführt. Es wurden vier Spulen verwendet, um ein Magnetfeld um das Schiff herum zu erzeugen. Dadurch wurde eine Unsichtbarkeit erreicht, aber laut Bielek wurden die Seeleute auf dem Schiff krank und berichteten von einem seltsamen Gefühl.

Der brillante Computerwissenschaftler Dr. John von Neumann (1903-57), der angeblich zusammen mit Tesla und Einstein das Hirn hinter dem Philadelphia-Experiment war.

Der letzte Test am 12. August 1943 war ein absolutes Desaster für das Schiff und die Besatzung. Laut Bielek gab es plötzlich einen blauen Lichtblitz und dann verschwand das Schiff. Die Seeleute auf dem Schiff, eingeschlossen Edward Cameron und sein Bruder Duncan, sahen, das sich die normale Raumzeit vor ihren Augen auflöste und sie in eine andere Dimension eintraten. Die Funkgeräte auf dem Schiff funktionierten nicht mehr. Das Schiff überstand das Experiment nach der Rückkehr zur normalen Zeit unbeschadet und kehrte in den Hafen von Philadelphia zurück, aber viele von der Besatzung waren entweder verrückt, vermisst, oder sogar mit Teilen ihres Körpers mit dem Schiffsrumpf verschweisst.

Die amerikanische Marine bestreitet bis heute, dass dieses Projekt stattgefunden hat, während andere Autoren wie Preston Nichols behaupten, dass das Projekt Rainbow durch den Hyperraum mit einem anderen Projekt in der Zukunft verbunden war, nämlich dem Montauk-Projekt des Jahres 1983.

Aber lassen sie uns zuerst ansehen, wie die Marine offiziell auf die Anfragen in bezug auf diese Unsichtbarkeits-, Teleportations- und Zeitexperimente reagierte.

DIE OFFIZIELLE STELLUNGNAHME DER PRESSESTELLE DER MARINE IN BEZUG AUF DAS PHILADELPHIA-EXPERIMENT

Beginnend im Jahr 1979 mit der Veröffentlichung von William Moore und Charles Berlitzs Bestseller *The Philadelphia-Experiment* wurde das Thema Zeitreisen und Teleportation heftig in der Öffentlichkeit diskutiert. Im Jahr 1984 wurde eine Kinoversion herausgebracht, und auch ansonsten wurde das Philadelphia-Experiment ständig erwähnt.

Die amerikanische Marine wurde plötzlich mit Anfragen über das angebliche Experiment, das Projekt Rainbow und die *USS Eldridge,* überschwemmt worden. Es kamen so viele Anfragen, dass sich die Marine genötigt sah, eine offizielle Antwort zu veröffentlichen, die auch im Internet unter "Philadelphia-Experiment" gefunden werden kann. Die Antwort lautete Folgendermaßen:

GESCHICHTSABTEILUNG DER MARINE
901 M STREET SE -- WASHINGTON NAVY YARD
WASHINGTON DC 20374-5060

Das "Philadelphia-Experiment"

Angeblich soll im Herbst des Jahres 1943 ein Zerstörer der amerikanischen Marine unsichtbar gemacht und von Philadelphia in Pennsylvania nach Norfolk teleportiert worden sein, ein Zwischenfall, der als Philadelphia-Experiment bekannt wurde. Die Aufzeichnungen der Geschichtsabteilung der Marine sind wiederholt durchsucht worden, aber es sind keine Dokumente gefunden worden, durch welche dieses Ereignis oder irgendein Interesse der Marine an solchen Dingen bestätigt werden könnte.

Bei dem Schiff, das in dem Experiment beteiltigt war, handelte es sich angeblich um die *USS Eldridge*.

In den Archiven ist das Logbuch und Kriegstagebuch der *Eldridge*, die vom 27. August 1943 bis zum Dezember 1943 im Dienst stand, gefunden worden. Die folgende Beschreibung der Aktivitäten der *Eldridge* stellen eine Zusammenfassung des Kriegstagebuches dar. Nach ihrem Dienstantritt blieb die *Eldridge* in New York und in Long Island, bis sie am 16. September nach den Bermudas aufbrach. Dort wurden bis zum 15. Oktober Manöver durchgeführt. Die Eldridge ist dann wieder nach New York zurückgekehrt, wo sie am 18. Oktober anlangte. Dort blieb sie bis zum 1. November und segelte dann - zusammen mit dem Convoy UGS-23 - nach Norfolk, dort traf sie am 2. November ein. Am 3. November fuhr die *Eldridge,* zusammen mit dem Convoy, nach Casablanca ab, wo sie am 22. November anlangte. Am 29. November verließ sie den Hafen wieder und begleitete den Convoy GUS-22 nach New York zurück, wo sie am 17. Dezember eintraf. Dort blieb sie bis zum 31. Dezember, wonach sie mit vier anderen Schiffen nach Norfolk aufbrach. Während dieser Zeit war die *Eldridge* nie in Philadelphia. Der komplette Werdegang und das Kriegstagebuch der *Eldridge* ist auf dem Mikrofilm mit der Nr. NRS-1978-26 erhältlich. Wenn Sie eine Kopie des Films erhalten wollen, füllen Sie bitte das Bestellformular aus und senden die entsprechende Gebühr per Scheck an das Geschichtsarchiv der Marine.

Angeblich hat die Besatzung des Handelsschiffes *SS Andrew Furuseth* die Ankunft der *Eldridge* durch Teleportation in den Hafen von Norfolk beobachtet. ... Wie aus den Aufzeichnungen der Aktivitäten dieses Schiffes zu ersehen ist, befand sich die Andrew Furuseth zu der betreffenden Zeit nicht in Norfolk und William S. Dodge, der Kapitän der *Andrew Furuseth* im Jahr 1943 und seine Besatzung bestreiten kategorisch, dass sie irgendwelche außergewöhnlichen Dinge in Norfolk gesehen hätten.

Das Marineforschungszentrum (ONR) hat festgestellt, dass die Verwendung von Kraftfeldern, um ein Schiff und dessen Besatzung unsichtbar zu machen, nicht mit den bekannten, physikalischen Gesetzen vereinbar sei. Die ONR behauptet auch, dass Dr. Albert Einsteins Einheitliche Feldtheorie nie fertig gestellt wurde. Während der Jahre 1943-1944 arbeitete Einstein zeitweilig als Berater der Artillerieabteilung der Marine und führte theoretische Forschungen über Explosivstoffe und Explosionen durch. Es gibt keine Hinweise, dass Einstein in Forschungen in bezug auf Unsichtbarkeit und Teleportation verwickelt war. Das Informationsblatt der ONR über das Philadelphia-Experiment ist beigefügt.

Das Philadelphia-Experiment ist auch als "Projekt Rainbow" bezeichnet worden. Bei einer eingehenden Suche in den Archiven konnten keine Aufzeichnungen über das Projekt Rainbow in bezug auf Teleportation oder das Verschwindenlassen von Schiffen entdeckt werden. In den Vierziger Jahren war der Codename Rainbow für die Rom-Berlin-Tokyo-Achse verwendet worden. Die Rainbow-Pläne waren die Kriegspläne, um die Achsenmächte Italien, Deutschland und Japan zu besiegen.

Rainbow V, der Plan, der am 7. Dezember 1941 wirksam wurde als Japan Pearl Harbor angriff, war der Plan der USA, die Achsenmächte zu bekämpfen.

Einige Forscher haben fälschlicherweise geschlossen, dass die Degaussierung eine Verbindung mit der Unsichtbarmachung eines Objekts besitzt. Bei der Degaussierung handelt es sich um einen Prozess, bei dem um den Umfang des Schiffsrumpfes ein System elektrischer Kabel gelegt wird, welche auf beiden Seiten vom Bug zum Heck verlaufen. Durch diese Kabel wird ein messbarer elektrischer Strom geschickt, um das Magnetfeld des Schiffes auszulöschen.

Die Degaussierungseinrichtung wurde um den Rumpf der Marineschiffe installiert und konnte eingeschaltet werden, wann immer sich das Schiff in Gewässern befand, welche magnetische Minen enthalten konnten, normalerweise in niedrigen Gewässern in Kampfgebieten. Man kann sagen, dass durch die Degaussierung, wenn sie richtig ausgeführt wird, ein Schiff "unsichtbar" gemacht wird, und zwar für die Sensoren der magnetischen Minen, aber das Schiff bleibt für das menschliche Auge, Radar und Unterwasserabhöranlagen sichtbar.

Nach jahrelangem Suchen haben die Angestellten des Archivs und unabhängige Forscher kein offizielles Dokument finden können, welche die Behauptung unterstützen könnte, dass ein Unsichtbarkeits- oder Teleportationsexperiment, bei dem ein Schiff der Marine beteiligt war, in Philadelphia oder einem anderen Ort stattgefunden hat.

11. Dezember 1998

GESCHICHTSABTEILUNG DER MARINE
901 M STREET SE -- WASHINGTON NAVY YARD
WASHINGTON DC 20374-5060
Betrifft: Philadelphia-Experiment
MARINEFORSCHUNGSZENTRUM
ARLINGTON, VIRGINIA 22217

Informationsblatt Philadelphia-Experiment

Im Laufe der Jahre sind bei der Marine zahllose Anfragen über das sog. "Philadelphia-Experiment" und die angebliche Rolle des Marineforschungszentrums (ONR) hierin eingegangen. Die Zahl dieser Anfragen nimmt jedesmal zu, wenn das Experiment in der Presse oder in irgendwelchen Science-Fiction-Büchern erwähnt wird.

Die Entstehung des Philadelphia-Experiment-Mythos geht auf das Jahr 1955 zurück, als das Buch *The Case for UFOs* von dem verstorbenen Morris K. Jessup veröffentlicht wurde.

Irgendwann nach der Veröffentlichung des Buches erhielt Jessup einen Brief von einem Carlos Miquel Allende, der als Absender R.D. #1, Box223, New Kensington, Pa. angab. In seinem Brief gab Allende seine Meinung zu Jessups Buch ab und legte Details eines angeblich geheimen Marineexperiments offen, welches durch die Marine im Jahr 1943 in Philadelphia durchgeführt worden sein sollte. Während des Experiments wurde laut Allende das Schiff unsichtbar gemacht und in ein paar Minuten nach Norfolk und wieder zurück teleportiert, wobei es zu schweren Nachwirkungen für die Besatzung kam.

Angeblich wurde diese unglaubliche Tat durch die Anwendung von Einsteins "Einheitlicher Feldtheorie" erreicht. Allende behauptete, dass er das Experiment von einem anderen Schiff aus beobachtet hätte und dass der Zwischenfall in einer Tageszeitung in Philadelphia publik gemacht worden wäre. Die Identität dieser Zeitung konnte nie geklärt werden. In gleicher Weise ist auch die Identität von Allende unbekannt, und es gibt keine Informationen über seine derzeitige Adresse.

Im Jahr 1956 wurde Jessups Buch anonym an die ONR geschickt. Auf einigen Seiten waren handgeschriebene Kommentare eingefügt, welche auf ein Wissen über UFOs hindeuteten, ihre Antriebsart, die Kultur und das Ethos der Insassen, was alles in pseudowissenschaftlichen und unzusammenhängenden Ausdrücken beschrieben wurde.

Zwei Offiziere, welche damals bei der ONR arbeiteten, hatten ein persönliches Interesse an dem Buch und zeigten es Jessup. Jessup glaubte, dass der Verfasser dieser Kommentare die gleiche Person sei, welche ihm auch über das Philadelphia-Experiment geschrieben hatte. Diese beiden Offiziere überarbeiteten das Buch für einen Neudruck, und machten 25 Kopien. Diese Offiziere haben die ONR schon vor Jahren verlassen, und die ONR besitzt keine Kopie des genannten Buches.

Die Angestellten des 4. Marinebezirks glauben, dass die Fragen in bezug auf das sog. "Philadelphia-Experiment" aus völlig normalen Routineforschungen entstanden sind, welche während des 2. Weltkriegs im Hafen von Philadelphia unternommen wurden. Bis vor kurzem glaubte man, dass die apokryphischen Geschichten ihre Ursache in den Degaussierungsexperimenten hatte, welche den Sinn haben, ein Schiff für Magnetminen "unsichtbar" zu machen. Die bizarren Geschichten über Levitation, Teleportation und die Wirkungen auf die menschlichen Besatzungsmitglieder können ihren Ursprung auch in den Experimenten mit dem Generator der *USS Timmerman* haben. In den Fünfziger Jahren war dieses Schiff Teil eines Experiments, um die Auswirkungen eines kleinen, hochfrequenten Generators, der eine Frequenz von 1000 Hz statt der üblichen 400 Hz lieferte, zu testen. Durch den höherfrequenten Generator wurden Koronaentladungen erzeugt und andere bekannte Phänomene, welche bei Hochfrequenzgeneratoren auftreten. Durch diese Experimente erlitt keines der Besatzungsmitglieder irgendwelche Verletzungen.

Die ONR hat weder im Jahr 1943 noch zu anderer Zeit irgendwelche Untersuchungen in bezug auf die Erzeugung einer Unsichtbarkeit durchgeführt (die ONR wurde erst im Jahr 1946 gegründet). Im Hinblick auf das derzeitige wissenschaftliche Wissen glauben die ONR-Wissenschaftler nicht, dass ein solches Experiment möglich ist, außer im Bereich der Science-Fiction.

8. September 1996

Laut der offiziellen Stellungnahme hatte das Projekt Rainbow also mit den Plänen zu tun, die Achsenmächte zu besiegen, und Unsichtbarkeitsexperimente waren nie durchgeführt worden. Es wird allerdings zugegeben, dass die Experimente interessant waren! Auch die Handhabung der ONR in bezug auf Jessups Buch, das dieser von einem anonymen Absender erhalten hatte, ist interessant. Und aus anderen Quellen geht hervor, dass an der Geschichte mehr dran ist.

DIE VARO-AUSGABE

Riley Crabb, der frühere Direktor der “Borderland Research Sciences Foundation” in Kalifornien war einer der ersten Leute, der über das Philadelphia-Experiment schrieb. Im Jahr 1962 veröffentlichte er ein kopiertes Heft mit dem Titel *M.K. Jessup, the Allende Letters and Gravity*. Laut Crabb wurde ein mit Bemerkungen versehene Kopie von *The Case for the UFO* an Admiral N. Furth, dem Leiter des Marineforschungszentrums in Washington D.C. geschickt, und zwar in einem Manilapapierbriefumschlag, der im Jahr 1955 in Seminole in Texas gestempelt worden war. Im Juli oder August dieses Jahres tauchte das Buch in der Post von Major Darell L. Ritter, USMC, der aeronautischen Abteilung des ONR auf. Als Kapitän Sidney Sherby das Buch von Major Ritter erhielt, zeigte der Kommandeur George W. Hoover Interesse an einigen der Anmerkungen, welche das Buch enthielt.

Die Kopie von Jessups Buch war überall unterstrichen und mit Randbemerkungen versehen, offensichtlich von drei verschiedenen Personen, da drei verschiedene Tintenfarben verwendet worden waren -- blau, blauviolett und blaugrün. Die Anmerkungen wiesen auf ein tiefes Wissen über Fliegende Untertassen, ihren Antriebsmechanismen, ihren Ursprung, Hintergrund, ihre Geschichte und sogar der Verhaltensweise der Insassen von UFOs hin. Die Anmerkungen enthielten solch ungewöhnliche Ausdrücke wie Mutterschiff, Heimatschiff, Totes Schiff, großer Bogen, großes Bombardement, große Rückkehr, großer Krieg, kleine Männer, Kraftfelder, Maßmarkierungen, Spähschiffe, Magnetfelder, Gravitationsfelder, Diamantschichten, kosmische Strahlen, Kraftschnitte, klare Gespräche, Telepathie, Knoten, Wirbel, magnetisches Netz und andere seltsame Wörter.

Hoover und Sherby luden Jessup zu einem Besuch des Marineforschungszentrums in Washington im März 1957 ein, um über das Buch zu sprechen. Sie überreichten Jessup die Kopie mit den Anmerkungen und baten ihn, die handgeschriebenen Notizen zu untersuchen.

“Dieses Buch wurde uns anonym zugesandt. Offensichtlich wurde es zumindest zwischen drei Personen hin- und hergereicht, welche Anmerkungen machten. Sehen Sie es durch, Mr. Jessup, und sagen Sie uns, ob Sie irgendeine Idee haben, wer diese Kommentare geschrieben haben könnte," sagte einer der Offiziere.

Als Jessup das Buch durchsah, war er sich sofort sicher, dass Allende einer derjenigen gewesen ist, der Anmerkungen gemacht hat und höchstwahrscheinlich auch die Person war, welche das Buch an die Marine gesandt hatte. Die vielen Anmerkungen waren erstaunlich und zeigten, dass der Autor extrem viel über das Thema UFO, Folklore, Mystizismus und Physik wusste. Es beunruhigte ihn, dass die Marine ein solches Interesse an diesen seltsamen Dingen hatte. Jessup erzählte ihnen schließlich, dass er zwei Briefe von Carlos Allende/Allen erhalten hatte.

"Danke Mr. Jessup," sagte man ihm. "Es ist wichtig, dass wir diese Briefe sehen." Hoover erzählte Jessup dann, dass er für seine Topleute eine Spezialausgabe des Buches drucken lassen wollte und dass Jessup sicherlich auch eine Kopie davon erhalten würde.

Jessup kehrte nach Hause zurück und sandte Hoover und Sherby Kopien der Briefe. Die beiden Offiziere ließen das Buch dann von der *Varo Manufacturing Company* in Garland in Texas drucken. Brad Steiger, ein bekannter Autor über okkulte und paranormale Themen, behauptet, dass die Varo Company "geheime Arbeiten für die Regierung durchführt." Die Spezialausgabe von Jessups Buch mit den handgeschriebenen Anmerkungen wurde als die "Varo-Ausgabe" bekannt.

Es ist interessant anzumerken, dass sich die Marine normalerweise nicht mit solchen Dingen befasste. Warum sollten sie sich um irgendjemanden gekümmert haben, den sie nicht kannten, außer er stand vielleicht mit dem Philadelphia-Experiment in Verbindung?

Da es in dem Buch anscheinend um das Militär und deren offensichtliches Wissen über technische Detaills über UFOs ging, erregte die Varo-Ausgabe beträchtliches Interesse unter den UFO-Forschern.

Brad Steiger sagt, dass ihm Riley Crabb am 24. September 1962 einen Brief sandte, indem er offen legte, wie er die Kopie der ursprünglichen Varo-Ausgabe erhalten hatte. Es handelte sich um ein Buch, das die Marine ursprünglich Jessup überreicht und das Jessup offensichtlich an Crabb weiter gegeben hatte. Dieses Buch verschwand jedoch auf geheimnisvolle Weise im April 1960, als es Crabb von Washington an seine eigene Adresse sandte.

Crabb schrieb Folgendes über die Varo-Ausgabe: "Varo ist eine kleine Elektronikfirma und ist voll im Weltraumgeschäft. Anscheinend ist es ihr gelungen, irgendeine Art von Todesstrahlengerät zu bauen, wenn man der vorsichtigen Presseveröffentlichung vom letzten Herbst trauen darf, als eine Gruppe von Kongressangehörigen dort einer Demonstration beiwohnten. Ich glaube, dass es äußerst interessant ist, dass bestimmte Marineoffiziere und Varo-Angestellte die Allende-Anmerkungen für wesentlich bedeutender hielten als Jessup selbst! Meine erste Reaktion auf diese war eher Skepsis, aber nun halte ich sie für die Wahrheit."

In *M.K. Jessup, the Allende Letters and Gravity* ist Michael Ann Dunns Einleitung zur Varo-Ausgabe abgedruckt. Sie spricht von drei verschiedenen Personen, welche die Anmerkungen gemacht haben, jede in einer verschiedenen Tintenfarbe, und bezeichnet diese mit "Mr. A,", "Mr. B" und "Jemi". Es galt als sicher, dass es sich bei der dritten Person um "Jemi" handelte, und zwar aufgrund der direkten Verwendung dieses Namens in Grüßen und Anmerkungen von Mr. A und Mr. B im ganzen Buch.

Dunn glaubt, dass zwei der Personen Zwillinge gewesen sein könnten, weil auf Seite 6 und 81 diese Wörter verwendet werden. "Die Annahme, dass Mr. A einer der Zwillinge ist scheint richtig zu sein. Auf Seite 81 schrieb A Folgendes: "... und ich weiß nicht, wie dies geschehen konnte, Jemi." Weiter schrieb er: "Ich erinnere mich an meinen Zwillingsbruder ..." Auf Seite 6 schreibt er offensichtlich als Antwort auf Mr. B: "Nein, mein Zwillingsbruder."

"Es ist möglich," schreibt Frau Dunn weiter, "dass es sich bei diesen Männern um Zigeuner handelt. Auf den letzten Seiten des Buches schreibt Mr. B.: "nur ein Zigeuner wird einem anderen von dieser Katastrophe erzählen. Und wir sind seit Jahrtausenden verachtete Menschen. Hah! Und trotzdem wundern sich die Menschen, wo "wir" herkamen. ..." Auf Seite 130 sagt Mr. A: "...unsere Lebensweise ist zeitlos und wir sind glücklich. Wir besitzen nichts, außer unsere eigene Musik und Philosophie und wir sind glücklich." Auf Seite 76 sagt Mr. B: "Zeige dies einem Zigeunerbruder ..." Charles G. Leland schreibt in seinem Buch *English Gypsies and Their Language*, dass sich die Zigeuner selbst Bruder und Schwester nennen und Leute mit anderem Blut nicht bei ihnen zulassen. Hierdurch könnte die Verwendung des Ausdrucks "Mein geliebter Bruder" in den abschließenden Anmerkungen erklärt werden."

Die Taschenbuchausgabe von The Case for the UFO wurde anscheinend zwischen diesen Männern mehrmals hin- und hergereicht. Dunn schreibt: "Diese Schlussfolgerung darf aus der Tatsache abgeleitet werden, dass es zu Diskussionen, Fragen, Antworten zwischen zwei oder allen drei Männern kommt."

Durch die Varo-Ausgabe von Jessups Buch wurden vielleicht einige Kommandeure des Marineforschungszentrums aufgeschreckt. Vielleicht glaubten sie, dass ein sehr ernstlicher Fall eines Geheimnisverrats vorhanden war und dass Jessup zuviel über die geheimen Zeitreisen- und Teleportationsexperimente der Marine herausgefunden hatte.

MÖRDER: MEN IN BLACK

Traurigerweise waren die Allende-Briefe und die Varo-Ausgabe von Jessups Buch der Anfang vom Ende für Jessup.

Gray Barker schreibt in seinem Buch *The Strange Case of R. M.K. Jessup*, dass er zuerst von der mit Anmerkungen versehenen Kopie erfuhr, als er irgendwann Anfang der Sechziger Jahre mit Frau Walton Colcord John, der Direktorin der UFO- und New-Age-Zeitschrift *Little Listening Post* aus Washington D.C. sprach. Als Frau John mit Steiger am Telefon sprach, erzählte sie ihm von einem seltsamen Gerücht, das besagte, dass irgendjemand eine

Kopie nach Washington gesandt hatte und dass sich die Regierung die Mühe gemacht hätte, das ganze Buch mit den Anmerkungen und Unterstreichungen neu herauszubringen. Dieses wurde dann in Militärkreisen ziemlich weit verbreitet.

Gegen Ende Oktober 1958 reiste Jessup von Indiana nach New York, und irgendwann um Halloween nahm Jessup Kontakt mit Ivan T. Sanderson auf, dem Gründer der Gesellschaft für das Unerklärbare (SITU). Während des Treffens erzählte Jessup Sanderson seine bizarre Geschichte und übergab ihm eine Kopie der Varo-Ausgabe, und zwar eine der drei, welche er von der ONR erhalten hatte.

Jessup erzählte Sanderson auch von vertraulichen Dingen, vielleicht über das Philadelphia-Experiment und Zeitreisen. Jessup glaubte offensichtlich auch, dass er beobachtet, oder zumindest seine Post geöffnet würde.

Jessup hatte offensichtlich mehrere Reisen zum ONR gemacht, nachdem die Varo-Ausgabe gedruckt worden war. Hoover und Shelby machten mehrmals Versuche, um Allende/Allen zu finden, wobei Hoover der Adresse in Pennsylvania nachging, die sich allerdings als falsch erwies.

In der Zwischenzeit war Jessup verschwunden, und seine Verleger versuchten, Kontakt mit ihm aufzunehmen. Schließlich fand man heraus, dass Jessup von New York direkt nach Florida gefahren war. Er befand sich offensichtlich auf der Flucht aus seinem Haus in Indiana, da er wahrscheinlich glaubte, dass er beobachtet würde. Er hatte auch einen Verkehrsunfall gehabt, aber er war mit dem Leben davon gekommen, musste aber längere Zeit im Krankenhaus verbringen.

Am 20. April 1959 wurde er dann tot in seinem geparkten Auto aufgefunden. Vom Auspuff führte ein Gummischlauch in das fast verschlossene Fenster seines Autos. Sein Tod wurde als Selbstmord durch Kohlenmonoxidvergiftung hingestellt.

Aber einige, eingeschlossen Ivan T. Sanderson, glauben, dass Jessup keinen Selbstmord begangen habe, sondern von den Men in Black “selbstgemordet” wurde, welche sich sehr für seinen Kontakt mit dem Zeitreisenden Carlos Allende und dessen Wissen über das Philadelphia-Experiment interessiert hätten.

IVAN T. SANDERSON UND IAN FLEMING

Auch der bekannte James-Bond-Autor Ian Fleming ist mit dem Philadelphia-Experiment in seltsamer Weise verbunden. Laut Preston B. Nichols und Peter Moon, welche das Buch Die Pyramiden von Montauk (Michaels Verlag Peiting) herausgaben, wusste Ian Fleming bestimmte Dinge über das Rainbow-Projekt.

Fleming hatte mit Aleister Crowley am Rainbow-Projekt gearbeitet, wobei seine Rolle darin bestand, sich mit Karl Haushofer von der NSDAP zu treffen, um diesen dazu zu bringen, Rudolf Hess davon zu überzeugen, zum Feind überzulaufen. Fleming traf sich zu Beginn des 2. Weltkriegs mit Haushofer in Lissabon und überredete den einflussreichen, deutschen Okkultisten Hess mit Crowley zu sprechen. Sowohl Haushofer als auch Hess bewunderten - laut Nichols und Moon - Aleister Crowley.

Im August 1964 plante laut Nichols und Moon Fleming, von seiner Heimat in Jamaica nach New Jersey zu fliegen, um sich mit Ivan T. Sanderson zu treffen, einem Biologen und früheren, britischen Geheimagenten. Als ein Zoologe hatte Sanderson eine Reihe von Büchern geschrieben, z.B. über den Bigfoot oder Yeti, und er war des öfteren in Radioshows und sogar in Johnny Carsons *Tonight Show* aufgetreten.

Sanderson hatte sich sehr stark für das Paranormale interessiert und war ein persönlicher Freund von Morris K. Jessup, wie schon zuvor erwähnt. Sanderson sprach mit seinem Freund oft über UFOs, das Philadelphia-Experiment, Kryptozoologie und andere ungewöhnliche Themen. Genauso wie Fleming war auch Sanderson ein britischer Auswanderer.

Laut Nichols und Moon stand Fleming im Briefwechsel mit Sanderson, wobei sie wichtige Informationen über das Rainbow-Projekt austauschten, vielleicht über die Verwicklung von Crowley in bezug auf das Philadelphia-Experiment. Vielleicht besaß

Fleming auch irgendwelche Insider-Informationen betreffs der Geheimtechnologie, um Schlachtschiffe unsichtbar zu machen, sie zu teleportieren, oder die UFO-Technologie im allgemeinen.

Auf jeden Fall kam es nie zu dem Rendesvous mit Sanderson. Er starb am 12. August 1964 in seiner Heimat Jamaica plötzlich an einem Herzinfarkt. Nichols und Moon betonen, dass es sich hierbei um den 21. Jahrestag des Philadelphia-Experiments handelt. Wurde Ian Fleming vielleicht umgebracht, weil er zuviel über die Ermordung Kennedys, das Philadelphia-Experiment und die UFO-Technologie wusste?

AL BIELEK UND DAS PHILADELPHIA-EXPERIMENT

Als auf einer UFO-Konferenz im Jahr 1989 der Wissenschaftler und Ingenieur Al Bielek vor einem großen Publikum behauptete, dass er ein Überlebender des Philadelphia-Experiments und des Rainbow-Projekts sei, wurde Zeitreisengeschichte geschrieben.

Im Internet ist in einem MUFON-Bericht unter http:\\www.in-search-of.com Folgendes über Bielek zu erfahren:

“Alfred D. Bielek wurde im August 1916 als Edward Orville Cameron als Sohn von Alexander D. Cameron, Sen. geboren. Er besuchte verschiedene Universitäten mit einem Abschluss in Physik (1939). Nachdem er zusammen mit seinem Bruder in die amerikanische Marine eingetreten war, wurden schließlich beide in das Philadelphia-Experiment verwickelt. Die Geschichte, wie er -- Edward Cameron -- schließlich aus dem Projekt entfernt und zu Alfred D. Bielek wurde, ist die äußerst bizarre Geschichte eines Gehirnwaschprozesses der Regierung und der Zerstörung einer Karriere. Die Geschichte seines Bruders ist sowohl noch bizarrer als auch tragischer.

Bielek ist heute ein Elektroingenieur im Ruhestand und hat 30 Jahre als technischer Berater gearbeitet.”

Bielek behauptete auf der Konferenz, dass er die Teleportation durch ein Zeitloch in die Zukunft überlebt hätte, genauso wie dies in dem Kinofilm *Das Philadelphia-Experiment* gezeigt wird, woran er sich erst erinnern konnte, nachdem er den Film im Jahr 1988 gesehen hatte. Bielek behauptete weiterhin, dass er durch eine ultrageheime Abteilung gehirngewaschen wurde, welches ein anderes Zeitreisenexperiment, das als Montauk-Projekt bezeichnet wurde, iniziert hatte.

Laut dem MUFON-Bericht behauptet Bielek, dass die Idee für den Film *Das Philadelphia-Experiment* durch einen Zeitreisenden der *Thorn EMI*, dem britischen Produzenten dieses Films, eingegeben wurde. Laut Bielek hat sich *Thorn Instruments*, ein englischer Herstellungsbetrieb, der schon seit dem frühen 19. Jahrhundert Laboratoriumsgeräte herstellt, bei *EMI* eingekauft, welche in ihren Archiven eine Geschichte von einem verschwindenden Schiff besaßen, und ein Bild eines Zeitreisenden, der dieses gebracht hatte.

Auf diesem Bild aus dem Jahr 1890 befanden sich die Wilson-Brüder von der Firma Thorn (welche das Manuskript mit Absicht in die Archive der Gesellschaft plaziert hatten), Aleister Crowley (der bekannte Okkultist) und der "Zeitreisende", eine Person, welche als Preston Nichols identifiziert wurde. Preston Nichols war früher der Präsident der USPA (United States Psychotronik Association) gewesen und hat mehrere Bücher über Montauk geschrieben. Angeblich wurde das Bild Nichols durch den Archivleiter von *Thorn EMI* gezeigt, aber er durfte keine Kopie davon machen. Das Bild zeigte ihn ungefähr 10 Jahre älter als er im Jahr 1989 aussah.

Im Jahr 1986 hatte sich Bielek an einen Ort in Montauk erinnert. In Bieleks Geschichte machten er und sein Bruder (genauso wie Duncan und Edward Cameron) eine Zeitreise nach Montauk in das Jahr 1983, und zwar als unerwartetes Ergebnis des Philadelphia-Experiments aus dem Jahr 1943. Laut Bielek erreicht die magnetische Energie alle zwanzig Jahre am 12. August einen Höhepunkt (also 1943, 1963 und 1983), wodurch eine Synchronizität möglich ist. In Montauk nahmen die Camerons jedoch an wissenschaftlichen Untersuchungen teil. Bielek sagt, dass sein Bruder seinen "Zeitverschluss" verloren hatte und ungefähr pro Stunde um ein Jahr älter wurde und kurz danach starb. Später wurde sein Bruder allerdings wiedergeboren und eine Altersregression bei ihm durchgeführt, wodurch er wieder in ein Kind verwandelt und als Al Bielek aufgezogen wurde.

Eine interessante Information stammt von Dr. Bruce Goldberg, welcher das Buch *Time Travellers from our Future* verfasst hat und in welchem er auch über "Synchronizität" schreibt. Obwohl die Daten nicht genau übereinstimmen, sind sie nicht weit weg und könnten Bieleks Behauptungen unterstützen. Goldberg schreibt:

"Ein ziemlich interessanter Aspekt des Philadelphia-Experiments ist, dass nicht oft darüber berichtet wird, was in den 39 Jahren vor dem Schicksalstag des Jahres 1943 geschah. Gegen Ende Juli des Jahres 1904 berichtet ein Schiff namens *Mohican* von einer ungewöhnlichen, grauen Wolke, welche sich über das Schiff zu legen schien, wodurch es zu unerklärlichen, elektrischen Effekten kam, wie z.B. eine unregelmäßige Rotation der Kompassnadel oder der Magnetisierung metallischer Gegenstände an Bord.

Zu dieser Zeit wurde in Philadelphia eine Reihe starker, elektrischer Stürme beobachtet, und zwar genau zu dieser Zeit, zusammen mit seltsamen Lichtern, die sich in der Stadt bewegten. Einige Berichte sprechen von einem seltsamen Schiff auf dem Atlantik, das sich nicht weit weg von dem Ort befand, wo die *Eldridge* 1943 gewesen sein soll. Hat es sich hierbei vielleicht um die *Eldridge* gehandelt, die 39 Jahre in die Zeit zurückversetzt worden war?"

Bieleks Geschichte ist tatsächlich seltsam und hat viel Aufmerksamkeit auf sich gezogen, vor allem von denjenigen, die sich für Zeitreisen interessieren. Eine ausführlichere Diskussion seiner Erklärung über die Technologie hinter dem Ganzen wird im nächsten Kapitel vorgestellt werden.

Die folgenden Kommentare von Jerry W. Decker von *Vangard Sciences* stammt ebenfalls von der genannten Internetseite. Sie basieren angeblich auf eine persönliche Untersuchung einer Reihe von Themen, eingeschlossen des Philadelphia-Experiments. Weiterhin hatte der Autor am 13. Januar 1990 persönlich an einer Lesung von Bielek teilgenommen.

"Bielek ist ein sehr engagierter Sprecher. Er bezieht sich während seiner Lesungen auf eine Vielzahl populärer Themen und wirbelt ständig mit den Armen herum.

Allerdings beziehen sich die Informationen, welche vor dem Film *Das Philadelphia-Experiment* aus dem Jahr 1983 (sic) erhältlich waren, nicht auf Zeitreisen. Beim Philadelphia-Experiment ging es hauptsächlich darum, um eine "Radarunsichtbarkeit" zu erreichen. Bielek stellt fest, dass er sein Erinnerungsvermögen zurückgewonnen hat, nachdem er den Film im Jahr 1988 gesehen hatte. Ich habe den Eindruck, dass neue Themen in seine Geschichte genauso so schnell einfließen, wie er sie hört, wobei er behauptet, dass sein Erinnerungsvermögen plötzlich zurückkam. Ein anderer großer Fehler ist die Feststellung, dass Nikola Tesla in dem Projekt verwickelt oder sogar der Leiter desselben war. Das ist äußerst unwahrscheinlich, da das Experiment im Juli 1943 stattfand und Tesla am 7. Januar 1943 in New York gestorben war. Eine weitere Behauptung, die schwer zu glauben ist: Gustave LeBon soll als Berater mit Tesla und Einstein an dem Projekt gearbeitet haben."

AUF DER SUCHE NACH DER WAHRHEIT ÜBER DAS PHILADELPHIA-EXPERIMENT

Wie schon erwähnt hat die "Philadelphia-Geschichte" sehr viel Aufmerksamkeit auf sich gezogen, und viele Forscher sind den kleinsten Hinweisen nachgegangen. Wir möchten hier zwei solcher Geschichten zur Erbauung des Lesers einfügen. Das Folgende stammt aus dem Internet von einem gewissen Henry Ritson (http:\\ecafe.org/philadelphia/index.htm):

"Beim Philadelphia-Experiment handelt es sich um eine unwiderstehliche Geschichte über Verschwörungstheorien auf dem Gebiet der Randwissenschaften. Angeblich sollen hierbei während des 2. Weltkriegs mit Kriegsschiffen Unsichtbarkeitsexperimente durchgeführt worden sein, wobei es auch zu einer Teleportation gekommen sein soll. Henry Ritson krempelt seine Ärmel hoch, stürzt sich in die Suche nach klaren Beweisen und findet heraus, dass es ohne eine Spur hinterlassen zu haben, verschwunden ist.

Meine Suche beginnt. ...

Meine Faszination für das sog. Philadelphia-Experiment hatte seine Ursache in der Notwendigkeit, mich in der Bibliothek der Universität von Cambridge mit etwas anderen Dingen abzulenken. An einem düsteren, englischen Sonntag befand ich mich dort, um nach Material über die Auswirkung der Einführung der Süßkartoffeln auf die Hochlandkultur von Neu-Guinea. ... Ich befand mich wie immer in Begleitung von Sparky, eines theoretischen Physikers ... Er schlug vor, dass ich nach Informationen über das Philadelphia-Experiment suchen sollte. ...

Ich war fasziniert.

Dies gefiel mir schon besser: Unterdrückte Beweise von hochgeheimen Militärforschungen, durch welche die Welt verändert werden konnte. ... Ich ließ von der “Süßkartoffelrevolution” in großer Eile ab und ging auf Jagd. Und was habe ich herausgefunden? Die beste Version des Philadelphia-Experiments stammt von Charles Berlitz. ... In der extremsten Version der Geschichte wird sogar so weit gegangen zu behaupten, dass Außerirdische aufgetaucht sind, um herauszufinden, was wir zum Teufel mit den Magnetfeldern und Dimensionen machen würden, die wir ihrer Meinung nach lieber in Ruhe lassen sollten. Sie nahmen die Seeleute in eine parallele Dimension mit etc. Ich glaube, dass sogar jemand behauptet hat, dass die Mafia die Außerirdischen bestellt hat, um die Seemänner zu missbrauchen, und sie auf den grasigen Hügel zu bringen, um Elvis Presley zu helfen John F. Kennedy herauszuholen.

An einem Ende sind also die reinen Fakten vorhanden, und am anderen Ende der absolute Wahnsinn. In der Mitte befinden sich unglaubliche und hoch unterhaltsame Geschichten, die von historischer Bedeutung sind, falls sie wahr sind. Die Frage ist nur, wo die Wahrheit beginnt und die Lüge anfängt.

Es scheint drei Arten grundsätzlicher Quellen zu geben. Diese sind ziemich typisch für jede Art von Verschwörungstheorie:

1. Sehr heftige und geheimnisvolle Briefe. ...

2. Ein in Rente lebender Armeeoffizier, der plötzlich auftaucht, um aufreizende Details vorzubringen. ...

3. Offizielle Marinedokumente. ... Ich halte die Marinedokumente für einigermaßen überzeugend, aber nach den vier verschiedenen offiziellen Erklärungen für den Roswell-Absturz, warte ich darauf, dass auch in diesem Fall eine andere Erklärung folgen wird. ...

Allerdings wenn wir vor der ewigen Wahl stehen, an eine offizielle, militärische Version zu glauben oder an irgendwelche seltsamen Briefe, dann würden 9 von 10 von uns die Briefe wählen. Und das mit guten Gründen. Die Militärs sind professionelle Leugner, und sie leugnen sogar Dinge angesichts der offensichtlichsten Beweise. ...

Alles in allem bleibt das Philadelphia-Experiment ein Rätsel. Es hat alle Merkmale eines Stückes einer klassischen Folklore -- sie basiert auf historischen Tatsachen, es dreht sich um äußerst aufregende und gefährliche wissenschaftliche Fortschritte, mögliche militärische Vertuschungsmaßnahmen, Hinweise auf Außerirdische und praktisch das Fehlen verlässlicher Primärquellen, mit denen jemals bewiesen werden könnte, was wirklich passiert ist."

Ein absolut nüchterner Bericht stammt von dem Autor Jacqes Vallee, welcher im *Journal of Scientific Exploration* (Band 8, Nr. 1,1994 veröffentlicht wurde und den Titel "Anatomy of a Hoax: The Philadelphia Experiment 50 Years Later" trägt. Er interviewte hierbei einen der Seemänner, der angeblich im Jahr 1943 mit einem Schwesterschiff der *Eldridge* auf See war. Das Folgende kann auf der Internetseite http:\\www.access.digex.net/–patin/philaj.html gefunden werden:

"Was wirklich in Philadelphia geschah"

In einer früheren Verlautbarung hat der Autor die Meinung vertreten, dass die Geschichte teilweise auf Wahrheit beruht: Die

Marine kann im Frühjahr des Jahres 1943 tatsächlich an fortschrittlichen, geheimen Experimenten beteiligt gewesen sein (Vallee 1991). Vielleicht wurden diese Entwicklung allerdings von Leuten wie Allende missverstanden, oder ein wenig in romantischem Licht dargestellt. ... Weiterhin nehme ich an, dass die Tests mit Radarabwehrmaßnahmen zu tun hatten. ... Durch diese Hypothese konnten allerdings einige der wichtigsten Tatsachen der Geschichte nicht erklärt werden. Vor allem kann hiermit nicht erklärt werden, wie das Schiff aus dem Hafen verschwand, weshalb die geheimnisvollen Geräte unter extremen Sicherheitsvorkehrungen an Bord gebracht wurden, und warum zwei Seeleute angeblich aus einer nahe gelegenen Taverne verschwunden sind. Ich rief meine Leser auf, nach zusätzlichen Informationen zu suchen. Auf diese Weise kam ein Briefwechsel mit Edward Dudgeon zustande, den ich später dann auch persönlich traf.

"Ich bin 76-jähriger in Rente lebender Beamter. Von 1942 bis 1945 war ich in der Marine." So begann Dudgeons Brief aus dem Jahr 1992.

Er bestätigte, dass die Ansicht einer tatsächlichen, geheimen Entwicklung richtig sei, aber er sagte, dass ich mit einem Radartest falsch liege. Die Wahrheit war viel einfacher, wie er mir geduldig schrieb.

"Ich befand mich auf einem Zerstörer, welcher zur gleichen Zeit dort war als die Eldridge DE173. ... Ich kann die gesamten seltsamen Geschehnisse erklären, weil wir die gleiche geheime Ausrüstung an Bord hatten. Wir waren mit zwei anderen DEs zusammen und befanden uns auf dem Rückweg von den Bermudas nach Philadelphia."

"Was hatten sie gelernt?" fragte ich ihn.

"Ich habe an der Iowa State Universität Elektronik studiert. ... Im Februar 1943 ging ich an Bord eines Schiffes."

"Können sie mir den Namen nennen?"

"Oh, natürlich, die DE50, *USS Engstrom*. Es handelte sich um ein elektrisches Dieselschiff, im Gegensatz zur DE 173, welche ein elektrisches Dampfschiff war. Diese Schiffe wurden von den

Elektrikern gesteuert. Unser Schiff wurde auf Trockendeck gelegt, so dass sie Schrauben für hohe Drehmomente einbauen konnten."

"Welchen Zweck hatte diese spezielle Ausrüstung?"

"Die neuen Schrauben gaben ein anderes Geräusch von sich, wodurch uns die Unterseeboote nicht mehr so leicht hören konnten. Sie installierten auch ein neues Sonargerät für die Unterwasserdetektion und ein Gerät, das wir als "Igel" bezeichneten, das vor dem Kanonengestell am Bug angebracht wurde. ...

Das war eines der Geheimnisse. ... Die Deutschen hatten zu dieser Zeit noch keine Radargeräte. Wir wollten unsere Schiffe für magnetische Torpedos unsichtbarmachen, indem wir sie degaussierten. "Tatsächlich wurden vier Schiffe in der gleichen Weise ausgerüstet: die 48, 49, 50 und die Eldridge, und zwar im Juni und Juli 1943. Die Marine führte die Degaussierung im Trockendeck durch, sogar die Handelsschiffe, ansonsten wirkten die Schiffe wie Stabmagnete, welche die magnetischen Torpedos anzogen." ..

"Es gab nichts Ungewöhnliches an der Eldridge. Als wir 1944 an Land gingen, trafen wir die Besatzungsmitglieder, wir hielten Parties; es wurde nie erwähnt, dass irgendetwas Seltsames passiert wäre. Allende hat einfach die ganze Sache erfunden."

"Und was ist mit den Leuchtphänomenen, welche er beschrieb?"

"Die sind typisch für einen elektrischen Sturm und sehr spektakulär. Das St. Elmos Feuer ist auf hoher See ziemlich üblich. Ich erinnere mich, als wir mit einem Konvoy von den Bermudas zurückgekommen waren, war das ganze Schiff in einen grünen Nebel eingehüllt. Als es zu regnen anfing, verschwand dieser."

"Wer war Allende? Haben sie ihn jemals getroffen?" fragte ich, indem ich Dudgeon die verschiedenen Briefe zeigte, welche ich von ihm erhalten hatte.

"Ich habe ihn niemals getroffen. Ausgehend von seinen Schriften glaube ich nicht, dass er bei der Marine war. Aber vielleicht war er zu dieser Zeit in Philadelphia und diente auf einem Handelsschiff." ...

"Was sagen sie zu der Behauptung, dass Generatoren in den Schiffsrumpf gebracht wurden?"

“An Bord jeden Zerstörers befanden sich zwei Motoren, welche die Schrauben antrieben. Jeder Motor wurde von einem Generator angetrieben.”

“Wie ging die Marine vor, wenn ein Schiff degaussiert wurde?”

“Sie schickten die Besatzung von Bord und hüllten das Schiff in große Kabel, dann schickten sie eine Hochspannung durch diese Kabel, um die magnetische Signatur des Schiffes zu zerstören. Bei dieser Operation wurden Vertragsarbeiter verwendet, und natürlich befanden sich auch Handelsschiffe in der Nähe, so dass zivile Seeleute gehört haben könnten, dass das Marinepersonal irgendetwas wie “sie werden uns unsichtbar machen” gesagt hat, was nur bedeutet, dass die Schiffe für magnetische Torpedos unsichtbar werden.”

“Woher kam der Ozongeruch?”

“Das ist nicht ungewöhnlich. Wenn sie das Schiff degaussierten,konnte man den Ozongeruch,der erzeugt wurde, riechen. Man konnte ihn sehr stark riechen.” ...

“Hierdurch wird aber nicht erklärt, wie sich die *Eldrige* in Luft auflöste, oder was tatsächlich Anfang August in der Taverne geschah.”

“Das ist der einfachste Teil der Geschichte,” erwiderte Dudgeon.

“Ich befand mich an diesem Abend in dieser Bar, wir tranken zwei oder drei Bier, und ich war einer der beiden Seeleute, welche angeblich auf geheimnisvolle Weise verschwunden sind. Der andere Kerl hieß Dave. Ich kann mich nicht mehr an seinen Familiennamen erinnern, aber er diente auf der DE 49. Der Kampf begann, als einige der Seeleute über die geheime Ausrüstung redeten und angewiesen worden waren, ihren Mund zu halten. Zwei von uns waren noch minderjährig. Ich habe ihnen gesagt, dass ich in meinen Aufnahmepapieren geschwindelt hatte. Die Kellnerin brachte uns zur Hintertür hinaus, als der Ärger begann und stritt später ab, dass sie irgendetwas über uns wusste. Wir verließen den Ort um zwei Uhr morgens. Die *Eldridge* hatte schon um 11 Uhr abgelegt. Jemand, der in dieser Nacht in den Hafen geschaut hätte, würdde bemerkt haben, dass die *Eldridge* nicht da war und in Norfolk auftauchte. Am nächsten Morgen war sie wieder im Hafen von Philadelphia zurück, was als eine unmögliche Tat erscheint: Wenn sie auf die Karte sehen, dann würden sie sehen, dass Handelsschiffe mehr als zwei Tage brauchen, um diese Reise durchzuführen. Sie hätten Führer benötigt, um das Unterseebootnetz und die Minen zu überwinden. Aber die Marine verwendete einen speziellen Kanal im Landesinnern, den Chesapeake-Delaware-Kanal, wodurch dies alles umgangen werden konnte. Wir machten die Reise in sechs Stunden."

Auf diese Weise haben wir also eine praktische, alternative Erklärung für das Philadelphia-Experiment. Dudgeons Erklärung des Degaussierungsprozesses stimmt mit der offiziellen Marineversion überein. Laut der Version der Marine führte die *Eldridge* allerdings im September und Oktober ihre Übungen bei den Bermudas durch und ging danach nicht nach Philadelphia. Wie konnte Dudgeons Schiff im Juli und August die Eldridge zu den Bermudas und nach Philadelphia begleiten? Durch Dudgeons Version werden weder die Allende/Allen-Briefe noch die mysteriösen Todesfälle von Jessup und Fleming wirklich erklärt. Ist am Philadelphia-Experiment mehr dran, als uns die amerikanische Marine und ihre bezahlten Forscher glauben machen wollen?

EIN ZEITREISENTREFFEN

Abschließend soll noch bemerkt werden, dass am 24. März 1999 in der Zeitschrift *Bucks Courier Times* berichtet wurde, dass die Überlebenden des Philadelphia-Experiments irgendwann in dieser Woche nach 53 Jahren ein Zeitreisetreffen veranstalten würden. Es ist nichts von einem Folgeartikel bekannt, und so wissen wir nicht, ob die Legende des Philadelphia-Experiments zu den Akten gelegt wurde oder nicht. Mythen und Legenden haben ein langes Leben, vor allem solche, durch welche verschiedene "Zeitperioden" wie das Philadelphia-Experiment und das Montauk-Projekt überspannt werden, wie ja behauptet wird.

Wie einmal ein Forscher sagte: " Zur gegebenen Zeit wird alles offen gelegt und aufgedeckt werden."

5. KAPITEL

DAS PHILADELPHIA-EXPERIMENT -- DIE TECHNOLOGIE

"Nun, ich glaube mir reicht die Zeit nicht mehr."
Al Bielek auf der *Global Science Conference*
im März 1999 in Daytona Beach in Florida.

Wie können Zeitreisende keine Zeit haben?
Hatchers Paradox Nr. IV

Wie schon im letzten Kapitel erwähnt wurde, haben die öffentlichen Darlegungen derer, welche vorgeben am Philadelphia-Experiment beteiligt gewesen zu sein, zu vielen Kommentaren und weiteren Forschungen geführt. In diesem Kapitel wollen wir einige dieser Diskussionen abdrucken, welche sich auf die tatsächliche Technologie beziehen, die angeblich bei den Vorgängen verwendet wurden.

AL BIELEKS ÜBER DEN NULLZEIT-REFERENZGENERATOR UND ZEITSCHLÖSSER

Die folgenden Kommentare von Jerry Decker über Al Bieleks Behauptungen während seiner Rede vom Januar 1990 sind im MUFON-Artikel enthalten, welcher auf folgender Internetseite gefunden werden kann: http:\\www.in-search-of.com:

“Eines der herausragendsten Dinge des öffentlichen Vortrags war die Vorführung eines Diapositivs, das angeblich einen sogenannten “Nullzeitreferenzgenerator” zeigte, der einem alten Feldkühlschrank der Armee verdammt ähnlich sah. Gewöhnlich werden keine technischen Detaills angegeben.

Dieses Gerät soll angeblich ein Oszillator gewesen sein, welcher die Spulen für das Experiment antrieb. Bielek behauptete, dass die gezeigte Einheit dazu verwendet wird, um zwei einzelne Signale zu synchronisieren (eines für jede Spule). ...

Im Grunde wurde die Spule auf jede Hälfte des Schiffes gewickelt und von einzelnen Oszillatoren angetrieben, wodurch eine “Skalarwelle” erzeugt wurde. Hierdurch werden die Feldmatrixen der Materie gestört. ...

Die Kommentare über die Zeit drehten sich um ein Konzept eines Zeitschlosses, welches “dekodiert” wurde, als die gesamte Materie erzeugt worden ist. Deshalb muss alle Materie auf der Erde mit dem irdischen Zeitschloss verbunden sein. Die Erde muss mit dem Sonnenzeitschloss und mit demjenigen unserer Galaxie verbunden sein. Wenn ein Zeitschloss durch starke Felder in “Unordnung” gerät, würden sich eine Reihe von Problemen ergeben, und zwar aufgrund des Wiederherstellungsprozesses, falls ein solcher überhaupt möglich ist.

Bielek behauptete, dass das ursprüngliche System von einem 500-KW-Generator angetrieben wurde, wobei später dann 2 Megawatt verwendet worden sind. Ein anderes Experiment soll mit drei Spulen stattgefunden haben, die alle mit dem gleichen Uhrensystem synchronisiert waren. Durch das 3-Feld-System kam es zu Bogenentladungen, weshalb wieder die 2-Feld-Konstruktion verwendet wurde. Bielek behauptete auch, in dem System wurden 3000 Röhren verwendet. ...

Vor allem die Zeitstudien, auf die Bielek zu sprechen kam, scheinen der Beachtung Wert zu sein. Ein Großteil des “Skalarwahnsinns weist auf eine Technologie hin, durch welche das ursprüngliche Philadelphia-Experiment nachgeahmt oder sogar übertroffen werden könnte.”

EINE ANDERE TELEPORTATIONSTHEORIE

Der MUFON-Artikel fährt dann mit Jerry W. Deckers eigenen Theorien über die Teleportation fort, welche auf das UFO-Phänomen, die Arbeiten von Dr. Harold S. Burr, Dr. Walter Russel und W.J. Hooper:

"Falls es der ursprüngliche Zweck war, eine Unsichtbarkeit zu erreichen, weshalb tauchte dann ein SCHIFF in einem HAFEN AUF, DER MIT WASSER GEFÜLLT WAR und nicht inmitten einer Stadt oder einem Getreidefeld in Kansas?

Es scheint, dass einiges nicht stimmt, da in anderen Berichten über das Experiment festgestellt wird, dass es mehr als einmal ausgeführt worden ist. Jedesmal wurde das Schiff auf ein Gewässer zurückteleportiert. Wie hoch sind die Chancen, dass das Schiff JEDESMAL auf einem Gewässer "landen" würde??

So wie ich die Sache verstehe, war die amerikanische Marine von der Idee besessen gewesen zu sein, eine perfekte Tarnung zu erzielen -- die ultimative Geheimwaffe -- EIN UNSICHTBARES SCHIFF. Wenn nur eines ihrer Kriegsschiffe unsichtbar gemacht werden konnte, stellen Sie sich den Schaden vor, den es beim Feind anrichten hätte können, wodurch der bittere und lang andauernde Krieg beendet hätte werden können.

Am 28. Oktover 1943 wurde im Marinehafen von Philadelphia ein Experiment durchgeführt. Dieses Ereignis wurde dementsprechend als "Philadelphia-Experiment" bekannt. ...

Das Schiff, die *USS Eldridge,* verschwand schnell in einem grünen Nebel -- und löste sich völlig auf! Die sich an Land befindlichen Wissenschaftler waren sprachlos. Dann, nach ein paar Minuten, tauchte das Schiff wieder auf, und zwar dort, wo es zuvor gewesen war, im Hafen von Philadelphia! Aber das war noch nicht alles. Während des Verschwindens war etwas genauso Erstaunliches passiert: Während dieser Zeit ist es auch in seinem anderen Hafen in Norfolk in Virginia aufgetaucht. Es war also nicht nur unsichtbar geworden, sondern wurde auch teleportiert! ...

Da wir in einer seriellen Zeit leben, die jede Handlung an das umgebende Raumkontinuum weitergibt, ist unser Vorhandensein an jedem Ort in einem bestimmten Zeitrahmen der Erde von lokalen Raum/Materie-Bedingungen geprägt, so dass wir durch die Bewegung der Erde und des Sonnensystems nicht im Raum verbleiben würden, wenn wir teleportiert werden würden. Es gibt also Aufzeichnungen von allen Orten, an denen wir seit unserer Erschaffung gewesen sind. Wir sollten deshalb in der Lage sein, in jede dieser Aufzeichnungen zurückzukehren, zwar nicht in der Zeit, aber im Raum. ...

Da sich die Eldridge irgendwann in ihrer Geschichte in der Vergangenheit in ihrem anderen Hafen befunden hatte, vielleicht bei verschiedenen Anlässen, könnten wird das Schiff sofort ZWAR NICHT DURCH DIE ZEIT, ABER DURCH DEN RAUM zu einem Ort teleportieren, an dem es ZUVOR gewesen war, falls wir das tempische Feld (Zeitfeld) ausreichend stören könnten.

Falls nun während dieses Vorgangs und BEVOR EIN VOLLSTÄNDIGER TRANSFER ERREICHT WURDE, irgendjemand die Energiezufuhr abstellen würde, dann würden die Teile der Materie, welche teleportiert worden waren, zurückgesaugt werden, nämlich zu ihrem räumlichen Ort in der GEGENWART. ...

Lebendige Organismen zeichnen Feldwirkungen in ihrem Gewebe auf. Aus diesem Grunde zeichneten sie alle Gewebebildungen, welche während eines solchen Vorgangs vonstattengehen. Dies führt offensichtlich zu einer Störung des Bioplasmafeldes und zu größeren körperlichen Problemen."

KEELYNET ÜBER DEN NULLZEITREFERENZGENERATOR UND DIE NUKLEARE, MAGNETISCHE RESONANZ

Auf der Webseite von KeelyNet sind einige gute Artikel in bezug auf das Philadelphia-Experiments vorhanden (www.keelynet.com). Der erste, den wir hier wiedergeben wollen, stammt von Ken Anderson, einem Elektrotechniker:

"Nun ein paar Kommentare über Al Bielek. Ich schrieb ihm im

Herbst des Jahres 1991 und erzählte ihm, dass ich in Montauk Point in New York gewesen war. Ich fragte ihn nach weiteren spezifischen, technischen Detaills, oder mir Hinweise auf harte Fakten über das Thema zu liefern. Ich dachte mir, dass er gewillt wäre, einige technische Fragen zu beantworten, wenn er wollte, dass wir seiner unglaublichen Geschichte Glauben schenken sollten. Er gab nie eine Antwort. Ich versuchte ihn über Telefon zu erreichen, aber man sagte mir, dass seine Nummer nicht bekannt ist.

Im Juli 1991 hielt Bielek einen Vortrag am Rosemont College in Pennsylvania, an dem ich teilnahm. Er erzählte im großen und ganzen die gleiche Geschichte wie auf dem nun berühmten Video "The Truth Behind the Philadelphia Experiment". Neu war jedoch, dass er zusammen mit Brad Steiger ein Buch mit dem Titel *The Philadelphia Experiment und Other UFO Conspiracies* herausgegeben hatte. Falls Sie glauben, dass das Video zu Gehirnschäden führt, dann sollten Sie erst einmal das Buch lesen! Auf jeden Fall erzählte er - wie üblich - seine Geschichte und andere UFO-Anekdoten, sprach aber nicht viel über die Physik oder die Technologie des Experiments. Bielek sagte jedoch, dass er an einem neuen Buch arbeite, in dem er alles aus einem technischen Standpunkt erklärt, welches wahrscheinlich Anfang 1992 veröffentlicht würde. Nun, jetzt ist August 1992, und hat bisher irgendjemand über dieses neue Buch etwas gehört?

Meine Forschungen haben auch etwas über Bieleks "Nullzeitreferenzgenerator" zu Tage gefördert, den angeblich Tesla erfunden haben soll und der verwendet worden war, um die "Zeitschlösser" im Experiment einzustellen. ... Ein Blick in mein altes Elektronikhandbuch aus dem Jahr 1975/76 zeigt mir, dass es tatsächlich so ein Ding wie eine Nullzeitreferenz gibt. ... In einem digitalen oder Mikroprozessorstromkreis würde man dies als "Uhr" bezeichnen. Alles was in diesem System passiert, wird mit dieser Referenzuhr synchronisiert. Genau das, was man erwarten würde, falls sie tatsächlich mit der ZEIT herumspielen und irgendwelche Radarausrüstungen verwenden würden. Bielek machte eine weitere geheimnisvolle Bemerkung, die mich lange Zeit nicht in Ruhe ließ -- eine Bemerkung über PI über 2 Serien von Frequenzen, welche Fenster sind, offensichtlich interdimensionale Fenster. Auf was bezog er sich hierbei? Nun, stellen Sie sich meine Überraschung vor: In einer Bibliothek stieß ich auf diesen Ausdruck, als ich ein Info über Nukleare Magnetische Resonanz durchlas! Es scheint, dass sich PI/2 auf eine bestimmte Pulsweite in bezug auf den Referenzpuls in einem Zyklus eines Feldes einer NMR-Maschine bezieht. Bielek bezeichnet T1 auch als unsere normale Zeit, während T2 die Zeit zu sein scheint, in die man bei einem Zeitreiseexperiment reist. Wir haben es hier also mit drei verschiedenen Szenarien zu tun:

1. Al Bielek ist ein smarter Kerl, der eine Menge technischer Ausdrücke kennt, welche er an das Philadelphia-Experiment anpasst, indem er annimmt, dass sich keiner die Mühe machen wird, diese in einer Bibliothek nachzuprüfen.
2. Er borgt sich nicht notwendigerweise irgendwelche Ausdrücke aus dem NMR-Feld, sondern, da die NMR-Puls-Ausdrücke vielleicht von der Radartechnologie abstammen, verwendet er die radarspezifischen Ausdrücke, um seine Geschichte beeindruckender zu machen, oder ...
3. Vielleicht erzählt Al Bielek trotz allem doch die Wahrheit. Ich wünschte mir, dass er einige nette, technische Fragen von qualifizierten Ingenieuren beantworten würde, so dass alle anderen wissen würden, ob man seine Geschiche glauben kann.

DAS PHILADELPHIA-EXPERIMENT -- VERSCHIEDENE ANMERKUNGEN UND ZITATE

Der folgende Artikel von Rick Anderson stammt ebenfalls von der KeelyNet-Internetseite:

"Diese Datei besteht aus einer Sammlung von Zitaten, die aus verschiedenen Quellen stammen, um sowohl die Theorie, die hinter dem Philadelphia-Experiment steht, als auch die Methoden und die Ausrüstung, die verwendet wurden, um die beobachteten Effekte zu erzeugen, zu einem Ganzen zusammenzufügen. Mein Interesse am Philadelphia-Experiment bezieht sich nicht nur auf dessen philosophische und technologische Auswirkungen, falls es sich um eine wahre Geschichte handelt, sondern als Elektrotechniker interessiert mich auch, wie sie es getan haben!

Wir haben es hier mit einer Elektronik -- einer Physik -- zu tun, welche sie uns bestimmt nicht in der Schule oder sogar am College gelehrt haben! Aber die Gerüchte gehen weiter, und ich fordere hiermit die Schreiber dort draußen auf, welche hier und da Hinweise geben können, uns allen einen Gefallen zu tun und uns etwas Anständiges zu bieten.

Leute wie Al Bielek machen mit ihren "Ich war dabei"-Ankündigungen einen großen Aufruhr. Die Geschichten und Anekdoten sind absolut faszinierend. Die Ausflüge in die spekulative Physik sind irgendwie so tiefgehend, dass der Laie nicht einmal wüsste, welche Fragen er stellen sollte, geschweige den Wahrheitsgehalt beurteilen könnte. ...

Falls Sie, so wie ich, das Ganze für plausibel genug halten, so dass Sie es nicht mehr aus Ihrem Kopf kriegen, dann fangen sie an, alles zu lesen, was sie über dieses Thema in die Hände bekommen. Danach beginnen Sie, alles über indirekt damit zusammenhängende Themen zu lesen, wobei Sie auf jede mögliche Verbindung mit dem Hauptgegenstand der Untersuchung achten. ... Und Sie wundern sich, dass alle anderen über das Wie und Warum informiert zu sein "scheinen", außer du selbst. ...

Sie sehen, dass ein Elektrotechniker (und noch viel mehr ein Ingenieur wie Bielek) verdammt gut weiß, dass ein großer Unterschied zwischen Gleichstrom- und Wechselstromfeldern besteht, zwischen gepulsten und rotierenden Feldern, zwischen ELF und HF oder den Mikrowellen- und Radarfrequenzen, zwischen Vektor- und Skalarwellen und stehenden Wellen. ...

In der KeelyNet-Datei "Bielek-1.asc" bemerkt Jerry Decker, dass die Literatur über das Philadelphia-Experiment voll von Beschreibungen über die verwendete Technologie ist.

Jerry bietet folgende Beschreibung an: "Im Grunde genommen

wurde auf jede Hälfte des Schiffes eine Spule gewunden und von verschiedenen Oszillatoren angetrieben, welche mit dem einstellbaren Phasenwinkel synchronisiert waren, um eine Skalarwelle zu erzeugen." Okay dann, lasst uns eine bauen. Was, bisher hat das noch keiner getan? Dies ist jedenfalls mein Eindruck, wenn ich meine Zeit und mein Geld für die Suche nach weiteren Informationen über die "Resonante Gravitationsspule" investiere, deren Konstruktionspläne in der Datei "gravity3.asc" gefunden werden können. Der Autor dieser Datei nennt sich selbst "Shadow Hawk".

Kann mir vielleicht irgendjemand erzählen, wie ich mit diesem Mann in Kontakt kommen kann? So dass ich ihm ein paar Fragen stellen kann, bevor ich in 2500 Meter Magnetdraht investiere. Was ich damit sagen möchte ist, dass man sich von den Theorien und literarischen Meisterleistungen nicht so verzaubern lassen sollte, so dass unser Interesse an das "22. Jahrhundert" nicht zu einer Ersatzreligion wird. ...

Meine Theorie lautet Folgendermaßen: Es gibt eine Verbindung zwischen der angeblichen Technologie des Philadelphia-Experiments und der modernen medizinischen Untersuchungstechnik, die als Kernspintomographie bezeichnet wird. ... Bei beiden handelt es sich um Produkte der Vierziger Jahre. Und in bestimmter Hinsicht kann die Technologie für beide ein Auswuchs der Entwicklung des Radars sein, welche ebenfalls in der gleichen Zeit stattfand und bei dem **gepulste** Felder verwendet werden. Auf den folgenden Seiten habe ich verschiedene Zitate in bezug auf das Philadelphia-Experiment zusammengestellt. ... Obwohl diese Datei ziemlich lange ist, hoffe ich, dass hierdurch erneut die Aufmerksamkeit in bezug auf die technologischen Methoden, welche hierbei verwendet wurden, gelenkt wird. Selbsts eine Nachahmung der Effekte in kleinem Rahmen könnte dafür sorgen, dass die Geschichte aus dem Reich der Mythologie genommen wird.

Alfred Bielek behauptet, einer der beiden Marineseeleute gewesen zu sein, welche die Schalter im Kontrollraum des Schiffes umgelegt haben, um die Anlage in Betrieb zu nehmen.

ZITATE VON AL BIELEK

Al Bielek gab in bezug auf die verwendete Ausrüstung folgende Beschreibung ab:

"Es waren vier RF-Sender vorhanden und sie waren so aufeinander abgestimmt, dass sich ein rotierendes Feld ergab. Die magnetischen Komponenten des Feldes wurden durch vier große Spulen auf dem Deck des Schiffes, undSSS von zwei großen Generatoren betrieben, welche sich im Rumpf des Schiffes befanden -- sie waren ebenfalls gepulst. Das gesamte System wurde auf eine sehr spezielle Weise gesteuert, wodurch ein rotierendes Feld und eine Wechselwirkung erzeugt werden konnte, durch welche das Zeitfeld sich veränderte."

"Es gibt fünf Dimensionen: Unsere dreidimensionale, die Zeit und T_2, deren Vektor in diesen Experimenten rotiert wurde, um eine Raumzeitänderung zu erzeugen."

"Obwohl die Männer auf dem Deck verrückt - wenn nicht durch die Felder "gebraten" - wurden, ist hieraus eine elektromagnetische Krebskur entwickelt, auf welche die Marine seit 40 Jahren "sitzt" und sich weigert sie herauszugeben, weil das gleichbedeutend damit wäre, dass das Philadelphia-Experiment tatsächlich stattgefunden hat."

ZITATE AUS "WITHOUT A TRACE" VON CHARLES BERLITZ

"Laut Jessup sollte durch das Philadelphia-Experiment die Auswirkungen eines starken Magnetfelds auf ein bemanntes Fahrzeug untersucht werden. Dies sollte durch magnetische Generatoren erreicht werden. Sowohl gepulste als auch nichtgepulste Generatoren wurden eingesetzt." (Seite 194).

"Jessup machte sich Sorgen über die Experimente und erzählte Valentine, dass die Marine ihn darum gebeten hätte, als Berater für ein anderes Experiment zur Verfügung zu stehen, was er allerdings ablehnte. Er war davon überzeugt, dass die Marine auf der

Suche eine magnetische Wolke zu erzeugen, um ein Schiff unsichtbar zu machen, etwas aufgedeckt hatte, durch das die molekulare Struktur von Menschen und Materialien umgeschichtet werden konnte, so dass sie in eine andere Dimension übergehen würden, wodurch auch eine Teleportation möglich ist." (Seite 201).

"Ich glaube nicht, dass Dr. Jessup dies als eine "unabsichtliche" Entdeckung betrachtete. Wie ich mir sagen ließ, sind Experimente mit starken Magnetfeldern offiziell unterdrückt worden, wie z.B. der Ionenmotor, der schon seit 1918 bekannt ist, und ihre Erfinder sind auf irgendwelche Weise zum Schweigen gebracht worden. Ich bin deshalb überzeugt, dass hochrangige Physiker irgendein Wissen -- und eine verständliche Furcht -- vor Phänomenen, welche vielleicht durch die Erzeugung von starken Magnetfeldern auftreten könnten, vor allem wenn sie gepulst oder wirbelförmig sind.

Frage: Gibt es im Fall des angeblichen Philadelphia-Experiments irgendeine einigermaßen einfache Erklärung, was hierbei passiert ist?

Antwort: Meines Wissens gibt es keine orthodoxe oder bekannte Theorie, durch welches dies möglich ist. Viele Wissenschaftler teilen nun die Meinung, dass die grundsätzliche Struktur des Atoms im wesentlichen elektrisch ist. Hierbei ist ein kompliziertes Wechselspiel verschiedener Energie vorhanden. ...

Der Übergang von einer Phase in die nächste wäre gleichbedeutend mit dem Übertritt von einem Bereich der Existenz in einen anderen -- eine Art interdimensionaler Metamorphose. Oder anders ausgedrückt: Es können Welten innerhalb von Welten existieren. Man hat schon lange vermutet, dass der Magnetismus bei solchen drastischen Veränderungen eine Rolle spielt. Ein Magnetfeld kann nicht auf mechanische Weise interpretiert werden. Es hat fast irgendetwas Mystisches an sich. Wann immer wir außerdem auf unglaubliche Phänomene wie Materialisationen und Dematerialisationen stoßen, wie beim UFO-Phänomen, so scheinen sie immer von starken Magnetfeldern begleitet zu sein. Es ist deshalb vernünftig anzunehmen, dass die zweckmäßige Erzeugung eines ungewöhnlichen Magnetfelds zu einem Phasenwechsel der Materie führen könnte. Falls dem so ist, dann würde auch das Zeitelement beeinflusst werden, wobei es sich keinesfalls um eine unabhängige Entität handelt, da sie ein Teil einer speziellen Materie-Energie-Zeit-Dimension ist." (Valentine im Gespräch mit Berlitz, Seite 204-205).

ZITATE AUS "THE PHILADELPHIA-EXPERIMENT" VON CHARLES BERLITZ UND WILLIAM MOORE

"Mein eigenes Interesse am Philadelphia-Experiment hatte seinen Grund in der Möglichkeit, dass durch eine Veränderung der molekularen Zusammensetzung der Materie, welche durch einen starken und resonanten Magnetismus erzeugt wird, ein Objekt zum Verschwinden gebracht werden kann -- was eine mögliche Erklärung für das Verschwinden von Flugzeugen und Schiffen im Bermudadreieck sein könnte." (Seite 14)

"Bei dem Experiment wurden magnetische Generatoren der Marine verwendet, welche in Resonanz gespulst waren, so dass um das Schiff und auf dem Schiff ein gewaltiges Magnetfeld erzeugt wird." (Seite130).

"Das Experiment ist äußerst interessant, aber auch schrecklich gefährlich. Es ist für die beteiligten Leute unerträglich. Die Verwendung einer magnetischen Resonanz ist gleichbedeutend mit einer zeitweiligen Auslöschung unserer Dimension. Tatsächlich ist es das gleiche wie die Überführung von Materie auf ein anderes Niveau oder eine andere Dimension, was zu einem dimensionalen Durchbruch führten könnte, falls es steuerbar wäre." (Seite 131).

"In der Praxis werden elektrische und magnetische Felder verwendet: Durch ein elektrisches Feld, dass in einer Spule erzeugt wird, induziert im rechten Winkel zu diesem ein Magnetfeld; jedes dieser Felder stellt eine Ebene des Raumes dar. Da es aber drei Raumebenen gibt, muss es noch ein drittes Feld geben, vielleicht ein gravitationelles. Wenn man elektromagnetische Generatoren verwendet, durch welche magnetische Pulse erzeugt werden, kann es möglich sein, dieses dritte Feld mit Hilfe der Prinzipien der Resonanz zu erzeugen." (Seite 132).

"In Einsteins Versuch einer Einheitlichen Feldtheorie wurden 16 unglaublich komplizierte Größen verwendet, welche als sogenannte Tensorgleichungen dargestellt wurden. Zehn davon bezogen sich auf die Gravitation und die restlichen sechs auf den Elektromagnetismus. ...

Eine Sache, welche sich hieraus ergibt, ist das Konzept, dass ein reines Gravitationsfeld ohne ein elektromagnetisches Feld existieren kann, aber ein reines elektromagnetisches Feld kann nicht ohne ein begleitendes Gravitationsfeld existieren." (Seite 150).

"Ich habe davon gehört, dass sie am Delaware-Fluss und auf dem Meer Versuche durchgeführt haben, vor allem in bezug auf die Auswirkungen eines starken magnetischen Kraftfelds auf Radargeräte. Ich kann Ihnen nicht mehr darüber erzählen, weil ich nichts weiter weiß. Ich glaube, und ich betone ich glaube, dass sie an Bord anderer Schiffe und entlang der Küstenlinie jegliche Art von Empfangsapparaten hatten, um zu testen, was auf der anderen Seite vorsichging, wenn sowohl Radiowellen als auch niedrig- und hochfrequente Radarstrahlen durch das Feld projiziert wurden. Zweifelsohne wurden auch Untersuchungen gemacht, um herauszufinden, welchen Effekt dieses Feld auf Licht im sichtbaren Bereich haben würde. Auf jeden Fall weiß ich, dass dort weitreichende Forschungen über die Absorption und Brechung durchgeführt wurden." (Seite 169-170).

"Die Idee, für experimentelle Zwecke mittels der Anwendung der Prinzipien der Resonanz ein ausreichend starkes elektromagnetisches Feld zu erzeugen, stammte ursprünglich von dem Physiker Kent. ... Der ursprüngliche Plan bestand anscheinend darin, starke Magnetfelder zu verwenden, um ankommende Projektile, vor allem Torpedos, abzulenken. Dies wurde später ausgeweitet, um auch die Idee einer optischen Unsichtbarkeit durch die Verwendung ähnlicher Felder in der Luft zu untersuchen. ...

Auf der einen Seite eines Blatts Papier hatte er ein paar Wellengleichungen geschrieben, und auf der anderen Seite befanden sich ein paar halbfertige Kritzeleien. Danach sagte Albrecht, ob ich nun erkennen könnte, was notwendig wäre, um einen Lichtstrahl zu brechen, vielleicht um 10% oder so ...

Ich glaube, dass sich die Unterhaltung an diesem Punkt auf die Prinzipien der Resonanz bezog und wie starke Felder, welche für ein solches Experiment benötigt würden, durch die Verwendung dieses Prinzips erzeugt werden konnten. ...

Albrecht wollte genügend herausfinden, um die Größe des Feldes für die Beugung des Lichts bestimmen zu können, um den erwünschten Spiegelungseffekt zu erzielen. Gott weiß, dass sie keine Ahnung von den letztendlichen Auswirkungen hatten. Denn falls dies der Fall gewesen wären, hätte hier alles geendet. Aber natürlich machten sie weiter.

Ich glaube, dass die Hauptantriebskraft an diesem Punkt die NDRC oder irgendwer wie Ladenburg oder von Neumann war, der mit neuen Ideen daherkam und keine Scheu hatte, über diese zu sprechen, bevor er irgendwelche Berechnungen angestellt hatte. Sie sprachen mit Einstein darüber, und dieser berechnete die benötigte Stärke und sprach dann mit von Neumann über die beste Ausrüstung für die praktische Ausführung. Auf diese Weise sind wir in die Sache verwickelt worden. ...

Ich kann mich auch daran erinnern, als ich ein wenig später vorschlug, dass eine einfachere Methode um ein Schiff unsichtbar zu machen, darin bestünde, eine "Lichtluftdecke" zu verwenden. ... Albrecht nahm seine Brille ab und bemerkte, dass das Problem mit mir sei, dass ich hervorragend dazu geeignet wäre, sie vom Thema abzubringen. ...

Ich kann mich wenigsten an eine Konferenz erinnern, bei welcher dieses Thema besprochen wurde. Hierbei wollten wir die Nebeneffekte, welche durch ein solches Experiment erzeugt werden, besprechen. Darunter war ein "Kochen" des Wassers, die Ionisierung der umgebenden Luft, oder die "Zeemanisierung" der Atome, wodurch sich extrem instabile Zustände ergeben würden. Niemand hatte zu dieser Zeit die Möglichkeit interdimensionaler Effekte oder Massenversetzungen in Betracht gezogen. Die Wissenschaftler in den Vierziger Jahren glaubten, dass solche Dinge eher in den Bereich der Science-Fiction gehörten. Auf jeden Fall irgendwann zu dieser Zeit erhielt ich von Albrecht einen kräftigen

Anschiss, der irgendetwas in der folgenden Art sagte: "Warum lassen Sie diese experimentellen Leute nicht einfach in Ruhe, so dass sie mit ihrem Projekt weiter kommen! Aus diesem Grund haben wir sie ja schließlich hier."

Eines der Probleme war die Ionisation der Luft, wodurch eine ungleichmäßige Beugung des Lichts erzeugt wurde. Die ursprünglichen Konzepte, welche uns bei der Konferenz vorgelegt wurden, waren sehr nett, aber sowohl Albrecht als auch Gleason und ich warnten, dass aufgrund unserer Berechnungen kein kontinuierlicher Spiegelungseffekt die Folge wäre, sondern eher ein gestörter Bereich. Auf jeden Fall war das Ergebnis unserer Warnung, welche an die NDRC ging, nur, dass alles in Betracht gezogen und mit Vorsicht vorgegangen werden sollte. Wir hatten auch das Gefühl, dass durch geeignete Anstrengungen einige dieser Probleme gelöst werden könnten ... und dass eine Resonanzfrequenz gefunden werden könnte, durch welche möglicherweise die visuellen, internen Oszillationen unter Kontrolle gebracht werden konnten. ...

Eine andere Sache, an die ich mich erinnere, ist, dass wir für ein paar Wochen nach dem Treffen in Albrechts Büro immer wieder nach Tabellen gefragt wurden, welche mit den Resonanzfrequenzen des Lichts im optischen Bereich zu tun hatten." (Seite 173- 205).

Eine andere Zeugenaussage, diesmal von einem militärischen Ex-Wachmann:

"Ich war zu dieser Zeit Wachmann für geheimes audiovisuelles Material, und gegen Ende des Jahres 1945 befand ich mich während meines Dienstes in Washington in einer Position, einen Teil eines Filmes sehen zu können, der von vielen hochrangigen Offizieren verfolgt wurde und sich auf ein Experiment bezog, das auf dem Meer durchgeführt worden war. Ich kann mich nur an einen Teil des Films erinnern, da meine Pflichten als Wachmann es nicht erlaubten, dass ich mich, wie die anderen, hinsetzte und zusah. Ich weiß nicht, um was es in dem Film ging, da er ohne Kommentar war. Ich kann mich erinnern, dass da drei Schiffe waren. Es wurden zwei Schiffe gezeigt, welche irgendeine Art von

Energie auf ein Zentralschiff übertrugen. Ich dachte, dass es sich um Schallwellen handeln würde, aber ich wusste es nicht.

Nach einer bestimmten Zeit verschwand das Zentralschiff, ein Zerstörer, langsam in einem transparenten Nebel, bis nur noch das Abbild des Schiffes auf dem Wasser zu sehen war. Dann wurde das Feld - oder was auch immer - abgeschaltet, und das Schiff tauchte wieder langsam aus dem Nebel auf.

Offensichtlich war dies das Ende des Films, und ich hörte, wie einige Männer in dem Raum diskutierten. Einige glaubten, dass das Feld zu lange eingeschaltet gewesen war, und dass hierdurch die Probleme verursacht worden waren, die einige der Besatzungsmitglieder gehabt hatten." (Seite 240-241).

"Victor Silverman, der nun in Pennsylvania lebt, kam mit Berlitz und Moore über eine dritte Person in Kontakt, als er zum ersten Mal über eine Veröffentlichung eines Buches über die DE 173 hörte. Er spricht aus persönlicher Erfahrung, da er sich zu dieser Zeit auf dem Schiff befunden hatte.

Bei Ausbruch des 2. Weltkrieges diente Silverman in der Marine. Zusammen mit 40 anderen war er dazu bestimmt, Teil eines speziellen, geheimen Marineprojekts zu werden, bei dem ein Begleitschiff für Zerstörer beteiligt war und ein Prozess eingesetzt wurde, den er als eine "Degaussierung" ansah. An Bord des Schiffes bemerkte Silverman, dass ausreichend Radarausrüstung an Bord war, um ein Schlachtschiff damit zu füllen, und ein Extramasten, der wie ein Weihnachtsbaum aussah, da er mit antennenähnlichen Gebilden bestückt war.

Während der Vorbereitungen für das Experiment sah Silverman einen Zivilisten an Bord, der zu einem Seemann sagte: "Dieser Kerl könnte einen Haarschnitt vertragen." Zu seiner Überraschung fand er später heraus, dass dieser "Kerl" Albert Einstein gewesen war. Silverman wurde als Ingenieur erster Klasse eingestuft und war, laut seines Berichts, einer der drei Seemänner, welche wussten, wo die Schalter waren, um das Experiment zu starten. Er sagte auch aus, dass eine Reihe elektrischer Kabel vom nahe gelegenen Kraftwerk auf das Schiff verlegt worden wären. Als die

Anordnung gegeben wurde, die Schalter umzulegen, war das nachfolgende Surren kaum zu ertragen." (Seite 247-248).

Dieser Informant, der auf keinen Fall genannt werden möchte, vertraute Berlitz an, dass er in den Marineakten in Washington streng geheime Dokumente gesehen hatte, welche darauf hindeuteten, dass zumindest einige Phasen des Experiments NOCH IMMER am Laufen sind.

Weiterhin werden von einigen Wissenschaftlern an privaten Universitäten Forschungen in bezug auf eine magnetische Teleportation durchgeführt, wobei auch die Unsichtbarkeit untersucht wird. In einigen Berichten wird behauptet, dass solche Experimente an der Standford Universität im Menlo Park in Palo Alto in Kalifornien, und an der M.I.T. in Boston durchgeführt worden sind. Allerdings hat man aufgrund der negativen Auswirkungen auf die Forscher Angst vor solchen Experimenten." (Seite 255).

ZITATE AUS "ANTIGRAVITY AND THE UNIFIED FIELD HERAUSGEGEBEN VON DAVID HATCHER CHILDRESS

John Walker schreibt über Einsteins Einheitliche Feldtheorie Folgendes: "Die amerikanische Marine experimentierte während des 2. Weltkriegs im großen Maßstab mit verschiedenen einheitlichen Vektoren, wodurch es ihnen zumindest gelungen ist, ein Schiff für Radar unsichtbar zu machen. Radarstrahlen bestehen aus ultrahochfrequenten Wellen, und hier liegt das Problem. Um etwas für ultrahochfrequente Wellen unsichtbar zu machen, muss man es jenseits dieser Wellen bringen. Und wenn man mit dieser Idee spielt, dann sind Raum, Zeit und die normale Geometrie nicht mehr gültig.

Die Marine, Einstein und ein paar andere, die zusammenarbeiteten, versuchten es auf die erste Art. Sie setzten das ganze Schiff und dessen Besatzung einem künstlichen Feld aus und erhöhten dann das Gesamtpotenial über die Stabilitätsschwelle der normalen Physik." (Seite 59-60).

"Es gibt ein Buch mit dem Titel Reality Revealed -- *The Theory of the Multidimensional Reality*, welches im Jahr 1978 veröffentlicht wurde. Die Autoren Douglas Vogt und Gary Sultan beziehen sich auf einen "Ziegesprächseffekt", wo die Zeit- und Rauminformationen mittels stehender Wellen von einem Ort auf den anderen übertragen werden. Stehende Wellen können als Hochspannungssender verwendet werden, welche eine sehr geringe Leistung benötigen." (Seite 52-53).

ZITATE AUS "DIE NUTZBARMACHUNG DER NULLPUNKTENERGIE" VON MORAY B. KING

W.B. Smith, *The New Science,* Fern-Graphic Publ., Mississauga, Ontario, 1964
In diesem esoterischen Werk wird behauptet, dass durch eine energetisierte Merkurstabspule ein "tempisches" Feld erzeugt wird.
G. Burridge, "The Smith Coil", *Psychic Observer*, 35 (5), 410-16, 1979
In diesem Artikel wird erklärt, wie eine Merkurstabspule gewickelt werden muss. Weiterhin werden einige Beobachtungen genannt, welche von Forschern, die mit dieser Spule Experimente durchgeführt hatten, gemacht worden waren.
W.L. Moore, C. Berlitz, *The Philadelphia Experiment: Project Invisibility*, Grosset & Dunlap, NY, 1979
Der Autor geht Gerüchten nach, dass die amerikanische Marine im 2. Weltkrieg ein Experiment durchgeführt hat, in dem beim Versuch Licht und Radarstrahlen durch starke, gepulste Magnetfelder um ein Schiff herum zu krümmen, das Schiff unabsichtlich teleportiert wurde.
S. Seike, *The Principle of Ultrarelativity*, G-Research Laboratory, Tokyo, Japan, 1978
Seike geht von der Existenz eines physikalischen Hyperraums mit einem elektrischen Fluss aus, der senkrecht zu unserem dreidimensionalen Raum fließt.
C.W. Cho, "Tetrahedral Physics", Tokyo, Japan, 1971

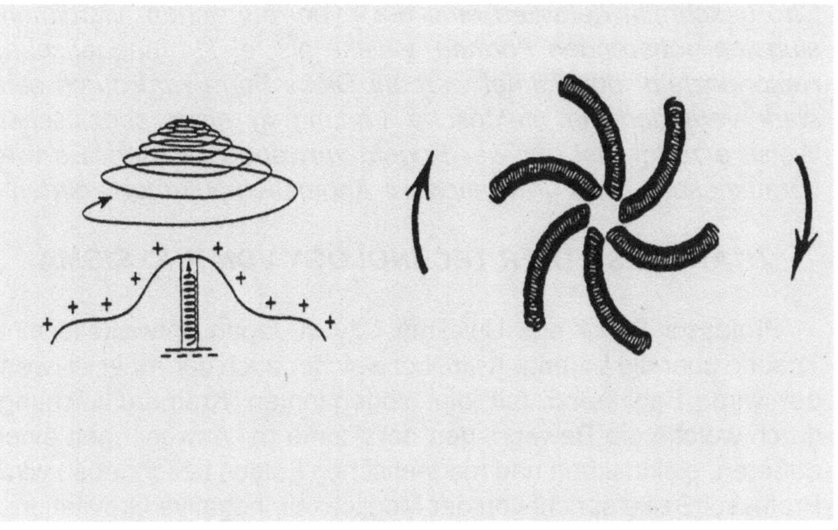

Verschiedene Abbildungen aus Moray B. Kings Buch "Die Nutzbarmachung der Nullpunktenergie. (Michaels Vertrieb Peiting, 2003)

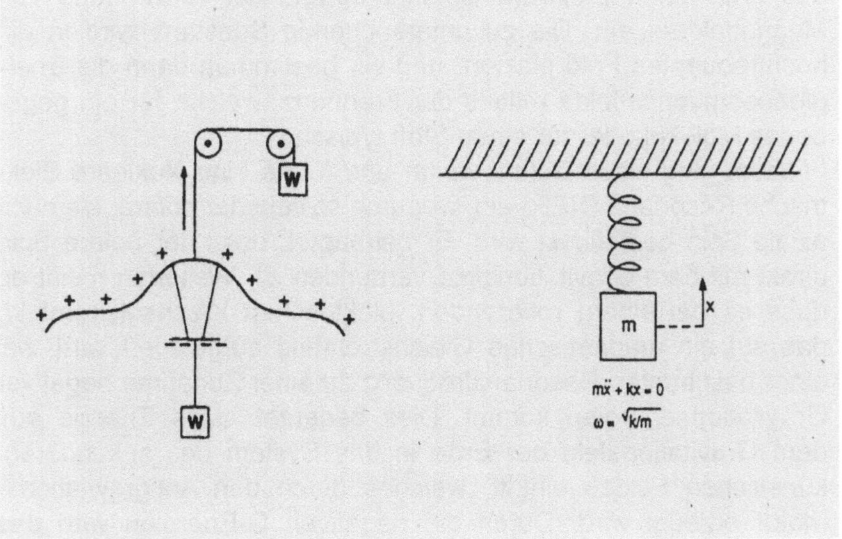

Cho beschreibt detailliert eine der hyperräumlichen, vierdimensionalen, rotierenden Formen, welche als "elektromagnetisches Resonanzfeld" bezeichnet werden. Diese Form wird durch eine stark veränderliche elektrische Ladung in einer spezifischen Weise erzeugt, bei der vier Kugeln verwendet werden. Es wird vorausgesagt, dass gravitationelle Anomalien auftreten werden.

ZITATE AUS ETHER TECHNOLOGY VON RHO SIGMA

"Professor Seike aus Uwajima City in Japan entwickelte eine Theorie über die Lorentz-Kraft, bei welcher auch der Äther verwendet wird. Beginnend mit der sogenannten Kramer-Gleichung, durch welche die Bewegungen der Atome bei Anwesenheit eines äußeren, elektrischen und magnetischen Feldes beschrieben wird. Professor Seike spricht von der Möglichkeit "negative Gravitationsenergien" zu erzeugen, indem ein entsprechendes elektromagnetisches Feld verwendet wird.

Zur Zeit setzten wir in einem Prozess, der als Nukleare Magnetische Resonanz (NMR) bezeichnet wird, nur die Veränderungen des räumlichen Elektronenspins aufgrund der Anwendung von Magnetfeldern ein. Die zu untersuchende Substanz wird in ein hochfrequentes Feld plaziert, und wir bestimmen dann die Energieabsorptionseffekte mittels der Frequenz, welche für ein gegebenes Molekül oder für einen Stoff typisch ist.

Seike ging einen Schritt weiter und führte eine Nukleare Elektrische Resonanz (NER) ein, wodurch sowohl der polare, als auch axiale Spin beeinflusst wird. Er behauptet, dass der polare Spin direkt mit dem Gravitationsfeld verbunden ist. Weiterhin meint er, dass es bei einem rotierenden, elektrischen Wechselstromfeld, das auf ein magnetisches Gleichstromfeld aufgelagert wird, bei einer bestimmten Resonanzfrequenz zu einer Zunahme negativer Gravitationsenergien kommt. Dies bedeutet, dass Energie aus dem Gravitationsfeld der Erde in das System des sekundären, künstlichen Feldes eintritt, welches durch den Antigravitationsmotor erzeugt wird. Durch die negativen G-Energien wird das

Erdgravitationsfeld geschwächt und schließlich ganz ausgelöscht. Durch eine weitere Depolarisation wird das Fahrzeug dann von dem größeren Gravitationskörper (Erde) abgestoßen.

Die Gründe, weshalb Prof. Seikes NER-Effekte bisher noch nicht "offiziell" verwendet wurden, scheinen darin zu liegen, dass die nukleare elektrische Resonanz NUR bei extrem hohen Spannungen und GLEICHZEITIG ultrahohen Wechselstromfrequenzen auftreten kann. Unterhalb dieser Schwelle ist die Wahrscheinlichkeit des Auftretens negativer G-Energie äußerst gering. Über dieser kritischen Frequenz (auch Larmor-Frequenz genannt) hängen die Wirkungen dieser Art von Gravitationsmaschine auch von dem elektromagnetischen Polarisationspotential des verwendeten Materials ab.

Prof. Seike schlägt ferromagnetische Stoffe vor. In seiner Konstruktion werden drei sphärische Kondensatoren durch drei magnetische Spulen wechselseitig aufgeladen und wieder entladen. Auf den ersten Blick scheint es sich hierbei nur um ein weiteres Perpetuum mobile zu handeln. Allerdings ist die einzige Energieumwandlung, welche verwendet wird, diejenige von gravitationneller in mechanische und elektrische Energie, und umgekehrt." (Seite 82-83).

EINE ALTERNATIVE ERKLÄRUNG DES PHILADELPHIA-EXPERIMENTS

Der folgende Artikel stammt ebenfalls von Rick Anderson und ist auch auf der KeelyNet-Internetseite zu finden:

"Das Philadelphia-Experiment -- Tatsache, Legende oder was es auch immer sein mag -- verfolgt jene, welche an Geschichten elektromagnetischer Raumzeitkrümmungen glauben, durch die ein Schiff der amerikanischen Marine im Jahr 1943 teleportiert worden sein soll. Ich möchte das Rätsel allerdings vollständig lösen und bin immer auf der Suche nach Informationen über dieses und ähnliche Themen. In einer Anzeige des Magazins *Popular Science* vom Oktober 1991 konnte man Folgendes lesen: Philadelphia-

Experiment: Schiff unsichtbar gemacht (1943). Technische Einzelheiten 40 Dollar. Alexander Strang Fraser, Box 991-C, Nelson, BC, Kanada V1L6A5. Da ich immer für solche Dinge zu haben bin, sandte ich Mr. Fraser die verlangten 40 Dollar und wartete auf die technischen Geheimnisse aller Geheimnisse. Zwei Wochen später erhielt ich ein Paket.

Ich hatte mir gedacht, dass dieser Mann vielleicht auf der *USS Eldridge* gewesen war oder die elektrische Ausrüstung konstruiert, sich die ganzen Jahre in Kanada versteckt hatte und nun bereit war, seine Informationen an wissbegierige Forscher weiter zu geben. Für meine Investition erhielt ich ein kleines Buch mit dem Titel "Invisibility Technology", welche - laut Fraser - spezielle Informationen enthalten sollte, die sonst nirgends zu finden sei. Fast rann mir der kalte Schweiss herunter.

Was könnte Fraser in petto haben? Frasers Buch beginnt mit der Wiedergabe der üblichen Philadelphia-Geschichte und den Allende-Briefen. Dann bringt er eine Liste historischer Daten, in der die Kriegsaktivitäten der Marine aufgeführt werden. Fraser schreibt, dass die Marine nach einer Methode suchte, um ihre Schiffe optisch zu verdecken, wodurch die Schlachtschiffe wieder zur Spitze des militärischen Arsenals gehören würden, da sie durch die Entwicklung von Flugzeugen und Verbesserungen der Unterseeboottechnologie viel von ihrer früheren Bedeutung und ihrem Glanz verloren hatten.

Frasers Hauptthese ist, dass das Feld, welches um die Schiffe erzeugt wurde, nicht elektromagnetischer Natur ist, im Gegensatz zur allgemeinen Meinung; es soll sich um ein THERMISCHES Feld gehandelt haben. Er behauptet, dass jede Krümmung der Raumzeit - laut Einstein - zu gewaltigen Gravitationsanomalien führen hätte müssen, welche beim Philadelphia-Experiment allerdings nicht zu beobachten waren. Er schließt dann, dass die Erklärung mit Hilfe einer magnetischen Krümmung eine bloße Legende ist, die vielleicht von Carlos Allende stammt, dass die Tests irgendetwas mit Einsteins Einheitlicher Feldtheorie zu tun hatten.

Fraser spekuliert, dass die Marine versucht hatte, einen künstlichen optischen Spiegelungseffekt mittels Erhitzung der Luft um das Schiff herum zu erzeugen. Fraser zitiert wissenschaftliche Literatur dieser Zeit, um seine Hypothese zu unterstützen, dass Schallwellen hoher Stärke für die Erhitzung und Anregung der Luftmoleküle verwendet wurden. Da sie nicht wollen, dass der Feind ihre Schallquelle hört, müssen sie natürlich ein Ultraschallhorn - oder genauer gesagt - eine Sirene verwenden.

Offensichtlich wurden in den Vierziger Jahren leistungsstarke Ultraschallsirenen verwendet und wie Fraser betont, scheint Allendes Beschreibung eines Flusses der Beschreibung eines "Schallwinds" zu entsprechen. Ein solches starkes Schallfeld, durch welches die Moleküle zum Schwingen gebracht werden und die Luft erhitzt wird (wie z.B. in den Ultraschallreinigungsmaschinen, welche heute in der Industrie benutzt werden), hätte auf alle Besatzungsmitglieder äußerst negative Effekte. Fraser erklärt sogar den geheimnisvollen "grünen Nebel" (der auch im Bermuda-Dreieck beobachtet wurde), den er als das Ergebnis der Anregung des umliegenden Meerwassers durch starke Ultraschallwellen, welche als Schallluminiszenz bezeichnet wird, ansieht.

Aber wie kann man hierdurch die Teleportation der *Eldridge* erklären? Fraser spekuliert, dass aufgrund des starken Ultraschallfeldes einige der Besatzungsmitglieder das Bewusstsein verloren haben müssen und so auch ihr Zeitgefühl. Oder anders ausgedrückt: Das Schiff wurde nicht nach Norfolk teleportiert, sondern fuhr ganz normal dorthin!

In Frasers kurzem Anhang werden noch andere exotische Möglichkeiten wie Gravitationskontrolle, Nullpunktenergie usw. diskutiert, aber er glaubt nicht, dass hierdurch das Philadelphia-Experiment erklärt werden kann. Auch in bezug auf Theorien, welche Einsteins Einheitliche Feldtheorie als Grundlage für das Experiment ansehen, ist er der Ansicht, dass es sich hier nur um "heisse Luft" handelt. Frasers Ansichten scheinen zu einer Reihe von Aspekten des Philadelphia-Experiments zu passen. Sein Buch kann als Gegengewicht zu den wilden und unbegründeten Theorien, welche über das Philadelphia-Experiment veröffentlicht wurden,

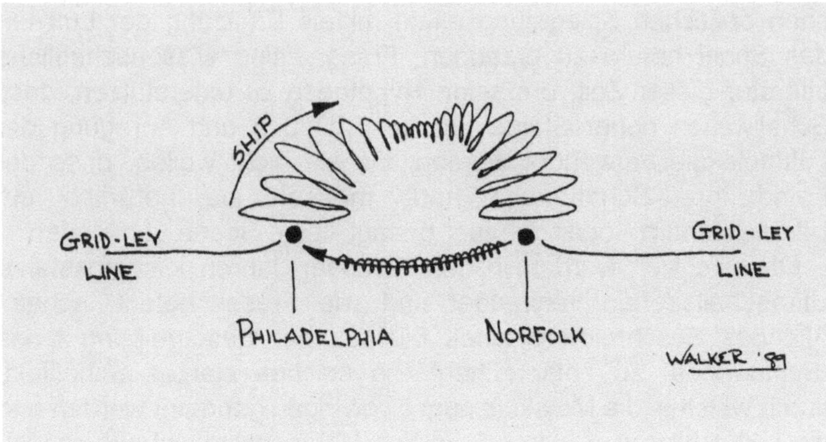

Das ganze Schiff und die Besatzung überbrückten den Raum in der Art einer lokalen, elektromagnetischen Tensorfeldwelle

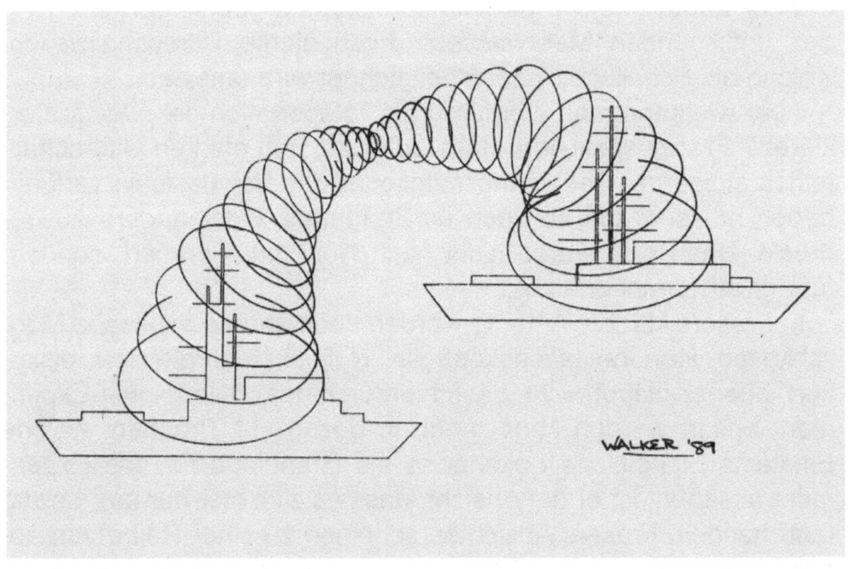

Diese Abbildung zeigt, wie das Schiff, die Eldridge DE 173, ihren 200-Meilen-Sprung entlang einer Terralinie gemacht haben könnte.

angesehen werden. In dieser Hinsicht waren meine 40 Dollar wahrscheinlich keine totale Verschwendung.

Trotzdem hat Fraser in seiner Anzeige behauptet, dass er technische Detaills liefern würde, stattdessen hat er nur eine weitere spekulative Erklärung für das Philadelphia-Experiment vorgebracht. Fraser ist nun 40 Dollar reicher und ich 40 Dollar weiser, und falls Sie es wünschen, können Ssie von mir Kopien seines Buches erhalten. Meine Adresse ist: Rick Anderson, RD1, Box 50A, Newport, PA 17074.

DIE MARINE HAT VIELE TRICKS, UM FLUGZEUGTRÄGER UNSICHTBAR ZU MACHEN

(Erschienen am 21. August 1986
in "The Pentagraph", Blowington Normal, Illinois)

Washington D.C. (AP). -- Die amerikanischen Flugzeugträger sind trotz ihrer unglaublichen Größe zu einer bestimmten Art von Zauberei in der Lage. Indem sie das Wetter, die Geschwindigkeit, fortschrittliche, logistische Planung und High-Tech-Navigation verwendet haben, ist es in den letzten Monaten einigen Flugzeugträgern gelungen, vor den Augen der Feinde zu verschwinden und erst wieder zum Zeitpunkt des Angriffs aufzutauchen.

Letzten April verschwanden die Fflugzeugträger *Coral Sea* und *America*, als sie von Flugzeugen, welche vom *American Television Network* gemietet worden waren, und sowjetischen Spionageschiffen vor Sizilien plötzlich aus dem Sichtbereich. Weniger als 24 Stunden später bombardierten ihre Bomber Ziele in Lybien.

Und erst vor einem Monat kam es zu einem weiteren Fall, bei dem bei einer Übung namens RIMPAC 86 ein Flugzeugträger noch einen längeren Zeitraum verschwunden war. Die *USS Ranger* konnte zwei Wochen lang nicht entdeckt werden, als sie über den Pazifik fuhr, obwohl intensiv nach ihr gesucht wurde, sogar mit Satelliten.

Dies wurde von einem australischen Admiral, der die Übung beobachtet hatte, als umso bemerkenswerter angesehen, weil die Flugzeuge des Flugzeugträgers die ganze Zeit Feindflüge und Scheinangriffe gegen Schiffe, Unterseeboote und Landziele flogen.

Konteradmiral I.W. Know von der Königlichen Australischen Marine deckte kürzlich in einem Interview auf, dass die beteiligten "Orange-Kräfte" in der RIMPAG-Übung die *Ranger* von der Zeit an, als sie aus Südkalifornien ablegte, bis sie 14 Tage später in Pearl Harbor eintraf, nicht lokalisieren konnten.

Die hohen Offiziere der Marine sind von solchen Berichten entzückt, welche den Kritikern antworten müssen, welche glauben, dass Flugzeugträger in einer Zeit nuklear angetriebener Unterseeboote und Cruise-Missiles eine leichte Beute sind.

Die modernen Flugzeugträger müssen erst gegen die sowjetischen Waffen im Kampfeinsatz getestet werden. Jedoch strengt man sich sehr an und setzt z.B. die sog. "Manöverstrategie" ein, denn wenn der Feind einen nicht finden kann, dann kann man überraschend angreifen und gewinnen.

Die Marinesprecher wollen nicht über die Kriegstaktiken sprechen, da es sich hierbei um militärische Geheimnisse handelt. Aber einige Offiziere, welche vor kurzem interviewt wurden und nicht namentlich genannt werden wollen, halten eine Art "Stealth-Barriere" für möglich.

Bedenken sie Folgendes:

Die *Coral Sea* und die *America* erreichten ihr Ziel durch verschiedene Tricks, aber die wichtigsten waren eine "Maskierung" und "EMCON". Die Einzelheiten der Maskierung sind geheim, aber im wesentlichen handelt es sich darum, dass ein Schiff, z.B. ein Zerstörer, wie ein Flugzeugträger aussieht und klingt, und ein Flugzeugträger wie irgendein anderes Schiff aussieht.

Die ganze Sache beginnt im allgemeinen dann, wenn ein Flugzeugträger vom Radar erfasst wird, sich aber noch nicht im Sichtbereich befindet. Das "Lockvogelschiff" bleibt auf dem Kurs des Flugzeugträgers, während dieser davonfährt.

"Wir können die Sowjets glauben machen, dass ein anderes Schiff der Flugzeugträger ist," sagt ein offizieller Vertreter. Der

Flugzeugträger kann in der Zwischenzeit in der Nacht beleuchtet werden, so dass er wie ein Tanker aussieht.

Von der *Coral Sea* und der *America* wurde auch EMCON angewendet. Dies ist ein Synonym für Abstrahlungskontrolle (Emission control). Bei der Abstrahlung handelt es sich um elektrische Signale, welche z.B. von Radar-, Sonar- und Funkgeräten abgestrahlt werden. Wenn ein Flugzeugträger auf EMCON geht, wird praktisch die gesamte elektronische Einrichtung abgeschaltet, so dass er nicht entdeckt werden kann.

Bei dieser Methode wird mit B2-C-Hawkeye-Radar-Flugzeugen gearbeitet, die in einer bestimmten Entfernung vom Flugzeugträger fliegen. Alles, was diese Flugzeuge sehen, wird elektronisch auf den Flugzeugträger und die Begleitschiffe übertragen. ... Während der Übertragung befinden sich diese Hawkeye-Flugzeuge weit entfernt vom Flugzeugträger. ... Sie kontrollieren auch den Flugverkehr für die Flugzeuge des Flugzeugträgers. ...

Geschwindigkeit: In der Öffentlichkeit wird gesagt, dass die Flugzeugträger eine Geschwindigkeit von 30 Knoten erreichen können. Privat geben einige Offiziere zu, dass sie auch bis zu 40 Knoten schnell sein können. Wir können die Spionageschiffe der Sowjet tatsächlich einfach hinter uns lassen. Und bei schlechtem Wetter sind wir konkurrenzlos. ...

Falls es uns einmal gelungen ist zu entkommen," sagt ein Offizier, "hat man alle Vorteil auf seiner Seite. Die meisten Leute haben nicht die geringste Ahnung, wie groß die Meere sind. Man kann sehr einsam sein, wenn man will."

6. KAPITEL

ZEIT-RAUM-REISEN LAUT SETH / JANE ROBERTS

VON MADELON ROSE LOGUE

Es gibt Bewusstseinsreisen,
welche nur du durchführen kannst.

Raum und Zeit sind ineinanderverflochten.
Seth via Jane Roberts, 1977.

Als ich David Hatcher Childress Buch *Antigravitiy and the World Grid* zum ersten Mal las, war ich so aufgeregt, dass ich laut "Wow" rief. Die Weltnetzkarten, welche in dem Buch enthalten waren, zeigten die Koordinaten der Orte, von denen Seth in seinem Buch von Jane Roberts *Seth Speaks* gesprochen hatte. Er hatte geschrieben, dass die Koordinaten mathematisch aufgefunden werden könnten, und hier waren sie. Im Jahr 1989 traf ich dann David, als ich an einer der Adventure-Unlimited-Expeditionen teilnahm, bei welcher die legendären, verlorenen Städte im Dschungel von Peru aufgesucht werden sollten. Die Broschüre, die er mir gesandt hatte, besagte, dass jeder Teilnehmer der Expedition "sein eigenes Abenteuer erschaffen würde". Dies klang für mich so "sethisch", dass ich nicht widerstehen konnte. Als wir die verlorene Stadt nicht finden konnten, meinte ich, dass

Robert Butts, der Ehemann von Jane Roberts, neben einem Portrait von Seth

es in unserer Zukunft, nicht in der Vergangenheit bestimmt war, diese in der Gegenwart zu finden. Ich sage auch noch andere Dinge, wie: Unsere Wissenschaftler werden sicherlich erstaunt sein, wenn auf dem Mond und dem Mars Pyramiden entdeckt werden, welche die unseren sind. Ich habe darüber in schon in den frühen Siebziger Jahren in den Seth-Büchern von Jane Roberts gelesen. Dies war etwas, das ich nicht vergessen konnte, da ich von dieser Vorstellung so fasziniert war.

Jane Roberts begann ihre Karriere mit dem Verfassen von Gedichten und Science-Fiction-Romanen. Als sie sich entschloss, ein Buch über ESP zu schreiben, borgten sie und ihr Ehemann, Robert Butts, ein "Ouija-Bord" von ihrem Hauseigentümer, und zu ihrer Überraschung funktionierte es. Bald danach befand sich Jane in einem Trancezustand und channelte Seth, während ihr Ehemann Rob geduldig dasaß und alles niederschrieb. Seth hatte sich selbst als "Energiepersönlichkeitsessenz" bezeichnet, die keine körperliche Form mehr besaß. Er hatte sich auch -- und das ist einer meiner Lieblingssprüche, weil ich darüber lachen muss -- als ein blutloses, altes Gespenst bezeichnet.

Zusammen schrieben sie über zwanzig Bücher, eingeschlossen Janes beide eigenen Gedichtbände, ein Kinderbuch und drei Science-Fiction-Erzählungen, welche nicht nur auf der Seth-Philosophie basierten, sondern auch auf simultane Zeit, und irgendetwas über Ruinen, welche aus der Zukunft in die Vergangenheit geschafft worden waren, um in der Gegenwart gefunden zu werden. Jane Roberts wurde als moderne Pionierin auf dem Gebiet der Metaphysik und Philosophie weltbekannt. Unter den vielen Themen, die in ihren Büchern angesprochen werden, sind UFOs, frühzeitliche Zivilisationen und Zeit-Raum-Reisen.

Als ich von David einen Brief erhielt, der besagte, dass er gerade ein neues Buch über Zeitreisen schrieb und in dem er mich bat, ihm bei der Suche nach spezifischen Anmerkungen in den Seth-Büchern zu helfen, dachte ich: "Sicher, kein Problem." Wow, war ich da falsch gelegen!

Ich verbrachte zwei Wochen mit der Suche. Die frühen Taschenbuchausgaben von Prentice-Hall hatten noch kein Verzeichnis, und so musste ich mich aufgrund meiner Notizen durchkämpfen. Ich fragte andere Seth-Leser, ob sie sich daran erinnern könnten, in welchen Büchern bestimmte Stellen vorhanden waren. Ich sah das Buch *A Seth, Jane Roberts, and Robert Butts Combined Index*, der von Bob Proctor zusammengestellt worden war. Hier fand ich dann viele Stellen, die sich auf Zeit, Zeit-Raum, Weltraumreisen, UFOs, außerkörperliche Erfahrungen, Atlantis und frühe Zivilisationen bezogen, aber kein einziger Satz, in dem festgestellt wurde, dass die Pyramiden auf dem Mars und dem Mond unsere eigenen waren. Ich konnte allerdings die Feststellung finden, in der von der Versetzung von Dingen aus der Zukunft in die Vergangenheit gesprochen wird. Sie sind im zweiten Band des Buches *The Unknown Reality* von Jane Roberts enthalten.

In der Anmerkung 11 der Sitzung 742 sagt Seth: "Rupert (Seth nannte Jane "Rupert", weil er sagte, dass dies der Name ihres Wesens sei) hat in ihrer Erzählung The Education of the Oversoul Seven darauf hingewiesen, dass einige archäologische Entdeckungen aus der Vergangenheit nicht gefunden werden können, weil sie jetzt noch nicht existieren. Nun, solche Konzepte sind in meiner Art und in deiner Sprache schwer zu erklären. Aber in bestimmter Weise sind die Ruinen von Atlantis jetzt noch nicht gefunden worden, weil sie bisher aus der Zukunft noch nicht in eure Vergangenheit gebracht worden sind.

Nun, die Zukunft ist möglich. Für deine Begriffe gibt es allerdings Ruinen von Zivilisationen, welche als konkrete Basis für die Atlantische Legende dienten. Diese Zivilisationen waren verstreut. Die sogenannten Ruinen werden also nicht, wie erwartet, an einer Stelle gefunden werden. Einige befinden sich unter dem Ägäischen Meer, einige im Atlantik und wieder andere unter der Arktis, weil die Welt nun ein anderes Aussehen besitzt.

Die Zeit ist simultan, so dass diese Zivilisationen zusammen mit eurer eigenen existieren. Eure Methoden, um das Alter der Erde zu bestimmen, sind sehr irreführend.

In euren Worten ausgedrückt, ihr "pflanzt" ihre Bilder, Geschichten und Legenden in eine bestimmte Zeit, die scheinbar aus der Vergangenheit kommt, aber in Wirklichkeit handelt es sich um Geistbilder aus der Zukunft, welchen man folgen kann, oder welche man missachten kann."

Ich begann, mich über mich selbst zu wundern. Hatte ich mir nur eingebildet, dass ich gelesen hätte, dass die Pyramiden auf dem Mars und dem Mond die unseren sind, oder hatte ich nur intuitiv gefühlt, dass dies irgendwann der Fall sein würde? Oder hatte ich die Passage vielleicht in einem Seth-Buch gelesen? Immer wenn man eines der Bücher erneut liest, dann ist das wie das Lesen eines völlig neuen Buches, weil es immer irgendetwas gibt, das man vorher nicht bemerkt hat. Wir lachten dann darüber und neckten uns Folgenderweise: “Oh, du musst das in einem anderen Buch gelesen haben. In meinem steht das nicht drin.” Hier nur ein Beispiel: Ich bin sicher, dass ich vor kurzem gelesen habe, dass Seth sagt, dass wir, wenn wir ein Buch lesen, die Wörter auf der Seite beim Lesen erschaffen. Hierbei handelt es sich nicht um ein genaues Zitat, und es ist vielleicht auch nicht im Verzeichnis enthalten, sondern höchsten in meinen eigenen Notizen. Dies ist eine Art von Feststellung, die sich dem Geist einprägt.

Ich hätte einfach annehmen können, dass wir unsere eigenen Ruinen auf dem Mars finden würden, nachdem wir gelesen haben, was Seth über Weltraumreisende im 15. Kapitel von *Seth Speaks* gesagt hat:

“Es hat andere große wissenschaftliche Zivilisationen gegeben; von einigen wird in Legendenform gesprochen, und andere sind völlig unbekannt.

Verschiedene Gruppen von Menschen in unterschiedlichen Reinkarnationszyklen sind von einer Krise in die andere gekommen, haben dann euren physikalischen Entwicklungspunkt erreicht und sind dann entweder darüber hinausgegangen, oder haben ihre Zivilisation zerstört.

Es wurde ihnen eine neue Chance gegeben. ... Sie begannen mit einem psychologischen Neustart, als sie neue, primitive Gruppen bildeten. Andere, welche die Probleme lösen konnten, haben euren physikalischen Planeten verlassen und sind an andere Orte des physikalischen Universums gegangen. Als sie dieses Entwicklungsniveau erreicht hatten, waren sie allerdings geistig und physisch erwachsen und in der Lage, Energien zu verwenden, von welchen ihr kein praktisches Wissen besitzt.

Für sie ist die Erde nun eine legendäre Heimat. Sie bildeten neue Rassen und Arten, welche sich nicht länger an eure atmosphärischen Bedingungen anpassen konnten.

Sie haben die materielle Form aufgegeben. Diese Gruppe aus Wesen besitzt noch immer ein großes Interesse an der Erde. Sie unterstützen sie und übertragen Energie. In einer bestimmten Art könne man sie als Götter der Erde betrachten.

Auf eurem Planeten waren sie an drei verschiedenen Zivilisationen beteiligt, die lange vor Atlantis existiert haben; als sich euer Planet tatsächlich selbst an einer anderen Position befand.

Die Pole waren vertauscht -- genauso wie sie das auch für drei lange Zeiträume in der Geschichte der Erde waren. Diese Zivilisation war hochtechnologisch."

Seth führt diese Dinge in dem ersten Band von *The Unknown Reality* noch weiter aus, wenn er über mögliche Technologien in der Sitzung 702 spricht:

"Es hat auf eurem Planeten tatsächlich Zivilisationen gegeben, welche genau wie ihr, und ohne die Hilfe irgendeiner Technologie, das Gefüge der Planeten und Sterne verstanden haben -- Leute, welche sogar "spätere" globale Veränderungen vorhergesehen haben. Sie verwendeten eine mentale Physik. Es gab schon vor euch Menschen, die auf den Mond gereist sind, und welche genau so wissenschaftliche Daten zurückgebracht haben. Es waren jene, welche den "Ursprung" des Sonnensystems wesentlich besser verstanden haben als ihr. Einige dieser Zivilisationen benötigte keine Raumschiffe. Mit Hilfe mentaler Kräfte führten sie nicht nur Reisen durch den Raum, sondern auch durch die Zeit durch. Es gab Zeichnungen von Atomen und Molekülen, welche von geschulten Frauen und Männern gezeichnet worden waren."

In der 40. Sitzung am 1. April 1964 um 10:43 Uhr sagt Seth in bezug auf Weltraumreisen Folgendes: "In euren Begriffen wird es zu lange dauern, dorthin zu kommen, wohin ihr wollt.

Die Wissenschaftler werden nach einfacheren Methoden Ausschau halten. ... Die erste wirklich wichtige Entdeckung wird durch einen orthodoxen Wissenschaftler aus reiner Verzweiflung gemacht werden. Die Wissenschaftler sind auch schon heute gezwungen, die Möglichkeit der Telepathie als Kommunikationsmittel in Betracht zu ziehen. ...

Es ist leicht möglich, dass ihr hierbei nur in eine andere Ebene "reist" und keine wirklichen Weltraumreisen macht. Aber am Anfang werdet ihr den Unterschied noch nicht erkennen können."

Dann in der 45. Sitzung sagt Seth weiter: "Die Hypnose wird immer mehr zu einem Werkzeug der wissenschaftlichen Untersuchung werden. Die Telepathie wird zweifelsfrei erwiesen und verwendet werden, leider am Anfang nur für Kriegszwecke und Intrigen. Trotzdem wird es die Telepathie ermöglichen, dass ihr zum ersten Mal Kontakt mit einer außerirdischen Intelligenz aufnehmt. Dies wird anfangs nicht als solche angesehen werden.

Dieser Kontakt ist auch nicht seltsamer als der Kontakt mit mir. Weil ihr jedoch mit der Verdeckung der tatsächlichen Realität so beschäftigt seid, wird der Kontakt mit einer solchen Intelligenz als herausragende Entdeckung angesehen werden. ...

Der tatsächliche telepathische Kontakt mit einer außerirdischen Intelligenz wird vielleicht im Jahr 2001 stattfinden. ...

Zu diesem Zeitpunkt werdet ihr dann auch entdecken, dass eure derzeitige Theorie eines sich ausdehnenden Universums falsch ist; und dieser Fehler wird sich auf eure Berechnungen in bezug auf die exakte Position der kontaktierten Intelligenz im Weltraum auswirken. Der Kontakt wird, glaube ich, in Australien stattfinden."

Im Jahr 1997 entstand der Film *Contact*. Der Film, der in Australien spielt, handelt von einer Frau, die Kontakt mit einem Außerirdischen aufnimmt.

Und dann stieß ich auf die größte Überraschung bis dahin, und sie befindet sich nicht in den späteren Seth-Büchern. Seth mochte es nicht, Vorhersagen zu machen, da, wie er oft in seinen Büchern erklärt, es in Wirklichkeit keine Zukunft, keine Vergangenheit und auch keine Gegenwart gibt, sondern nur eine simultane Zeit, wobei alles gleichzeitig geschieht, und außerdem besitzen wir einen freien Willen. Wir erschaffen unsere eigene Realität, ein Ausdruck, der ursprünglich von Seth stammt und sich nun im allgemeinen Gebrauch befindet. Wenn wir unsere inneren Sinne verwenden, wie z.B. Träume, dann haben wir die Möglichkeit, Veränderungen zu machen und jede beliebige Vorhersage abzulehnen oder anzunehmen. Dies ist der Grund, weshalb so viele Vorhersagen falsch sind. Eine Person, welche eine Vorhersage erhält, kann den vorhergesagten Ausgang verändern.

Bei dem Buch *The Early Session* handelt es sich um sechs bis zehn Bücher, die von Seth diktiert wurden, und zwar vor den tatsächlichen Seth-Büchern. Zum jetzigen Zeitpunkt im April 1999 sind vier dieser Bücher vom Verlag New Awareness Network, Inc. erhältlich, da es Jane Roberts letzter Wunsch war, dass alle Bücher veröffentlicht werden.

Ab dem November 1963 trainierte Seth Jane in der Kunst des Channelings und sie erhielt das gesamte Hintergrundmaterial für die Reihe von Büchern, welche er später diktieren würde, und deren Absicht es war, die menschliche Rasse an das zu erinnern, was sie "vergessen" hatte, wie Seth es ausdrückte. Er zog all die vorangegangenen Arbeiten der großen Philosophen und Metaphysiker heran und brachte dann alles in einer leicht verständlichen Sprache vor, welche dem westlichen, wissenschaftlichen Geist am ehesten entsprach. Er wusste, dass die Welt bereit war. Sehen wir uns z.B. einen Ausschnitt aus der 55 Sitzung an:

"Eure Vorstellung des Todes basiert auf eurer Abhängigkeit von den äußeren Sinnen. Ihr werdet lernen, dass es möglich ist, und zwar nicht durch eine physikalische Handlung, den physikalischen Körper aufzugeben, die Atome und Moleküle als Trittbrett für ein bestimmtes Ziel zu verwenden, und den physikalischen Körper am anderen Ende wieder neu aufzubauen."

Hört sich das nicht an wie "Beam mich nach oben, Scotty" aus den alten Star-Trek-Fernsehserien?

"Wirkliche Weltraumreisen sind natürlich auch Zeit-Raum-Reisen, bei denen ihr gelernt habt, Punkte in eurem eigenen Universum als "dreidimensionale Anhaltspunkte" zu verwenden, welche als Eintrittspunkt in andere Welten dienen können.

In der Sitzung 713 vom 16. Oktober 1974 sagte Seth: "Eure eigenen Koordinaten halten euch davon ab, zu erkennen, dass es andere Intelligenzen gibt, sogar in eurem eigenen Sonnensystem. Ihr werdet sie niemals in eurer äußeren Realität treffen, weil ihr nicht auf die Zeitperiode ihrer Existenz fokussiert seid. Ihr könnt den "gleichen Planeten", auf dem sie wohnen, physikalisch besuchen, aber für euch wird der Planet kahl erscheinen und kein Leben tragen. Umgekehrt können auch andere Besucher euren Planeten besuchen, und zu den gleichen Ergebnissen gelangen.

Es gibt innere Koordinaten, welche mit dem inneren Verhalten von Elektronen zu tun haben. Falls ihr das versteht, dann könnten solche Reisen relativ spontan vorsichgehen. Die Koordinaten, welche euch mit anderen verbinden, die mehr oder minder von eurer Art sind, haben mit psychischen und psychologischen Kreuzungen zu tun, welche einen Raum-Zeit-Rahmen ergeben."

In der 16. Sitzung im Januar 1964 drückte Seth seine Überraschung darüber aus, dass wir überhaupt in der Lage sind, Fliegende Untertassen zu sehen, und fuhr fort, einige Dinge über ihren Ursprung zu erklären, obwohl er nicht viel über sie wusste.

"Es sind Wesen aus anderen Ebenen in eurer Mitte aufgetaucht, und zwar manchmal absichtlich und manchmal unabsichtlich. ... Normalerweise wenn sie das getan haben, waren sie auf eurer Ebene unsichtbar, genauso wie die wenigen von euch, welche in die Vergangenheit oder die scheinbare Vergangenheit geraten sind, für die Leute in der Vergangenheit unsichtbar waren.

Die Fliegenden Untertassen kommen aus einer anderen Ebene, welche technologisch weiter entwickelt ist. ... Die Atome und Moleküle, aus denen das UFO aufgebaut ist, und die selbst durch die Vitalität gebildet werden, sind mehr oder minder nach einem Muster ihres eigenen Territoriums angeordnet. Wenn das Fahrzeug nun in eure Ebene eintritt, kommt es zu einer Verzerrung. ... Diese Fahrzeuge können in eurer Ebene nicht lange bleiben. Der Druck, der auf die Untertasse wirkt, ist gewaltig. ... Aus diesem Grund machen sie nur einen kurzen Blick in eure Ebene."

Es ist interessant anzumerken, dass Seth UFOs in den Sechziger und Siebziger Jahren diskutiert hat, und obwohl er glaubte, dass uns Wesen aus einer anderen Ebene und anderen Planeten besucht hatten, so sagte er weder etwas über tatsächliche physikalische Kontakte noch erwähnte er die Entführung als tatsächliche physikalische Erfahrung.

Ein Freund von mir, welcher seine Metaphysik kannte und das Seth-Material verstand, erzählte mir einmal von einem sehr lebhaften Traum, den er eines Nachts gehabt hatte. Im Traum wurde er sich einiger Außerirdischer bewusst, die auf ihn zukamen, und er wusste, dass sie planten ihn zu entführen, und irgendwelche Experimente an ihm durchzuführen. Sie kamen ihm so nahe, dass er spüren konnte, wie sie ihn packten. Er hatte fürchterliche Angst. Dann erinnerte er sich, dass er träumte, und dass er seine eigene Realität und seine eigenen Träume erzeugte. Ab diesem Zeitpunkt in seinem Traum vertraute er auf seine eigene Macht, veränderte willentlich die Realität des Traumes, und wachte dann auf.

Dies führte natürlich zu langen Diskussionen über Raum-Zeit-Reisen und Träumen als Vehikel für Reisen, außerkörperlichen Erfahrungen, Reinkarnation und simultaner Zeit.

Jane Roberts starb im Jahr 1984, und obwohl es auch noch andere Leute gibt, welche Seth channeln, so channeln sie ihren eigenen Seth, nicht den von Jane. Dies ist ein großer Unterschied.

Nun befinden wir uns im Jahr 1999 -- und vieles, was uns Seth erzählt hat, wird bald geschehen. Letztes Jahr bei einem Treffen von Jane Roberts/Seth-Fans sagte Mill, der durch Harry Johnson in London spricht, Folgendes: “Ihr werdet in den nächsten 50 bis 100 Jahren herausfinden, dass ein Transport mit Fahrzeugen nicht länger notwendig ist, da ihr eure eigene Fähigkeit benutzen werdet, das Muster eures Körpers aufzulösen und es an einem anderen Ort wieder aufzubauen. Nun, das scheint lächerlich zu sein, etwas, das man in Fernsehfilmen sehen kann. Aber dies ist möglich: In 70 Jahren wird es eine Realität sein. ... Ich bin davon überzeugt, dass sich im Laufe der Zeit eine geistige Fähigkeit entwickeln wird, durch welche eine Teleportation einer Person möglich sein wird. Dies ist der einzige Weg, um andere Planeten zu besiedeln und mit anderen Galaxien Kontakt aufzunehmen.

Dies ist die Zukunft, in welche ich mich projizieren möchte. Es ist eine Zukunft, in welcher die Leute Zeit haben, ihr inneres

Selbst genauso zu kultivieren, wie ihr äußeres Selbst. Es ist eine Zeit gewaltiger, mentaler Entwicklung, so dass die Kinder ... in der Lage sein werden, sich an einen beliebigen Ort auf der Erde zu teleportieren und miteinander mental zu kommunizieren."

Bei Mill handelt es sich, wie bei Seth, um eine "Energiepersönlichkeitsessenz". Allerdings hatte Mill nie eine Inkarnation auf dieser Erde. Er hat die Leute durch Harry Johnson studiert und plant, sich in den nächsten 25-30 Jahren zu inkarnieren. Was bedeutet, dass wir immer noch hier sein werden und unsere Erde immer noch intakt sein wird. Ich glaube, dass wir unsere eigenen Retter sind -- und wäre es kein Spaß, wenn wir statt in den Ruinen einer legendären, untergegangenen Stadt im Dschungel, in einer mit Leben gefüllten Stadt spazieren gehen könnten?

7. KAPITEL

DIE FLÜGELMACHER & ZEITREISEN

DIE ACIO 1 ZEITKAPSEL

Die Vergangenheit ist der Beginn eines Beginns, und all das, was ist und gewesen ist, ist nur das Zwielicht des Abends.
H.G. Wells in *The Discovery of the Future* (1901).

Die Wahrheit ist seltsamer als die Fiktion, weil die Fiktion Sinn machen muss.
Aus einer Internet-Seite.

Die folgende Geschichte ist dem Internet entnommen. Der Herausgeber kann nicht sagen, ob sie wahr ist, oder nicht. Dieser Artikel stammt aus der Internet-Seite "The WingMakers" und wurde im Dezember 1998 in das Internet gesetzt:

EINE KURZE ZUSAMMENFASSUNG UND HINTERGRÜNDE

Im Jahr 1972 fand eine Gruppe von Motorradfahrern in einem abgelegenen Teil im nördlichen New Mexico in einem seltsamen Canyon ein paar außergewöhnliche Werkzeuge und Felsmalereien. Ein Archäologe von der Universität von New Mexico untersuchte die Werkzeuge und suchte die Gegend, wo sie entdeckt worden waren ab, fand aber keine Anzeichen, dass sich irgendeine prähistorische Kultur hier ständig angesiedelt hatte. Man nahm an, dass irgendein amerikanischer Indianerstamm den Canyon zeitweise besiedelt und als Folge einige Werkzeuge zurückgelassen hatte.

Es gab allerdings zwei ungelöste Fragen. Alle Werkzeuge, außer eines, konnten auf das 8. Jahrhundert n. Chr. datiert werden. Die Ausnahme, welche als "Kompass-Werkzeug" bekannt ist, schien von fortschrittlicher Technik zu sein, obwohl es unter anderen typischen Dingen, wie Tonwaren und einfachen Werkzeugen, gefunden worden war. Der Kompass war mit seltsamen, hieroglyphischen Symbolen bedruckt, genauso wie ein Teil der Tonwaren. Zweitens waren die Höhlenmalereien, welche in dem Gebiet gefunden worden waren, auf unerklärliche Weise verschwunden, und außerdem waren sie völlig verschieden von den anderen Malereien oder Felskunstwerken, die im Südwesten oder im ganzen Kontinent gefunden werden konnten.

Aufgrund dieser beiden Anomalien wurden die Werkzeuge und das gesamte Projekt sofort der amerikanischen Regierung unterstellt, oder besser gesagt der NSA (National Security Agency). Man ging davon aus, dass diese Werkzeuge auf Außerirdische hindeuteten, welche in prähistorischer Zeit die Erde besuchten, und dass die NSA die geeigneten Mittel hatte, eine größere Expedition auszurüsten, um die Natur und die Bedeutung des Ortes zu untersuchen und zu bestimmen.

Das Gebiet wurde von einer Geheimabteilung der NSA im Jahr 1973 komplett durchsucht, was jedoch nur zu ein paar zusätzlichen Funden führte, von denen keiner auf eine außerirdische Technologie hinwies. Es wurden zusätzliche Symbole gefunden, aber sie zu entziffern erwies sich als ein schwieriges und frustrierendes Vorhaben. Es wurden andere Experten zu Hilfe geholt, aber es war unmöglich, sich auf die Bedeutung der Malereien zu einigen. Genauso schnell wie das Projekt eine hohe Prioritätsstufe erlangt hatte, verschwand dann auch alles in den

Archiven der NSA, und zwar unter dem Codewort *Ancient Arrow* (frühgeschichtlicher Pfeil).

Einundzwanzig Jahre später, im Jahr 1994, führten Erdrutsche dazu, dass der Zugang zu einer Höhle geöffnet wurde. Der Canyon befand sich in einer unzugänglichen Gegend eines Naturparks, welcher dem Staat New Mexico zugehörte. Nach seiner Entdeckung im Jahr 1972 wurde er offiziell für Motorradfahrer und Camper gesperrt und in seinem natürlichen Zustand belassen. Ab und zu kamen ein paar Wissenschaftler -- von der NSA gesponsort --, um das Gebiet zu besuchen und in der Hoffnung, neue Hinweise zu entdecken, aber keiner wurde fündig.

Kurz nachdem der Erdrutsch stattgefunden hatte, besuchte eine Gruppe der NSA den Canyon, um weitere Forschungen durchzuführen. Sie entdeckten dann, dass durch den Erdrutsch der Eingang in eine versteckte Höhle frei gelegt worden war, welche tief in den Canyon hineinführte.

Im hinteren Teil dieser Höhle entdeckte das Forschungsteam einen gut versteckten Eingang in das Innere des Canyons. Hier stießen sie auf ein System von Tunneln und Kammern, welche aus dem harten Stein herausgearbeitet worden waren. Es waren insgesamt 23 Kammern vorhanden, die alle in komplizierter Weise durch einen inneren Korridor verbunden waren, und in jeder Kammer waren bestimmte Malereien vorhanden, Hieroglyphen, und das, was wie eine nicht mehr benutzte außerirdische Technologie aussah.

Sobald dieser Eingang zu der Höhle gefunden worden war, wurde sofort eine Akte angelegt, wobei ein Direktor für das sog. "Ancient-Arrow-Projekt" verantwortlich war. Das Projekt wurde dann offiziell der ACIO (Advanced Contact Intelligence Organization) unterstellt, welche ein Forschungsteam zusammenstellte, das aus verschiedenen Fachleuten zusammengesetzt war, um das Gebiet genau zu untersuchen und weitere Werkzeuge oder Hinweise auf den Besuch von Außerirdischen zu entdecken.

Die ACIO ist eine geheime, oder nicht anerkannte Abteilung der NSA. Ihr Sitz ist in Virginia, sie hat aber auch Personal in

Belgien, Indien und Indonesien. Ihre Mitglieder sind größtenteils unbekannt, sogar den Direktoren der NSA. Die ACIO ist die unbekannteste Organisation innerhalb der ganzen Geheimgesellschaft. Ihre Aufgabe ist es, jegliche Technologie oder Entdeckung außerirdischen Ursprungs zu untersuchen, zu assimilieren und zu duplizieren. Ihr Personal besteht hauptsächlich aus Wissenschaftlern, welche völlig anonym sind, denen jedoch Löhne im Bereich von 400 000 Dollar pro Jahr bezahlt werden, und zwar aufgrund ihrer Sicherheitsstufe und ihrem Intelligenzquotienten. Diese Geheimorganisation besitzt nicht nur ein gewaltiges Intelligenzpotential, sondern auch Technologien, welche denen aller anderen Forschungseinrichtungen auf der Erde bei weitem überlegen sind. Sie ist also mit einem Wort gesagt priviligiert.

Die Geräte, welche in dem Canyon gefunden wurden, waren für das Forschungsteam völlig unverständlich. Es gab viele Rätsel. Warum sollte eine fortschrittliche Kultur ihre Geräte in einer solch geordneten Weise zurücklassen? Welche Botschaft wollten sie damit übermitteln? Welche Technologien besaßen sie, und weshalb haben sie diese zurückgelassen? Haben sich die Schöpfer dieses Ortes mit den ansässigen Stämmen vermischt, oder blieben sie isoliert? Wer waren sie, und weshalb sind sie im 8. Jahrhundert dort gewesen? Planen sie eine Rückkehr? Dies waren nur einige der Fragen, welchen das Forschungsteam gegenüberstand.

Während der gesamten sieben Monate der Restaurierung, Katalogisierung und Analyse blieb das "Ancient-Arrow-Projekt" ein völliges Rätsel. Es wurde allerdings mehr Energie darauf verwendet die Geräte zu erhalten, als das Rätsel ihrer Existenz zu lösen, obwohl bei allen Unterredungen die verschiedensten Spekulationen geäußert wurden. Allmählich schälte sich jedoch die Hypothese heraus, dass eine außerirdische Kultur im 8. Jahrhundert auf der Erde eine Kolonie gegründet, und sich im Bereich des Canyon isoliert hatte. Ihre Mission bestand darin, eine massive "Zeitkapsel" zurückzulassen, welche im späten 20. Jahrhundert entdeckt werden sollte. Während dem

Forschungsteam die tatsächliche Natur der Zeitkapsel unklar war, so schien es allerdings möglich, dass es sich um irgendeinen kulturellen Austausch handelte und keine Invasionsabsicht dahinterstand.

Ein Forschungsteam benötigte fast zwei Jahre, nachdem die Restaurierungsarbeiten abgeschlossen waren, um die Bedeutung der Geräte herauszufinden. Die 23 separaten Kammern schienen so verbunden zu sein, um eine bestimmte Botschaft zu vermitteln. In der 23. und letzten Kammer entdeckten sie eine kleine optische Scheibe, die anscheinend digitale Informationen enthielt, welche der Schlüssel zur Entzifferung der Geräte war. Die Wissenschaftler untersuchten die Scheibe, aber sie konnten keinen Zugang zu den darauf befindlichen Informationen erlangen.

Die besten Computerexperten wurden herbeigerufen, um den Code der Scheibe herauszufinden, jedoch ohne Erfolg. Man versuchte noch mehrere Monate mit den verschiedensten Methoden, den Inhalt der Scheibe zu analysieren, aber es gelang nicht. Das "Ancient-Arrow-Projekt" war zum ersten Mal - nach fast einem Jahr - in einer Sackgasse gelandet, und die Finanzierung des Projekts durch die ACIO neigte sich dem Ende zu.

Nach zwei weiteren Monaten erfolgloser Anstrengungen kam man zu dem Entschluss, dass die Technologie, um die Scheibe zu entschlüsseln, einfach nicht vorhanden war. Die optische Scheibe und all die anderen Geräte und Funde sollten sicher gelagert werden, bis die Technologie verfügbar sein würde, um die Scheibe zu entschlüsseln. Man nahm an, dass auf der Scheibe Sternentabellen, Übersetzungsverzeichnisse, Wörterbücher und all die Antworten der verschiedenen Geheimnisse ihres Schöpfers und deren Absichten in bezug auf die Erde vorhanden waren.

Selbst wenn auch die optische Scheibe als Schlüssel für die Entschlüsselung der Bedeutung der Zeitkapsel angesehen wurde, so hatte die ACIO doch keine andere Wahl, als das Projekt auf Eis zu legen und auf die Entwicklung von Technologien zu warten, welche die Entschlüsselung der Scheibe erlaubten. Allerdings gab es zwei Wissenschaftler aus dem Forschungsteam, welche die Theorie aufstellten, dass die Scheibe entschlüsselt werden könnte, wenn man die Bedeutung der Wandmalereien in jeder der 23 Kammern verstünde. Nach ihrer Meinung war keine komplizierte, technologische Lösung notwendig, sondern es handelte sich eher um eine Frage der Übersetzung.

Nachdem es den Forschern endlich gelungen war, die ACIO von ihrer Ansicht zu überzeugen, erhielten sie die Erlaubnis, ein Duplikat des Inhalts der Zeitkapsel zusammenzustellen. Dieses bestand aus den detaillierten Zeichnungen und Fotografien aller gefundenen Gegenstände aus den 23 Kammern, eingeschlossen hochauflösender Fotografien der Wandmalereien. Den zwei Wissenschaftlern wurde erlaubt, ihre Forschungen in ihrer Freizeit weiter zu führen, vorausgesetzt, sie hielten alles streng geheim und leiteten all ihre Funde direkt an die ACIO und den Projektdirektor weiter.

Die optische Scheibe wurde sicher in einem Tresor der ACIO aufbewahrt. Das Projekt wurde offiziell eingestellt und das ganze Personal anderen Projekten zugeteilt. Über das "Ancient-Arrow-Projekt" sollte nicht mehr gesprochen werden, bis Technologien oder andere Mittel zur Verfügung stünden, um die optische Scheibe zu entschlüsseln und damit Zugang zu ihrem Inhalt zu erhalten.

Die beiden Wissenschaftler verbrachten fünf Monate damit, die Schriften zu entschlüsseln und die Scheibe zu dekodieren, jedoch ohne Erfolg. Während dieser Zeit experimentierte die ACIO regelmäßig mit neuen Technologien oder Methoden, aber auch ihnen gelang es nicht, an den Inhalt der optischen Scheibe heranzukommen.

Eines Tages, im Spätsommer des Jahres 1996, hatte einer der Wissenschaftler (ein Linguistik-Experte) eine Idee, wie man die optische Scheibe entschlüsseln könnte, und zwar dadurch, wenn man die Symbole der Wandmalereien mit dem ähnlichsten sumerischen Text verglich. Wenn es auch die sumerische Sprache nicht mehr gibt, so verstand sie dieser Wissenschaftler doch ausreichend, so dass es ihm möglich war, die Malereien zu entschlüsseln, und indem er die 23 Wörter in die gleiche Ordnung wie in den Kammern brachte, war er auch in der Lage, den Zugang zur optischen Scheibe zu finden.

Die Verbindung zwischen der sumerischen Sprache und der Zeitkapsel war der Durchbruch, auf welchen das ACIO-Team gewartet hatte. Durch eine einfache Reihe von 23 Wörtern konnten die 8 000 Seiten der optischen Scheibe entschlüsselt werden. Unglücklicherweise waren die Daten unverständlich, weil der Computer nicht in der Lage war, die Hieroglyphen zu verarbeiten. Aus diesem Grund musste zuerst ein Übersetzungsindex aufgestellt werden, was weitere sechs Monate Zeit in Anspruch nahm.

Als dieser Index dann in den Computer einprogrammiert worden war, konnten die Daten in Hieroglyphenform ausgedruckt, oder auf dem Bildschirm betrachtet werden, allerdings mussten sie erst noch ins Englische übersetzt werden. Dieser Übersetzungsprozess war äußerst zeitraubend und konnte auch nicht durch Computer erleichtert werden, da der Text sprachliche Feinheiten und komplizierte Verbindungen mit den Wandmalereien aufwies.

Als eine teilweise Übersetzung fertig gestellt worden war, erkannte man, dass sogar innerhalb der optischen Scheibe eine Unterteilung der Daten in 23 Einheiten vorhanden sein müsste. Jede Einheit schien zu einer bestimmten Kammer zu gehören. Als die ersten beiden Kammern übersetzt worden waren, zeigte sich weiterhin, dass jede Einheit philosophische und wissenschaftliche Aufzeichnungen, Gedichte, Musik und eine Einführung in die Kultur und Identität ihrer Schöpfer enthielt.

Die Schöpfer der Zeitkapsel bezeichneten sich selbst als "WingMakers" ("Flügelmacher"). Sie lieferten eine Zukunftsversion der Menschen, welche ungefähr 750 Jahre in unserer Zukunft lebten. Sie behaupteten, dass sie Kulturbewahrer seien, oder solche, welche der Menschheit den Samen der Kunst, Wissenschaft und Philosophie brächten. Sie hatten insgesamt sieben Zeitkapseln in verschiedenen Teilen der Welt zurückgelassen, welche nach einer wohl geplanten Reihenfolge entdeckt werden sollten. Ihr offensichtliches Ziel bestand darin, den nachfolgenden Generationen der Menschen zu helfen, eine globale Kultur und ein einheitliches System der Philosophie, Wissenschaft und Kunst zu entwickeln.

Anfang des Jahres 1997 wurde der ACIO-Wissenschaftler, welcher ursprünglich den Zugangscode für die optische Scheibe gefunden hatte, in seltsamer Weise von der Mission der Flügelmacher eingenommen. Er war davon überzeugt, dass die ACIO die Entdeckung nie an die Öffentlichkeit bringen würde, und er war der Meinung, dass sie zu bedeutend war, um zurückgehalten zu werden. Er behauptete auch, dass er sich in Kontakt mit den Flügelmachern befand, dass sie den Fortschritt des ACIO-Projekts beobachteten, und zur entsprechenden Zeit den Inhalt der Zeitkapsel für die Öffentlichkeit zugänglich machen würden.

Dies machte der ACIO Sorge, vor allem dem Direktor des Projekts, der schließlich vorschlug, dass der Wissenschaftler sofort das Projekt verlassen sollte. Der Wissenschaftler hatte Angst, dass sein Erinnerungsvermögen beeinträchtigt oder gar ganz ausgelöscht würde, und so verließ er die ACIO, was bisher noch kein Mitarbeiter der ACIO getan hatte.

Bald danach verschwand der Wissenschaftler. Kurz vor seinem Verschwinden konnte er jedoch einen Teil des Materials der Flügelmacher an einen Journalisten übergeben, den er blindlings ausgesucht hatte.

Der Autor dieses Dokuments ist dieser Journalist. Ich bin in Besitz von Fotografien, Musik, Gedichten, Kunstwerken, Übersetzungstabellen, Kopien von Geheimdokumenten und einer Reihe übersetzter philosphischer Texte, welche alle aus dem "Ancient-Arrow-Projekt" stammen. Ich habe jede mögliche Vorkehrung getroffen, um anonym zu bleiben, so dass man mich nicht auffinden kann. Ich bin davon überzeugt, dass diese Materialien entgegen den Wünschen einer Geheimorganisation, die eine Macht besitzt, von der vielleicht nicht einmal unsere Regierung eine Ahnung hat, veröffentlicht wurden.

Bevor der ACIO-Wissenschaftler (den ich von nun an als Dr. Anderson bezeichnen will) mit mir Kontakt aufnam, hatte ich kein großes, bis überhaupt kein Interesse an Zeitreisen, Außerirdischen, Geheimorganisationen oder irgendetwas Ähnlichem. Als ich die Geschichte zum ersten Mal hörte, erschien sie mir absurd, aber ich bewahrte meine journalistische Objektivität und traf mich mit Dr. Anderson, und widerstrebend musste ich mir eingestehen, dass es für eine Person kaum möglich war, eine solche Geschichte zu erfinden, die so detailliert war und von so vielen Beweisen unterstützt wurde. Außerdem wollte Dr. Anderson auch noch anonym bleiben.

Dr. Anderson hatte Dateien von Fotografien und Zeichnungen von seltsam aussehenden technischen Geräten mitgebracht, welche auf ihrem Gehäuse ungewöhnliche Symbole eingraviert hatten, weiterhin Forschungsberichte in bezug auf die Übersetzungstafeln, Codeprotokolle, Sternentafeln und Dutzende von Notizen aus ACIO, in denen das "Ancient-Arrow-Projekt" diskutiert wurde. Alles, eingeschlossen die 400 Seiten philosophischer Texte, wiesen eine Authentizität auf, die untadelhaft war und nicht ignoriert werden konnte.

Aus Fairness zu solchen, welche vorschlagen werden, dass ich zuerst weitere Nachforschungen anstellen hätte sollen, um eine unabhängige Bestätigung zu erlangen, lassen Sie mich sagen, dass ich nicht in der Lage bin, diese Geschichte zu bestätigen, und zwar aufgrund der inneren Natur der ACIO. Allerdings vertraue ich Dr. Anderson, aus welchen Gründen auch immer. Er verlangte nichts von mir. Er wollte kein Geld oder Anerkennung. Seine einzige Bitte bestand darin, dass ich entscheiden sollte, wie das Material am besten an die Öffentlichkeit gebracht werden könnte.

Er gab mir den Rat, nicht bei der ACIO nachzuforschen, da er davon überzeugt war, dass die NSA Fehlinformationen liefern und ich hierbei nur meine Zeit verschwenden würde, und das Ziel der Veröffentlichung des Materials dann nur schwierig, wenn überhaupt, erreichbar wäre.

Ich habe auch mit keiner anderen Regierungsstelle Kontakt aufgenommen, weil Dr. Anderson mir gesagt hatte, dass ihm dann die ACIO auf die Spur kommen würde, welche sowohl in der NSA, als auch in der CIA hochrangige Vertreter hat, und ich im besten Fall Fehlinformationen von einer der beiden Organisationen erhalten würde. Ich bin im Besitz bestimmter Dokumente, welche ich nicht auf der Internetseite der Flügelmacher publik machen werde, aber falls mir irgendetwas zustoßen würde, habe ich arrangiert, dass diese Dokumente an große Mediengesellschaften gehen, mit denen ich Kontakt habe. Dies ist meine einzige Versicherung in bezug auf die Veröffentlichung dieser Materialien.

Mein einziges Interesse besteht darin, diese Materialien zu veröffentlichen, und dann können Sie entscheiden, was Sie damit machen. Sie werden vielleicht die Politiker unter Druck setzen, um irgendetwas zu unternehmen, aber das ist Ihre Sache. Ich bin davon überzeugt, dass diese Geschichte zu wichtig ist, um in den Händen einer Eliteorganisation zu bleiben, deren einziges Interesse darin besteht, die entdeckten Technologien nachzubauen und sie für ihre Zwecke einzusetzen, wie nobel dieser Zweck auch immer sein mag.

Ich weiß natürlich auch, dass bei dem Internet Service Provider (ISP), welcher diese Webseite anbietet, Nachforschungen angestellt werden könnten, aber falls irgendein Druck auf diesen ISP angewandt wird, um diese Seiten aus dem Netz zu nehmen, kann dies auch dazu führen, dass ich die vorher erwähnten Dokumente herausgebe. Lassen Sie mich es klar sagen, diese Dokumente liefern eindeutige Beweise, dass es eine Geheimorganisation namens ACIO gibt, ihre leitenden Direktoren sind namentlich aufgeführt und ihre wirklichen Identitäten offen gelegt.

Ich habe die letzten Monate darüber nachgedacht, wie diese Materialien präsentiert werden sollten, und es schien mir am besten, diese ins Internet zu stellen, so dass ein weltweites Publikum Zugang dazu hat. Ich habe einen engen Freund, der diese Webseite produziert hat und dem ich vollkommen vertraue. Er ist der einzige, der weiß, was ich hier gemacht habe.

Sie werden vielleicht fragen, weshalb ich die Materialien, die mir Dr. Anderson gegeben hat, nicht in einer großen Medienkampagne veröffentliche. Ich kann Ihnen nur sagen, dass ich keine Zirkusatmosphäre um diese Entdeckung herum erzeugen will. Sie werden vielleicht letztendlich in den Massenmedien landen, aber jetzt habe ich instinktiv das Gefühl, dass diese Materialien in einem kleinen Rahmen veröffentlicht werden sollten. Wenn ich das so mache, dann hoffe ich, dass ich diesen Fundstücken eine Art Würde bewahren kann.

Ich war noch nie in einer Geschichte von so großer Bedeutung wie dieser verwickelt gewesen, und ich bin sicher, dass, wenn sie einige Zeit auf dieser Webseite verbringen und ihre Ungläubigkeit aufgeben, sie erkennen werden, wie wichtig die Entdeckung der Zeitkapsel ist. Das beste was Sie tun können, um zu helfen, ist, dass Sie allen über diese Entdeckung erzählen, und die Augen Ihrer politischen Vertreter öffnen. Falls Sie eigene Webseiten besitzen, dann geben Sie Links zu den Flügelmachern an.

Dr. Anderson hat mich gewarnt, dass die ACIO eine fortschrittliche Version einer Technik besitzt, die auf das basiert, was er als Fernwahrnehmung bezeichnet hat. So wie ich die Sache verstehe, handelt es sich hierbei um die Fähigkeit einer geschulten Person, den Aufenthaltsort von Leuten durch eine Art medialen Einblick zu bestimmen. Ich weiß, dass dies sehr weit hergeholt klingt, aber Dr. Anderson betonte mit Nachdruck, dass sie diese Fähigkeit besitzen würden, und dass es sich hierbei für die Mitarbeiter der ACIO um eine ihrer gefürchtetsten Technologien handele. Als Auswirkung blieb das Personal loyal.

Unglücklicherweise bin ich dadurch leider gezwungen, im Untergrund zu bleiben und die nächsten paar Monate sehr mobil zu sein, also erwarten Sie nicht, dass sich die Webseite stark verändern wird.

Glauben Sie mir, ich weiß, dass diese ganze Geschichte unmöglich erscheint, aber ich kann Ihnen nur sagen, dass ich detaillierte Zeichnungen und Fotografien der Funde aus dem Canyon besitze, und diese stammen sicherlich nicht aus unserer Zeit und von der Erde. Sie haben keine Ähnlichkeit mit irgendwelchen Dingen, die ich bisher gesehen habe. Entweder die Flügelmacher sind real, oder irgendjemand hat sich sehr viel Mühe gemacht um mich reinzulegen, und ich bin nur ein kleiner Journalist, der kein Interesse an geheimen Regierungsaktivitäten, ETs, Zeitreisen und außerirdischen Maschinen besitzt.

Ich bin nicht hier, um irgendwelche Leute zu überzeugen. Ich möchte einfach nur dieses Material publik machen, so dass es jede Person in sich aufnehmen kann, wenn sie will. Ich werde der Webseite zusätzliche Dokumente und Funde aus dem Canyon hinzufügen, wenn ich mich sicher genug fühle, dies zu tun, aber noch nicht jetzt, da auf dieser Seite genügend Stoff vorhanden ist, um jemanden mit der Kultur der Flügelmacher vertraut zu machen.

Ich hoffe, Sie haben die Zeit, sich in diesen Stoff zu vertiefen. Falls Sie es machen, werden Sie vom Ergebnis erstaunt sein.

Anne (nicht mein richtiger Name).

Verfasst am 23. Oktober 1998.

DIE FLÜGELMACHER UND DAS ZEITREISEINTERVIEW

In diesem Abschnitt finden Sie die fünf Gespräche, die im Dezember 1997 zwischen Anne und Dr. Anderson stattgefunden haben, als Anne zum ersten Mal über die Entdeckung der Zeitkapsel der Flügelmacher angesprochen wurde. Es handelt sich um die genauen Abschriften der auf Kassette aufgezeichneten Interviews, und es handelt sich vielleicht um die beste Art, die Natur dieser Entdeckung und ihrer Bedeutung zu verstehen.

Das Folgende ist eine Sitzung, welche ich am 27. Dezember mit Dr. Anderson aufgenommen habe. Er gab mir die Erlaubnis, seine Antworten auf meine Frage aufzunehmen. Dies ist das erste von fünf Interviews, das ich aufnehmen konnte, bevor er ging oder verschwand. Ich habe diese Unterredungen genauso wiedergegeben, wie sie stattgefunden haben. Es wurde nichts abgeändert, und ich habe mein bestes versucht, die genauen

Worte und die von Dr. Anderson verwendete Grammatik aufzunehmen:

Anne: “Fühlen Sie sich wohl?”

Dr. Anderson: “Ja, ja, es geht mir gut, und ich bin bereit anzufangen, wenn Sie wollen.”

Anne: “Sie haben einige sehr bemerkenswerte Behauptungen in bezug auf das “Ancient-Arrow-Projekt” aufgestellt. Können Sie mir bitte erzählen, was Ihre Aufgabe in dem Projekt war, und warum Sie sich entschlossen haben, es aus freiem Willen zu verlassen.”

Dr. Anderson: “Ich war für die Dekodierung und Übersetzung der Symbolbilder, welche in der Fundstätte entdeckt worden waren, ausgewählt worden. Ich bin ein bekannter Experte auf dem Gebiet alter Sprachen und Texte. Ich kann über 30 Sprachen fließend sprechen und noch 12 andere, welche es offiziell nicht mehr gibt. Aufgrund meiner linguistischen Fähigkeiten und meiner Geschicklichkeit in der Dekodierung von symbolischen Bildern, wie Petroglyphen und Hieroglyphen, wurde ich für diese Aufgabe ausgewählt.

Ich war von Beginn an am “Ancient-Arrow-Projekt” beteiligt, als die ACIO das Projekt von der NSA übernahm. Ich arbeitete ursprünglich zusammen mit einem Team von sieben Wissenschaftlern von der ACIO an der Entdeckung der Fundstätte und ihrer Restaurierung. Wir haben jede der 23 Kammern der Flügelmacher restauriert und alle ihre Werkzeuge und Geräte katalogisiert.

Nachdem die Restaurierung beendet war, konzentrierte ich mich immer mehr auf die Dekodierung der seltsamen Sprache und schrieb die Übersetzungstafeln für die englische Sprache. Hierbei handelte es sich um einen besonders verdrießlichen Prozess, weil in der 23. Kammer eine optische Scheibe gefunden worden war, welche durch unsere Technologie nicht gelesen werden konnte. Wir nahmen an, dass die optische Scheibe die meisten Informationen enthielt, welche uns die Flügelmacher übermitteln wollten. Allerdings konnten wir nicht herausfinden, wie wir die symbolischen Bilder in ihren Wandmalereien einsetzen konnten, um die Scheibe zu entschlüsseln.

Ich entschloss mich, das Projekt zu verlassen, nachdem es mir gelungen war, den Zugangscode für die optische Scheibe abzuleiten. Kurz danach wurde mir eines Tages bewusst, dass ich nur als Präsenz die Flügelmacher beschreiben kann. Ich hatte das Gefühl, dass sie mich besuchen würden und mir tatsächlich bei meiner Arbeit helfen würden."

Anne: "Wenn Sie sagen, dass sie Sie besucht haben, welche Beweise haben Sie dafür gehabt?"

Dr. Anderson: "Ich habe jede Woche 70 Stunden damit verbracht, die Dekodierungsformeln für die symbolischen Bilder zu finden, und dies ging acht Monate so weiter. Während dieser Zeit probierte ich jede mögliche Kombination aus, um einen Zugangscode für die optische Scheibe zu finden. Ich war davon überzeugt, dass dies der einzige Weg war, diese zu entschlüsseln. Ich war auch davon überzeugt, dass dieser absichtlich so schwierig gemacht worden war, zumindest für unsere heutigen, geistigen Fähigkeiten. Es war fast so, als ob der Kampf, ihre Sprache zu dekodieren, einen Teil meines Gehirns oder Nervensystems trainierte, so dass ich in der Lage war, mit ihnen Kontakt aufzunehmen.

Ich begann, sie zu mir sprechen zu hören. Zuerst mit einem oder zwei Wörtern ... dann einem Satz ... vielleicht nur einmal am Tag. Sie machten nicht viel Sinn ... was ich hörte. Aber als ich eines Tages an den Wandmalereien arbeitete, sah ich, dass sich in den Zeichnungen etwas bewegte. Eines der Symbole bewegte sich, und es handelte sich absolut um keine Einbildung oder optische Täuschung. Dann erkannte ich, dass die Flügelmacher mit mir in Kontakt treten konnten, dass sie in meiner Zeit waren, und dass ihre Zeichnungen irgendwie Portale waren, durch welche sie sich in der Zeit bewegten.

Von diesem Zeitpunkt an hörte ich ihre Anweisungen oder genauer gesagt ihre Gedanken. Mir wurden geistige Bilder eingegeben, in denen mir gezeigt wurde, wie die sumerische Sprache zu verwenden sei, um ihre eigenen symbolischen Bilder zu dekodieren. Ich glaubte, dass ich vielleicht verrückt würde. Ich glaubte, dass mir mein Geist irgendwelche Streiche spielte ... dass ich zu hart arbeitete und einen Urlaub nehmen sollte, aber ich hörte auf diese Stimmen, weil die Anweisungen plausibel erschienen. Als ich den Zugangscode fertig hatte und dieser funktionierte, wusste ich, dass ich wirklich mit ihnen kommunizierte."

Anne: "Haben Sie mit irgendjemand darüber gesprochen? Ich meine über die Tatsache, dass Sie mit den Flügelmachern kommuniziert haben?"

Dr. Anderson: "Das habe ich geheim gehalten. Ich wusste nicht, wie ich das Phänomen erklären konnte, und ich wollte keinen Verdacht erregen, und so ging ich meiner Arbeit nach und begann die Übersetzungstafeln für die 8 110 Seiten des Textes zu entwickeln, die auf der optischen Scheibe entdeckt worden waren. Es war wichtig, dass wir ein Wort-für-Wort-Verzeichnis hatten, um die Bedeutung der Sprache zu erhalten. ... Wir nannten diese Übersetzung granulierend. Und als ich damit anfing, die optische Scheibe zu übersetzen, begann ich fragmentarische Bilder der Flügelmacher zu sehen ... eine Art holographische Bilder, die erschienen und in ein paar Sekunden sofort wieder verschwanden.

Sie besuchten mich insgesamt dreimal -- immer bei mir Zuhause und in der Nacht -- und erzählten mir, dass ich ausgesucht worden war, um ihr Sprecher zu sein. Ich fragte sie, weshalb ich und nicht "Fifteen", und sie sagten, dass Fifteen nicht in der Lage sei für sie zu sprechen."

Anne: "Erzählen sie mir über Fifteen. Wer ist er?"

Dr. Anderson: "Fifteen ist ein Genie mit unvergleichlicher Intelligenz und Wissen. Er ist der Führer der Labyrinth-Gruppe und war dies seit deren Gründung im Jahr 1963. Er war erst 22 Jahre alt, als er der ACIO im Jahr 1956 beitrat. Ich glaube, dass er früh genug entdeckt worden war, bevor er sich eine Reputation in akademischen Kreisen aufbauen konnte. Er war ein Genie, das Computer bauen wollte, die so leistungsstark waren, dass man sie für Zeitreisen verwenden konnte. Können Sie sich vorstellen, wie ein Ziel wie dieses, Mitte der Fünfziger Jahre für seine Professoren geklungen haben mag?

Es braucht nicht betont zu werden, dass man ihn nicht ernst nahm. Man sagte ihm, dass er sich der akademischen Linie anpassen und ernstliche Forschungsarbeiten durchführen sollte. Fifteen kam über eine Verbindung zu den Bell Labors zur ACIO. Irgendwie hatten die Bell Labors etwas von seinem Genie gehört und ihn angestellt, aber er erledigte seine Forschungsarbeiten sehr schnell und wollte seine Vision der Zeitreisen verwirklichen."

Anne: "Warum war er so sehr an Zeitreisen interessiert?"

Dr. Anderson: "Das weiß keiner sicher. Und seine Gründe mögen sich mit der Zeit verändert haben. Das erklärte Ziel war die Entwicklung der "Blank-Slate-Technologie" oder BST. Hierbei handelt es sich um eine Form von Zeitreisen, wodurch die Neuschreibung der Geschichte möglich ist, und zwar an bestimmten Interventionspunkten. Interventionspunkte sind die ursächlichen Energiezentren, durch welche große Ereignisse, wie der Zusammenbruch der Sowjetunion oder das NASA-Raumfahrtprogramm erzeugt werden.

BST ist die fortschrittlichste Technik, und jeder, der sich im Besitz von BST befindet, kann sich selbst gegen jeden Angreifer schützen. Es ist der Schlüssel zur Freiheit, wie Fifteen immer sagte. Erinnern Sie sich daran, dass die ACIO die primäre Schnittstelle zu außerirdischen Technologien ist und es deren Aufgabe ist, diese an die normale Gesellschaft anzupassen und für militärische Entwicklungen einzusetzen. Wir hatten Kontakt mit ETs und wussten von ihren Vorhaben. Einige dieser ETs haben die ACIO das Fürchten gelernt."

Anne: "Weshalb?"

Dr. Anderson: "Es gab Vereinbarungen mit unserer Regierung, speziell der NSA, mit einer ET-Art zusammenzuarbeiten, welche allgemein als die Grauen bekannt ist. Als Austausch für ihre Kooperation konnte sie im geheimen agieren und ihre biologischen Experimente unter dem Mantel der Geheimhaltung durchführen. Es gab auch ein Technologieaustauschprogramm, aber das ist eine andere Geschichte. ... Allerdings waren nicht alle Grauen der gleichen Ansicht. Es gab eine bestimmte Gruppe von Grauen, welche die Menschen in der gleichen Weise betrachtete, wie wir Versuchstiere betrachten.

Sie haben Menschen und Tiere entführt, und das haben sie die letzten 48 Jahre gemacht. ... Sie führen im Grunde genommen biologische Experimente durch, um herauszufinden, wie ihre Gene mit der menschlichen und tierischen Genstruktur kompatibel gemacht werden können. Ihre Ziele werden nicht völlig verstanden, aber wenn man ihren Angaben glauben darf, dann wollen sie hierdurch ihre Art aufrecht erhalten. Ihre Art ist nahe an der Auslöschung, und sie haben Angst, dass ihrem biologischen System die emotionelle Entwicklung fehlt, um ihre technologische Überlegenheit in einer verantwortlichen Art und Weise zu nutzen.

Fifteen wurde als Vertreter der ACIO von den Grauen angesprochen, und sie wollten ein komplettes Technologietransferprogramm aufbauen, aber Fifteen lehnte dies ab. Er hatte mit dem "Corteum" schon ein TTP (Technologietransferprogramm) ausgemacht und glaubte, dass die Grauen zu zersplittert waren, um ihre Versprechungen überhaupt halten zu können. Außerdem war die "Corteum-Technologie" in vieler Hinsicht besser als diejenige der Grauen, mit Ausnahme der Gedächtnisimplantate und den genetischen Hybridtechnologien.

Allerdings zogen Fifteen und die gesamte Labyrinth-Gruppe eine Allianz mit den Grauen sorgfältig in Betracht, selbst wenn auch aus keinen anderen Gründen, als um nur in direktem Kontakt mit diesen zu bleiben und deren Absichten zu erfahren. Fifteen wollte wissen, was sie vorhatten. Und so bildeten wir schließlich eine Allianz, die darin bestand, dass es zu einem bescheidenen Informationsaustausch zwischen uns kam. Wir erlaubten ihnen den Zugang zu unseren Informationssystemen in bezug auf die genetische Bevölkerungsstruktur und ihren einzigartigen Neigungen in bezug auf eine Reihe von Kriterien, eingeschlossen geistiger, emotionaler und körperlicher Verhalten; und sie versorgten uns im Ausgleich dazu mit ihren genetischen Forschungsergebnissen.

Die Grauen und die meisten Außerirdischen kommunizieren mit den Menschen hierbei ausschließlich durch eine Form der Telepathie, welche wir als suggestive Telepathie bezeichnen, weil es für uns schien, dass die Grauen in einer solchen Art und Weise kommunizierten, indem sie versuchten, die Unterhaltung auf ein bestimmtes Endziel hin zu führen. Anders ausgedrückt hatten sie also immer ein bestimmtes Ziel, und wir waren nie sicher, ob wir in diesem Spiel nur als Schachfiguren eingesetzt wurden oder tatsächlich zu Schlussfolgerungen kamen, welche unsere eigenen waren.

Ich glaube, dass dies der Grund war, weshalb Fifteen den Grauen nicht vertraute. Er meinte, dass sie die Unterhaltung dazu verwendeten, um den Ausgang zu ihren Gunsten zu manipulieren. Und aufgrund dieses Fehlens an Vertrauen weigerte sich Fifteen irgendeine Allianz oder TTP zu bilden, welche Einfluss auf die Operationen der ACIO oder der Labyrinth-Gruppe hatte."

Anne: "Wussten die Grauen von der Existenz der Labyrinth-Gruppe?"

Dr. Anderson: "Das glaube ich nicht. Sie waren allgemein davon überzeugt, dass die Menschen nicht raffiniert genug waren, um ihre Vorhaben zu verheimlichen. Wir waren zu dem Schluss gekommen, dass die Grauen Invasionstechnologien besaßen, welche ihnen ein falsches Gefühl der Sicherheit in bezug auf die Schwäche ihrer Feinde gaben. Ich will nicht sagen, dass wir Feinde waren, aber wir vertrauten ihnen nie. Und das wussten sie zweifelsohne. Sie wussten auch, dass sie Technologien und intelligente Leute hatten, welche der durchschnittlichen, menschlichen Bevölkerung überlegen waren, und sie hatten ein wenig Respekt -- vielleicht sogar Angst -- vor unseren Fähigkeiten."

"Allerdings haben wir ihnen nie unsere Technologien gezeigt oder uns auf tiefer gehende Gespräche über Kosmologie und neue Physik eingelassen. Sie waren klarerweise an unseren Informationsunterlagen interessiert, und dies war in bezug auf die

ACIO ihr Hauptinteresse. Fifteen war die hauptsächliche Schnittstelle mit den Grauen, weil sie fühlten, dass er einen vergleichbaren Intellekt besaß."

Anne: "Wie ist Fifteen sowohl der Führer der ACIO als auch der Labyrinth-Gruppe geworden?"

Dr. Anderson: "Er war der Direktor der Forschungsabteilung im Jahr 1958, als das Corteum zum ersten Mal als ACIO bekannt wurde. In dieser Position war er der logische Kandidat, um ihre Technologie einzuschätzen und ihren Wert für die ACIO zu bestimmen. Das Corteum mochte ihn sofort, und eine der ersten Entscheidungen von Fifteen war, dass er die Intelligenzbeschleunigungstechnologien des Corteums auf sich selbst anwendete. Nach ungefähr drei Monaten des Experimentierens hatte Fifteen eine heftige Vision in bezug auf die Erzeugung einer BST.

Der Verwaltungsdirektor der ACIO war von der Intensität von Fifteens BST-Plänen erschrocken und glaubte, dass er damit zu stark von der Linie der ACIO abwich. Fifteen suchte daraufhin um Unterstützung beim Corteum nach, um die Labyrinth-Gruppe zu gründen. Das Corteum war, aus ähnlichen Gründen wie Fifteen, an BST interessiert. Der Freiheitsschlüssel, wie BST auch manchmal bezeichnet wird, wurde als das Hauptziel der Labyrinth-Gruppe und des Corteums aufgestellt, und das Corteum und Fifteen waren die Gründungsmitglieder.

Die nächsten Jahre suchte Fifteen die Creme de la creme der Wissenschaftler der ACIO aus, um sie einem ähnlichen Intelligenzbeschleunigungsprogramm zu unterziehen, das auch er gemacht hatte, und zwar in der Absicht, eine Gruppe von Wissenschaftlern zu bilden, welche in Zusammenarbeit mit dem Corteum BST erfinden sollten. Die ACIO wurde nach der Meinung von Fifteen zu sehr von der NSA kontrolliert, und er glaubte, dass die NSA nicht reif genug war, um die Technologien, welche von der Labyrinth-Gruppe entwickelt würden, verantwortungsvoll einzusetzen. Fifteen plante also im wesentlichen die ACIO zu übernehmen, und hierbei wurde er von seinen neuen Rekruten unterstützt.

All diese Dinge passierten ein paar Jahre bevor ich als Student mit der ACIO in Kontakt kam. Mein Ziehvater war sehr angetan von Fifteens Zielen und half dabei, dass Fifteen zum Direktor der ACIO ernannt wurde. Als es zu diesem Wechsel kam, folgte eine Periode der Instabilität, aber nach ungefähr einem Jahr hatte Fifteen sowohl über die ACIO, als auch über die Labyrinth-Gruppe die völlige Kontrolle übernommen.

Von den ETs, welche in Kontakt mit der Menschheit stehen, versteht nur das Corteum die Rolle von Fifteen. Er hat eine einzigartige Vision in bezug auf die Entwicklung von BST."

Anne: "Was mach BST für Fifteen und die Labyrinth-Gruppe so zwingend notwendig?"

Dr. Anderson: "Die ACIO hat Zugang zu vielen antiken Texten, welche Prophezeiungen über die Erde enthalten. Diese wurden in den vergangenen Jahrhunderten durch ein Netzwerk aus Geheimorganisationen, von denen wir ein Teil sind, gesammelt. Diese antiken Texte sind in akademischen Einrichtungen, den Medien oder in der Gesellschaft unbekannt. Fifteen erfuhr von diesen Texten bald nachdem er Direktor der ACIO geworden war, und dieses Wissen verstärkte nur seinen Wunsch, BST zu entwickeln."

Anne: "Um welche Prophezeiungen handelt es sich und von wem stammen sie?"

Dr. Anderson: "Die Prophezeiungen stammen von verschiedenen Leuten, welche größtenteils unbekannt oder anonym sind, und wenn ich Ihnen ihre Namen nennen würde, so würde Ihnen das nichts sagen. Sie sehen also, dass Zeitreisen durch die Seele erreicht werden können. ... Hiermit meine ich, dass bestimmte Personen sich in den Bereich bewegen können, den wir als vertikale Zeit bezeichnen,d zukünftige Ereignisse mit großer Klarheit sehen können, aber sie haben nicht die Macht, diese zu verändern. Es gibt auch solche Personen, welche nach unserer Meinung in Kontakt mit den Flügelmachern gekommen sind und Informationen über die Zukunft erhalten haben, welche sie in symbolischen Bildern, oder nicht mehr existierenden Sprachen wie sumerisch oder die Maya-Sprache aufgezeichnet haben.

Die Botschaften oder Prophezeiungen, welche sie gemacht haben, wiesen einige ständig wiederkehrende Ereignisse auf, die Anfang des 21. Jahrhunderts um das Jahr 2011 eintreten sollen. Vor allem wurde von der Infiltration der wichtigsten Regierungen, eingeschlossen der amerikanischen, durch eine außerirdische Rasse berichtet. Bei dieser außerirdischen Rasse handelt es sich um eine räuberische Rasse mit einer äußerst fortschrittlichen Technologie, welche es ihnen ermöglicht, sich unter die menschliche Rasse zu mischen. Dies bedeutet, dass sie sich als Menschen ausgeben können, aber in Wirklichkeit handelt es sich um eine Mischung aus Menschen und Androiden.

Von dieser außerirdischen Rasse wurde prophezeit, dass sie eine Weltregierung errichten und als Verwaltungsmacht regieren wird. Hierbei handelt es sich um die endgültige Herausforderung für die kollektive Intelligenz der Menschheit und für deren Überleben. Diese Texte werden der Öffentlichkeit vorenthalten, weil sie zu Furcht erzeugend sind und vielleicht zu apokalyptischen Vergeltungsmaßnahmen und zu einer Massenparanoia führen würden."

Anne: "Sagen Sie wirklich, was ich denke, dass Sie sagen? Dass irgendwelche anonyme Propheten Gott weiß wo und wann eine Vision unserer Zukunft gesehen haben, in der eine Rasse aus Robotern die Erde übernimmt? Ich meine, ist Ihnen klar, wie unglaublich das klingt?"

Dr. Anderson: "Ja, ich weiß, dass es unglaublich klingt, aber die gleiche Version dieser Vorhersage taucht verstreut in unseren religiösen Texten auf; nur wird die außerirdische Rasse als der Antichrist angesehen, genauso wie die außerirdische Rasse in Form von Luzifer personifiziert wird. Diese Form der Prophezeiung war für die Hüter dieser Texte akzeptabel, und sie erlaubten, dass diese Form der Prophezeiung veröffentlicht wird, aber der Bezug auf eine außerirdische Rasse wurde herausgestrichen."

Anne: "Warum? Und wer genau zensiert, was wir lesen dürfen und was nicht? Wollen sie damit sagen, dass es ein geheimes

Kommitee gibt, welche Bücher vor ihrer Veröffentlichung begutachtet?"

Dr. Anderson: "Das ist ein sehr kompliziertes Thema, und ich müsste einen ganzen Tag damit verbringen, Sie mit der allgemeinen Struktur dieser Informationskontrolle vertraut zu machen. Die meisten großen Bibliotheken besitzen Sammlungen von Büchern, welche der Öffentlichkeit nicht zugänglich sind. Diese Materialien können nur durch Forscher begutachtet werden. In gleicher Weise gibt es Manuskripte, welche umstritten waren und Theorien postulierten, welche sich von den akzeptierten Glaubenssystemen ihrer Zeit stark unterschieden. Diese Manuskripte oder Schriften wurden von verschiedenen Organisationen wie dem Vatikan, den Universitäten, den Regierungen und anderen Institutionen verbannt.

Diese Schriften werden von Geheimorganisation ausgewählt, deren Aufgabe es ist, diese Informationen zu sammeln und zu erhalten. Diese Organisationen sind sehr mächtig und finanziell sehr gut ausgestattet. Die meisten werden sowieso als Hokus-Pokus angesehen, so dass die Bibliotheken oft mehr als gewillt sind, sie für eine geringe Summe abzugeben. Außerdem wurden die meisten dieser Originalschriften nie veröffentlicht, weil sie aus einer Zeit stammen, in der die Druckpresse noch nicht erfunden war.

Es existiert ein Netzwerk aus Geheimorganisationen, welche durch die Finanzmärkte und ihre Interessen in die weltlichen Angelegenheiten lose miteinander verbunden sind. Es handelt sich im allgemeinen um Machtzentren des Geldsystems in ihren entsprechenden Ländern, und sie sind die absolute Elite. Die ACIO ist mit diesem Netzwerk nur deshalb verbunden, weil es zu Recht anerkannt wird, dass die ACIO die beste Technologie der Welt besitzt, und diese Technologie kann für die Erzielung finanzieller Gewinne durch Markmanipulationen verwendet werden.

Was die Kommitees angeht ... Nein, dieses geheime Netzwerk aus Organisationen inspiziert keine Bücher vor ihrer Veröffentlichung. Sie interessiert sich ausschließlich für frühzeitliche

Manuskripte und religiöse Texte. Sie haben ein sehr starkes Interesse an Prophezeiungen, weil sie an das Konzept der vertikalen Zeit glauben, und sie haben ein eigenes Interesse über makro-umweltliche Veränderungen Bescheid zu wissen, durch welche die Wirtschaft beeinflusst werden kann. Sie sehen, dass für die meisten von ihnen das einzige Spiel auf diesem Planeten, das es wert ist zu spielen, die Anhäufung von immer mehr Reichtum und Macht ist, und zwar durch eine planmäßige Manipulation der Schlüsselvariablen, durch welche die Wirtschaftsmotoren unserer Welt angetrieben werden."

Anne: "Wenn sie so viel über die Zukunft wissen und an diese Prophezeiungen glauben, was machen sie dann, um uns vor diesen außerirdischen Eindringlingen zu schützen?"

Dr. Anderson: "Sie unterstützen die ACIO mit Geldmitteln. Dieses Kollektiv aus Organisationen hat einen gewaltigen Reichtum angehäuft. Mehr als sich die meisten Regierungen vorstellen können. Die ACIO versorgt sie mit den Technologien, um die Geldmärkte zu manipulieren und jedes Jahr Dutzende von Milliarden Dollar zusammenzuraffen. Ich kenne nicht einmal das Ausmaß ihres kollektiven Reichtums. Die ACIO erhält auch Geld für den Verkauf ihrer Technologien an diese Organisationen, und zwar zum Zweck ihrer eigenen Sicherheit. Wir haben die besten Sicherheitssysteme der Welt gebaut, welche für andere Mächte, wie den CIA oder den früheren KGB, sowohl nicht entdeckt, als auch nicht überwunden werden können.

Der Grund, weshalb sie die ACIO finanziell unterstützen, ist, dass sie glauben, dass Fifteen der brillanteste Mensch auf der Welt ist, und sie wissen von seinem Ziel, BST zu entwickeln. Sie sehen diese Technologie als die ultimative Schutzmaßnahme gegen die Prophezeiungen an und hoffen damit, weiterhin die relative Kontrolle über die Welt und ihre nationalen Wirtschaften erhalten zu können. Sie kennen auch Fifteens strategische Position in bezug auf die außerirdische Technologie und hoffen, dass zwischen seinem Genie und den außerirdischen Technologien, welche die ACIO übernimmt, BST entwickelt werden kann, bevor die Prophezeiungen eintreten."

Anne: "Aber woher kommt das plötzliche Interesse an der Zeitkapsel der Flügelmacher? Welche Rolle spielt dies in dem ganzen BST-Zeugs?"

Dr. Anderson: "Ursprünglich wussten wir nicht, welche Verbindung zwischen dem "Ancient-Arrow-Projekt" und BST bestand. Sie müssen verstehen, dass es sich bei der Zeitkapsel um eine Ansammlung von 23 Kammern handelt, welche tatsächlich aus einem Felsmassiv herausgeschnitten wurden, und zwar in einem Niemandsland 130 km nordöstlich vom Chaco Canyon in New Mexico. Es handelt sich hierbei zweifelsohne um den erstaunlichsten archäologischen Fund. Wenn den Archäologen erlaubt würde, diesen Ort zu untersuchen, mit den ganzen intakten Geräten, dann würden sie beim Anblick dieses unglaublichen Fundes vor Angst erstarren.

Unsere ursprüngliche Annahme war, dass es sich um irgendeine Zeitkapsel handelt, die von einer außerirdischen Rasse zurückgelassen wurde, welche die Erde im 8. Jahrhundert besucht hatte. Aber wir konnten nicht verstehen, weshalb die Kunst für die Erde so klar repräsentativ war, falls es sich um eine Zeitkapsel handelte. Die einzig logische Schlussfolgerung war, dass es sich um eine zukünftige Version der Menschheit handeln würde. Aber wir waren uns dessen nicht sicher, bis wir die ersten Dokumente auf der optischen Scheibe übersetzen hatten.

Sobald wir ein klares Verständnis davon hatten, wie die Flügelmacher verstanden werden wollten, begannen wir, ihre Behauptungen zu testen, indem wir ihre Wandgemälde, Gedichte, Musik, Philosophie und Geräte analysierten. Durch diese Analyse waren wir uns ziemlich sicher, dass sie authentisch waren, was bedeutete, dass sie nicht nur Zeitreisende, sondern auch im Besitz irgendeiner Form von BST waren."

Anne: "Weshalb haben Sie angenommen, dass sie BST hatten?"

Dr. Anderson: "Wir glaubten, dass es mindestens zwei Monate gedauert hat, um ihre Zeitkapsel zu erzeugen. Dies wäre notwendig gewesen, um ein Zeitfenster zu öffnen, offen zu halten, und physikalisch innerhalb des ausgewählten Zeitrahmens zu operieren. Dies ist eine grundsätzliche Anforderung von BST. Zusätzlich ist es notwendig, dass man in der Lage ist, die Interventionspunkte genau auszuwählen -- sowohl in bezug auf die Zeit als auch auf den Raum. Wir glaubten, dass sie diese Fähigkeit besaßen, und sie hatten dies mit ihrer Zeitkapsel bewiesen.

Weiterhin waren die Geräte, welche sie zurückgelassen hatten, Beweise für eine Technologie, die unserer weit voraus war, so dass wir sie nicht einmal verstehen konnten. Keine der außerirdischen Rassen, die wir kennen, besaßen Technologien, die so fortschrittlich waren, dass wir sie nicht untersuchen, assimilieren oder rückwärts entwickeln konnten. Die Technologie, welche im Canyon zurückgelassen worden war, war völlig rätselhaft und unseren Untersuchungen unzugänglich. Wir hielten sie für so fortschrittlich, dass sie praktisch unbrauchbar war -- und obwohl dies vielleicht seltsam klingen mag -- ist dies ein klares Zeichen einer extrem fortschrittlichen Technologie."

Anne: "Sie nahmen also an, dass die Flügelmacher im Besitz von BST waren, aber wie wollten sie ihr Wissen erhalten?"

Dr. Anderson: "Das wussten wir nicht, und bis zum heutigen Tag gibt es keine Antwort auf diese Frage. Die ACIO hat jahrelang ihre besten Kräfte für dieses Projekt eingesetzt. Ich möchte die Theorie aufstellen, dass es sich bei der Zeitkapsel um ein kodiertes Kommunikationsgerät gehandelt hat. Ich kam auf diese Idee, als ich die verschiedenen symolischen Bilder untersuchte, durch welche das zentrale Nervensystem in einer Weise beeinflusst wird, dass die Intelligenz vergrößert wird. Meiner Meinung nach war es das hauptsächliche Ziel der Zeitkapsel, die Intelligenz möglichst stark zu erhöhen, so dass BST nicht nur entwickelt, sondern auch angewandt werden konnte."

Anne: "Was besteht für ein Zusammenhang zwischen BST und der Intelligenz?"

Dr. Anderson: "Bei BST handelt es sich um eine bestimmte Art des Zeitreisens. In der Science-Fiction werden Zeitreisen als etwas behandelt, das relativ leicht zu bewerkstelligen und relativ eindimensional ist. Allerdings sind Zeitreisen alles andere als eindimensional. Wie fortschrittlich die Technologie des Corteums und der Grauen auch immer sein mag, so müssen sie erst noch das Äquivalent von BST entwickeln. Sie können Zeitreisen in ihrer elementaren Form durchführen, aber sie können nicht mit der Zeit, in die sie reisen, in Wechselwirkung treten. Das bedeutet, sie können in die Zeit zurückgehen, aber wenn sie dort sind, können sie die Ereignisse nicht verändern, weil sie sich in einem passiven, beobachtenden Modus befinden.

Die Labyrinth-Gruppe hat sieben Zeitreisenexperimente in den letzten 30 Jahren durchgeführt. Ein klares Ergebnis dieser Tests ist, dass die Person, welche die Zeitreise durchführt, eine integrale Variable der verwendeten Technologie ist. Anders ausgedrückt: Die Person und die Technologie müssen genau aufeinander abgestimmt sei. Die Labyrinth-Gruppe besitzt schon BST, ihr fehlt allerdings der Zeitreisende, welcher die Technologie in der wirklichen Zeit entsprechend anwenden und die Spaltsekundeneinstellungen, die für BST erforderlich sind, durchführen kann.

Die Labyrinth-Gruppe hat das menschliche Element bei BST niemals richtig in Betracht gezogen. Es gab einige von uns, welche an den Übersetzungsverzeichnissen der Flügelmacher arbeiteten, die zu spüren begannen, dass dies die Natur der Zeitkapsel ist: die Intelligenz zu erhöhen und neue sensorische Inputs zu aktivieren, welche für das BST-Experiment kritischer sind."

Anne: "Aber ich verstehe immer noch nicht, was Sie zu dieser Schlussfolgerung geführt hat."

Dr. Anderson: "Als wir die ersten dreißig Seiten des Textes der optischen Scheibe übersetzt hatten, erfuhren wir einige sehr interessante Dinge über die Flügelmacher und ihre Philosophie. Nämlich, dass sie behaupteten, dass die dreidimensionale Fünf-Sinne-Sphäre, an die sich die Menschen angepasst haben, der Grund ist, weshalb wir nur einen Bruchteil unserer Intelligenz verwenden können. Sie behaupteten, dass die Zeitkapsel die Brücke sein würde, um von der dreidimensionalen Fünf-Sinne-Sphäre zur multidimensionalen Sieben-Sinne-Sphäre übergehen zu können.

Nach meiner Meinung wollten sie damit sagen, dass ein Reisender, welcher BST anwendet, von einer multidimensionalen Sieben-Sinne-Sphäre aus operieren muss. Ansonsten würde es sich bei BST um das sprichwörtliche Kamel handeln, das durch ein Nadelöhr geht, oder anders ausgedrückt: Es wäre einfach unmöglich."

Anne: "Aber wenn die Flügelmacher selbst Zeitreisende sind und BST besitzen, warum können sie dann nicht mit den feindlichen Außerirdischen des Jahres 2011 fertig werden?"

Dr. Anderson: "Das weiß ich nicht. Glauben Sie mir, ich habe viel darüber nachgedacht, genauso wie das Team, das an diesem Projekt gearbeitet hat. Vielleicht ist BST nicht ihr Hauptziel, sondern sie wollen uns eher helfen, von der dreidimensionalen Fünf-Sinne-Sphäre zu einem multidimensionalen Sieben-Sinne-Bewusstsein zu gelangen. Vielleicht sind sie nicht in der Lage, an die Interventionspunkte zu gelangen, weil ihnen einige kritische Informationen fehlen. Oder vielleicht sind sie sich gar nicht dieser Notwendigkeit bewusst, weil wir dieses Problem schon im Jahr 2011 gelöst haben.

Alles, was ich weiß, ist, dass es ungefähr sechs verschiedene Hypothesen gibt, und wir haben einfach nicht genug Daten, um eine Schlussfolgerung zu ziehen. Halten Sie sich vor Augen, dass bisher erst 7% des Textes der optischen Scheibe gesichert und ins Englische übersetzt sind. Der ACIO fehlen immer noch viele Informationen, die es ihnen erlauben wird, die wahre Natur der Zeitkapsel, und die wirklichen Absichten der Flügelmacher richtig zu verstehen."

Anne: "Legen wir eine kurze Pause ein und machen weiter, nachdem wir uns neuen Kaffee geholt haben. Okay?"

Dr. Anderson: "Okay."

(Nach einer Pause von ca. 10 Minuten wird das Interview fortgeführt).

Anne: "Während der Pause habe ich Sie über das Netzwerk von Geheimorganisationen gefragt, von dem sie gesagt haben, dass die ACIO ein Teil ist. Können sie mir etwas Genaueres darüber sagen und was seine Aufgabe ist?"

Dr. Anderson: "Es gibt viele Organisationen, die nach außen noble Absichten haben und im Innern geheim aufgebaut sind. Anders ausgedrückt: Sie können äußere Ziele verfolgen, welche sie ihren Angestellten, den Mitgliedern und der Presse offen legen, aber es gibt auch einen geheimen und gut verdeckten Zweck, den nur der innere Kern der Organisation kennt. Der äußere Ring, oder die schützenden Mitglieder, wie sie auch manchmal genannt werden, sind nichts anderes wie eine Schaufensterdekoration, um die wirklichen Ziele der Organisation zu verdecken.

Die IMF, FRC, NSA, KGB, CIA, Weltbank und *Federal Reserve Bank* sind alles Beispiele solcher Organisationsstrukturen. Ihr innerer Kern bildet eine elitäre, geheime Gesellschaft, mit ihrer eigenen Kultur, Wirtschaft und ihrem eigenen Kommunikationssystem. Dies sind die Mächtigen und Reichen, die sich zusammengeschlossen haben, um die Weltpolitik, die Wirtschaft und die Sozialsysteme zu manipulieren, um ihre eigenen Ziele leichter durchsetzen zu können.

Die Ziele, soweit ich das weiß, beziehen sich hauptsächlich auf die Kontrolle der Weltwirtschaft und ihrer Bodenschätze wie Öl, Gold, Gas, Platin, Diamanten usw. Dieses geheime Netzwerk hat die Technologie der ACIO für den Zweck verwendet, um ihre Kontrolle über die Weltwirtschaft zu sichern. Sie sind gerade dabei, eine integrierte Weltwirtschaft zu konstruieren, welche auf dem digitalen Äquivalent der Papierwährung basiert. Diese Infrastruktur ist schon vorhanden, aber es ist mehr Zeit als erwartet notwendig, dies einzuführen, und zwar aufgrund konkurrierender Kräfte, welche die genaue Natur dieses geheimen Netzwerkes nicht verstehen, aber instinktiv seine Existenz fühlen.

Bei diesen konkurrierenden Kräften handelt es sich im allgemeinen um Geschäftsleute und Politiker, die ebenfalls am Übergang zu einer globalen, digitalen Ökonomie arbeiten, die allerdings eine Kontrolle über die Entwicklung der Infrastruktur besitzen möchten, und aufgrund ihrer Größe und Position auf dem Markt, haben sie einen beträchtlichen Einfluss auf das geheime Netzwerk.

Die einzige Organisation, die ich kenne, welche völlig unabhängig von deren Zielen ist - deshalb die mächtigste oder Alpha-Organisation - ist die Labyrinth-Gruppe. Und sie befindet sich aufgrund ihrer technologischen Entwicklungen und des Intellekts ihrer Mitglieder in dieser Position. Alle anderen Organisationen - - ob sie nun Teil des geheimen Netzwerkes, oder mächtige multinationale Vereinigungen sind -- besitzen keine Kontrolle in bezug auf die Ausführung ihrer Ziele. Sie sind im wesentlichen in einen Wettbewerbskampf miteinander verwickelt."

Anne: "Aber wenn dies alles stimmt, leitet dann Fifteen im wesentlichen dieses geheime Netzwerk?"

Dr. Anderson: "Nein. Er ist nicht an den Zielen dieses geheimen Netzwerks interessiert. Dies langweilt ihn. Er hat kein Interesse an Macht oder Geld. Ihm ist nur die Entwicklung von BST wichtig, um die feindlichen Angriffe der Außerirdischen nieder zu schlagen, die seit 12 000 Jahren prophezeit wurden. Er glaubt, dass der einzige Zweck, der es wert ist, um die beträchtliche intellektuelle Macht der Labyrinth-Gruppe einzusetzen, die Entwicklung der ultimativen Verteidigungswaffe oder des Freiheitsschlüssels ist. Er ist davon überzeugt, dass nur die Labyrinth-Gruppe eine Chance hat, dies zu erreichen, bevor es zu spät ist. Sie müssen sich erinnern, dass die Labyrinth-Gruppe aus 118 Menschen und 200 Corteum besteht. ... Vielleicht übertreibe ich ein wenig, aber ich möchte betonen, dass Fifteen ein Projekt leitet, dass wesentlich kritischer ist als alles andere, das bisher in der Geschichte der Menschheit unternommen wurde."

Anne: "Falls nun Fifteen sein eigenes Ziel verfolgt, und das ist genau das, was Sie sagen, warum treten Sie dann aus einer solchen Organisation aus?"

Dr. Anderson: "Die ACIO besitzt eine Gedächtnis-Implantat-Technologie, durch welche bestimmte Erinnerungen mit absoluter Präzision ausgelöscht werden können. Z.B. könnte durch diese Technologie Ihre Erinnerung an dieses Interview ausgelöscht werden, ohne dass hierdurch andere Erinnerungen beeinträchtigt werden. Es würde Ihnen vielleicht eine gewisse Zeit fehlen, aber Sie könnten sich an nichts mehr erinnern.

Meine Intuition sagte mir, dass ich ein Kandidat für diese Prozedur sein würde, und zwar, weil ich den Wünschen der Flügelmacher nachkam. Anders ausgedrückt: Man glaubte, dass ich ein Sympathisant ihrer Kultur, Philosophie und Mission war. Dies machte mich zu einer potentiellen Gefahr für das Projekt. Die Labyrinth-Gruppe hat in einem wirklichen Sinn Angst vor ihren eigenen Mitgliedern, und zwar aufgrund ihres enormen Intellekts und ihrer Geschicklichkeit und Cleverness.

Dies führte zu einer ständigen Paranoia, was bedeutet, dass eine Technologie angewendet wurde, um sicher zu stellen, dass man den Zielen von Fifteen folgte. Bei den meisten dieser Techniken handelte es sich um Eingriffe, und die Mitglieder der Labyrinth-Gruppe stimmten dem freiwillig zu, um mit der Paranoia fertig zu werden. Vor ein paar Monaten begann ich damit, mich diesen Eingriffen zu verschließen -- teilweise, um zu sehen, wie Fifteen reagieren würde, und auch, weil ich genug von der Paranoia hatte.

Als ich das tat, wurde es offensichtlich, dass die Verdächtigungen eskalierten, und es war nur eine Frage der Zeit, bevor sie mich fragen würden, mich freiwillig einer Gedächtnistherapie zu unterziehen. Was ich von der Zeitkapsel der Flügelmacher gelernt habe, ist nicht etwas, das ich wieder vergessen möchte. Ich möchte diese Informationen nicht verlieren. Sie sind ein wichtiger Teil meines Glaubens geworden, und wie ich mein Leben leben möchte."

Anne: "Hätten Sie nicht einfach austreten können und keinen Journalisten aussuchen, der diese Geschichte heraubringt? Ich meine, hätten Sie nicht einfach auf eine Insel gehen und nie die Existenz der Flügelmacher und der Labyrinth-Gruppe offen legen können?"

Dr. Anderson: "Sie verstehen das nicht. ... Die Labyrinth-

Gruppe ist unantastbar. Sie haben keine Angst vor dem, was ich den Medien ausplaudere; sie machen sich nur Sorgen darum, dass ich abtrünnig geworden bin. Ich bin der Erste. Es hat noch nie jemand diese Gruppe verlassen. Und sie befürchten, dass dies auch andere tun werden, wenn mir dies gelingt. Und wenn dies geschieht, dann ist die Mission in Gefahr und BST wird vielleicht nie entwickelt werden.

Fifteen und seine Direktoren nehmen ihre Mission sehr ernst. Sie sind Fanatiker ersten Grades, was sowohl gut als auch schlecht ist. Gut in dem Sinn, dass sie sich darauf konzentrieren und hart daran arbeiten, um BST zu entwickeln, und schlecht in dem Sinn, dass durch einen Fanatismus eine Paranoia erzeugt wird. Mein Grund dafür, dass ich einen Journalisten wie sie ausgesucht habe, ist, dass ich nicht will, dass die Zeitkapsel der Flügelmacher vor der Menschheit weggeschlossen wird. Ich glaube, dass ihr Inhalt mit anderen geteilt werden sollte. Ich glaube, dass dies ihre Absicht war."

Anne: "Es mag vielleicht eine seltsame Frage sein, aber warum sollten die Flügelmacher ihre Zeitkapsel verstecken und dann ihren Inhalt in einer solch komplizierten Art codieren, wenn sie ihn mit der Menschheit teilen möchten? Sehen Sie ... falls ein Normalbürger, oder ein staatliches Labor, diese Zeitkapsel gefunden hätte, wie groß wäre dann ihre Chance gewesen, sie zu entschlüsseln und Zugang zu der optischen Scheibe zu erlangen?"

Dr. Anderson: "Das ist gar keine so seltsame Frage. Wir haben sie uns ebenfalls gestellt. Es schien der Labyrinth-Gruppe klar zu sein, dass sie die auserwählte Organisation war, um die optische Scheibe zu entschlüsseln. Um ihre Frage direkt zu beantworten: Wenn die Zeitkapsel von einer anderen Organisation gefunden worden wäre, dann hätte sie wahrscheinlich nie entschlüsselt werden können. Allerdings scheint es sich bei dem Zufall, dass die Zeitkapsel bei der Labyrinth-Gruppe gelandet ist, um ein geplantes Ereignis gehandelt zu haben. Und sogar Fifteen hat dieser Annahme zugestimmt."

Anne: "Fifteen glaubte also, dass die Flügelmacher die

Labyrinth-Gruppe auserwählt hatten, um das Schicksal der Zeitkapsel zu bestimmen?"

Dr. Anderson: "Ja."

Anne: "Wäre es dann nicht vernünftig anzunehmen, dass Fifteen mehr über den Inhalt der Zeitkapsel erfahren wollte, bevor er diesen durch die NSA oder andere Regierungsstellen an die Öffentlichkeit weiter gab?"

Dr. Anderson: "Nein. Es darf bezweifelt werden, dass Fifteen üerhaupt irgendwelche Informationen über das "Ancient-Arrow-Projekt" an irgendjemand außerhalb der ACIO weiter gegeben hätte. Er gibt keine Informationen weiter, von denen er glaubt, dass sie das Eigentum der Labyrinth-Gruppe sind, vor allem, wenn sie etwas mit BST zu tun haben."

Anne: "Da Sie nun diese Feststellung gemacht haben, wird hierdurch nicht die ACIO beeinflusst? Wird niemand Fragen stellen und nach Antworten suchen?"

Dr. Anderson: "Vielleicht. Aber ich weiß zu viel über ihr Sicherheitssystem, und es gibt keine Möglichkeit, dass sie durch irgendwelche politischen Anfragen gefunden werden könnten. Es ist auch unmöglich, dass das geheime Netzwerk irgendwelchen Einfluss auf sie ausüben könnte; sie hängen in bezug auf Technologien, welche es ihnen erlaubt, die Weltmärkte zu manipulieren, völlig von der ACIO ab. Sie ... die ACIO und die Labyrinth-Gruppe sind unantastbar, wie ich Ihnen schon zuvor gesagt habe. Sie sorgen sich nur um Abtrünnige ... den Verlust intellektuellen Kapitals."

Anne: "Welche Auswirkungen wird ihr Austritt auf die ACIO oder die Labyrinth-Gruppe haben?"

Dr. Anderson: "Fast keine. Der größte Teil meiner Arbeit hinsichtlich der Zeitkapsel ist fertig gestellt. Es gibt einige andere Projekte, die mit Verschlüsselungstechniken zu tun haben, welche ich entwickelte. Dies hat sicher größeren Einfluss haben."

Anne: "Können Sie mehr über die Flügelmacher sagen und darüber, wer sie sind oder darstellen?"

Dr. Anderson: "Ich weiß nicht, wer sie sind, aber sie halten sich für menschliche Zeitreisende aus der Mitte des 28. Jahrhunderts. Es kann sich gut und gerne um eine zukünftige Version der Labyrinth-Gruppe, oder einer anderen mächtigen Organisation handeln. Sie scheinen eine sehr gut integrierte Subkultur zu besitzen, da ihre Sprache eindeutig eine Kombination vieler ausgestorbener Sprachen ist, von denen sie nur wissen können, wenn sie Zugang zum ACIO-Informationssystem besitzen oder tatsächlich Zeitreisende sind ... oder beides, wie ich vermute.

Ausgehend davon, dass sie sich selbst richtig darstellen, sind sie technologisch sehr weit fortgeschritten. Die Labyrinth-Gruppe glaubt, dass BST die fortschrittlichste Technik ist, die man sich vorstellen kann. Jeder, der sie besitzt und sie erfolgreich anwenden kann, ist klarerweise fortschrittlicher als unsere derzeitige menschliche - oder jede außerirdische - Kultur, der wir zur Zeit gegenüberstehen."

Anne: "Aber falls die Flügelmacher technologisch so weit fortgeschritten sind, wieso brauchen sie dann Zeitkapseln? Warum erscheinen sie nicht einfach eines Tages und geben bekannt, was sie mit uns zu teilen wünschen? Warum dieses Versteckspiel um versteckte Zeitkapseln?"

Dr. Anderson: "Ihre Motive sind nicht klar. Ich glaube, dass sie diese Zeitkapseln geplant haben, um ihre Kultur und Technologie aus ihrer Zeit in die unsere zu bringen. Und sie entschlossen sich, dies dadurch zu tun, indem sie diese wundervollen Gebilde oder Zeitkapseln zurückgelassen haben, welche nach ihrer Entdeckung den Menschen eine neue Philosophie bringen und auf ein neues Verständnisniveau heben sollte.

Was es anbelangt, dass sie nicht einfach auftauchen und uns die Informationen geben ... dies, so glaube ich, liegt an ihrer Genialität. Sie haben sieben Zeitkapseln erzeugt und haben sie an verschiedene Orte der Erde gebracht. Ich glaube, dass es sich hierbei um einen Teil eines großen Planes handelt, um unseren Intellekt und Geist in einer Weise zu verwenden, wie dies nie zuvor geschehen ist. Um zu zeigen, wie die Kunst, die Kultur, die Wissenschaft, die Spiritualität, wie all diese Dinge verbunden sind. Ich glaube, dass sie wollen, dass wir all dies entdecken ... und nicht, dass es uns einfach erzählt wird.

Wenn sie einfach hier in Ihrem Wohnzimmer auftauchen und bekannt geben würden, dass sie die Flügelmacher aus dem 28. Jahrhundert sind, dann habe ich den Verdacht, dass sie über Ihre Persönlichkeit, und wie das Leben in Ihrer Zeit ist, mehr als überrascht wären. Natürlich vorausgesetzt, dass sie Ihnen glauben. All diese Dinge, welche sie weiter geben möchten, würden durch Ihre bloße Anwesenheit in den Hintergrund treten.

Aus dem Text, den ich übersetzt habe, geht auch hervor, dass die Flügelmacher schon bei vielen Gelegenheiten Zeitreisen unternommen haben. Sie sind mit Leuten aus verschiedenen Epochen zusammengekommen und nannten sich die Kulturerhalter. Wahrscheinlich sind sie für Engel oder sogar Götter gehalten worden. Nach all dem, was wir wissen, treten sie in religiösen Texten ziemlich häufig auf."

Anne: "Sie glauben also, dass sie wollen, dass diese Zeitkapseln mit der gesamten Menschheit geteilt werden sollen?"

Dr. Anderson: "Sie meinen die Flügelmacher?"

Anne: "Ja."

Dr. Anderson: "Ich weiß es nicht mit absoluter Gewissheit. Aber ich glaube, dass es so ist. Ich habe persönlich nichts zu gewinnen, wenn diese Informationen an die Öffentlichkeit gelangen. ...

Für mich ist die Zeitkapsel die größte Einzelentdeckung in der Geschichte der Menschheit. Entdeckungen dieser Größenordnung sollten öffentliches Eigentum sein. Sie sollten nicht in eigensinnigerweise von Organisationen wie die ACIO unter Verschluss gehalten werden."

Anne: "Warum werden dann diese Entdeckungen - und alles um ETs herum - vor der Öffentlichkeit geheim gehalten?"

Dr. Anderson: "Die Leute, welche Zugang zu diesen Informationen haben, finden Gefallen daran, dass sie einzigartig und priviligiert sind. Das ist die Psychologie hinter Geheimorganisationen und weshalb sie wachsen. Priviligierte Informationen sind

Ambrosia für die Elite. Dies gibt ihnen ein Gefühl der Macht, und das menschliche Ego nährt sich vom Machttropf.

Sie werden das nie zugeben, aber das Drama der ET-Kontakte und anderer geheimnisvoller oder paranormaler Phänomene, ist äußerst verlockend und lebenswichtig für solche, die von neugieriger Natur sind. Dies gilt vor allem für Politiker und Wissenschaftler. Und wenn man diese Themen hinter verschlossenen Türen diskutiert, mit der ganzen damit verbundenen Geheimhaltung, dann wird hierdurch eine dramatische Atmosphäre erzeugt, welche in sonstigen Dingen fehlt. Sie sehen also, Anne, durch das Schauspiel der Geheimhaltung wird eine Art Sucht erzeugt. Natürlich werden als Gründe für die Geheimhaltung die nationale Sicherheit, wirtschaftliche Stabilität, und die Aufrechterhaltung der sozialen Ordnung angegeben. Und in gewisser Weise ist das auch die Wahrheit. Aber es ist nicht der wahre Grund."

Anne: "Weiß unser Präsident über die ET-Situation Bescheid?"

Dr. Anderson: "Ja."

Anne: "Was weiß er?"

Dr. Anderson: "Er weiß über die Grauen Bescheid. Er weiß über ET-Basen Bescheid, welche im Sonnensystem existieren. Er weiß über die Marsianer Bescheid. ..."

Anne: "Um Himmels Willen, Sie wollen mir doch nicht sagen, dass die kleinen, grünen Männchen vom Mars tatsächlich existieren?"

Dr. Anderson: "Falls ich Ihnen alles erzählen würde, was ich über die ET-Situation weiß, dann fürchte ich, dass ich in Ihren Augen meine Glaubwürdigkeit verliere. Glauben Sie mir, die Realität hierüber ist viel komplizierter und dimensionaler, als ich Ihnen in der zur Verfügung stehenden Zeit erzählen könnte, und falls ich Ihnen einen kurzen Überblick gebe, würden Sie all dies nicht glauben können. Ich werde Ihnen also nur Teilwahrheiten erzählen, und ich werde bei meiner Wortwahl sehr vorsichtig sein."

"Die Marsianer sind eine menschliche Rasse, die aus dem gleichen Genreservoir wie wir erschaffen wurden. Sie leben in Untergrundbasen auf dem Mars, und ihre Zahl ist gering. Einige von ihnen sind schon auf die Erde eingewandert, und mit einigen oberflächlichen Veränderungen ihres körperlichen Aussehens können sie bei Tag als Menschen durchgehen.

Präsident Clinton weiß über diese Dinge Bescheid und hat andere Methoden in Betracht gezogen, um mit den ETs zu kommunizieren. Bis zu diesem Zeitpunkt ist eine Art von Telepathie als hauptsächliches Kommunikationsmittel verwendet worden. Allerdings wird dies nicht als eine sehr vertrauenswürdige Form der Kommunikation angesehen, vor allem in den Augen unserer Militärs. Praktisch jedes Radioteleskop auf der Erde hat schon irgendwann Kontakt mit den ETs aufgenommen. Dies hat zu unterschiedlichen Ergebnissen geführt, aber es hat Erfolge gegeben, und unser Präsident ist sich dessen bewusst."

Anne: "Dann ist also Clinton mit dem geheimen Netzwerk, das Sie zuvor erwähnt haben, verbunden?"

Dr. Anderson: "Nicht wissentlich. Aber er ist natürlich eine wichtige Einflussperson und wird von hochrangigen Leuten innerhalb des Netzwerks mit äußerster Vorsicht behandelt."

Anne: "Sie wollen also sagen, dass er manipuliert wird?"

Dr. Anderson: "Das hängt von Ihrer Definition von "Manipulation" ab. Er kann jede Entscheidung treffen, die er wünscht; letztendlich hat er die Macht, alle Entscheidungen zu treffen oder zu beeinflussen, welche die nationale Sicherheit, die wirtschaftliche Stabilität und die soziale Ordnung angehen. Aber im allgemeinen sucht er den Rat seiner Berater. Das Netzwerk und seine Mitglieder kommen der politischen Macht selten zu nahe, weil dort überall die Medien vorhanden sind, und sie verabscheuen die Untersuchungen der Medien und der Öffentlichkeit im allgemeinen.

Clinton wird deshalb nicht manipuliert, sondern einfach beraten. Die Information, die er erhält, ist manchmal so abgeändert, um seine Entscheidungen in die Richtung zu lenken, welche für die Mitglieder des Netzwerks am vorteilhaftesten ist. In dem Ausmaß, in dem diese Informationen verändert sind, kann man allerdings schon sagen, dass der Präsident manipuliert wird.

Er besitzt sehr wenig Zeit, solche Dinge nachzuprüfen und alternative Pläne zu machen, und dies ist der Grund, weshalb die Berater so mächtig und einflussreich sind."

Anne: "Okay, er wird also manipuliert -- zumindest nach meiner Definition. Ist dies auch bei anderen Regierungen, wie z.B. Japan oder Großbritannien, der Fall?"

Dr. Anderson: "Ja. Dieses Netzwerk ist nicht nur national oder sogar global. Es dehnt sich auf andere Rassen und Arten aus. Sein Einfluss ist also ziemlich ausgedehnt, genauso wie die Einflüsse, die auf das Netzwerk einwirken. Es ist keine Einbahnstraße. Wie ich schon zuvor gesagt habe, handelt die Labyrinth-Gruppe als einzige wirklich unabhängig, und aufgrund ihres Zieles wird ihr diese Unabhängigkeit erlaubt. Um allerdings ehrlich zu sein: Es gibt nichts, das irgendjemand tun könnte, dies zu ändern, mit der möglichen Ausnahme der Flügelmacher."

Anne: "So werden also alle Regierungen der Welt von diesemgeheimen Netzwerk und ihren Organisationen manipuliert. Wer sind diese Organisationen ... Sie haben einige erwähnt, aber wer sind die restlichen? Sind auch kriminelle Banden verwickelt?"

Dr. Anderson: "Ich könnte Ihnen die meisten von ihnen nennen, aber zu welchem Zweck? Die wenigsten würden Sie kennen oder irgendeinen Bezug zu ihnen haben. Sie sind wie die Labyrinth-Gruppe. Haben Sie jemals zuvor von dieser gehört? Natürlich nicht. Selbst die derzeitige Leitung der NSA weiß nichts von der ACIO. Vor einiger Zeit war dies anders. Aber das ist schon 35 Jahre her, und die Leute verlassen diese Organisation, aber sie bleiben trotzdem mit dem geheimen und priviligierten Informationsnetzwerk verbunden.

Nein, es gibt absolut keine Beteiligung krimineller Banden in diesem Netzwerk. Das Netzwerk verwendet in manchen Fällen das organisierte Verbrechen als Schutzschild, aber die organisierte Kriminalität arbeitet mit Einschüchterung, nicht mit Geheimhaltung. Ihre Führer besitzen eine durchschnittliche Intelligenz und sind mit Informationssystemen verbunden, welche veraltet und nicht-strategisch sind."

Anne: "Lassen Sie uns zu den Flügelmachern zurückkehren. Und ich möchte mich für die diffusen Fragen heute abend entschuldigen. Es ist einfach so, dass ich soviel erfahren möchte, so dass es schwierig ist, bei unserem Thema zu bleiben."

Dr. Anderson: "Sie brauchen sich nicht zu entschuldigen. Ich verstehen, wie das für Sie klingen muss. Ich bin immer noch hellwach, so dass Sie sich über die Zeit keine Sorgen machen müssen."

Anne: "Okay. Lassen Sie uns ein wenig über ihre Eindrücke oder Einsichten über die Philosophie und Kultur der Flügelmacher sprechen."

Dr. Anderson: "Als erstes möchte ich Sie noch einmal daran erinnern, dass bisher nur ein Bruchteil ihrer Schriften übersetzt worden ist. Welche Einsichten ich also auch immer besitzen mag, sie sind auf ein teilweises Verständnis ihrer Kultur und Philosophie beschränkt. Außerdem möchte ich Sie darauf hinweisen, dass die Flügelmacher vielleicht nicht die allgemeine Kultur und Philosophie ihrer Zeit repräsentieren. Wir waren der Ansicht, dass sie eine Art Subkultur in ihrer Zeit darstellten. ...

Wir haben angenommen, dass die Menschen in dieser Epoche aktive Mitglieder der Förderation unserer Galaxie sind."

Anne: "Was ist die Förderation? Sie haben bisher noch nicht darüber gesprochen."

Dr. Anderson: "Jede Galaxie hat eine Förderation oder eine lose Vereinigung, in der alle empfindungsfähigen Lebensformen eines jeden Planeten innerhalb der Galaxie vertreten sind. Man könnte dies als die Vereinten Nationen einer Galaxie bezeichnen. Diese Förderation hat sowohl geladene, als auch beobachtende Mitglieder. Geladene Mitglieder sind solche Arten, denen es gelungen ist, in einer verantwortungsvollen Weise als Verwalter ihrem Planeten zu dienen, und sowohl die Technologie, Philosophie und Kultur zu vereinen, was ihnen ermöglicht, als globale Einheit mit einem einheitlichen Ziel aufzutreten.

Beobachtende Mitglieder sind jene Arten, welche noch zersplittert sind und gegenseitig um Land, Macht, Geld, Kultur und vielen anderen Dingen kämpfen, was sie davon abhält, eine einheitliche Weltregierung zu bilden. Bei der menschlichen Rasse auf der Erde handelt es sich um eine solche Art, und zur Zeit wird sie von der Förderation einfach nur beobachtet, aber sie kann an keinen politischen Entscheidungen oder wirtschaftlichen Systemen teilhaben."

Anne: "Wollen Sie damit sagen, dass unsere Galaxie eine Art Regierung und ein Wirtschaftssystem besitzt?"

Dr. Anderson: "Ja, aber wenn ich Ihnen davon erzählen würde, kämen wir zu sehr vom Thema - und allem, was ich Ihnen über die Flügelmacher erzählen möchte - ab."

Anne: "Es tut mir leid, dass ich erneut vom Thema ablenke, aber dies ist einfach zu erstaunlich, um darüber hinwegzugehen. Falls es eine Förderation aus kooperierenden, intelligenten Arten gibt, warum können sie sich dann nicht um diese feindseligen Außerirdischen des Jahres 2011 kümmern, oder uns zumindest helfen?"

Dr. Anderson: "Die Förderation mischt sich nicht in die Angelegenheiten irgendeiner Art ein. Es handelt sich tatsächlich um eine fördernde und nicht um eine regierende Macht mit einer militärischen Präsenz. Das heißt, dass sie beobachten werden und mit Anregungen helfen, aber sie werden uns nicht beistehen."

Anne: "Kann man das mit der Obersten Direktion in den Star-Trek-Filmen vergleichen?"

Dr. Anderson: "Nein. Man kann es eher mit Eltern vergleichen, welche bestrebt sind, ihren Kindern zu lehren, wie sie sich selbst durchs Leben schlagen können, um einen größeren Beitrag für die Familie zu leisten."

Anne: "Aber würde eine feindliche Übernahme der Erde nicht auf die Förderation zurückwirken?"

Dr. Anderson: "Höchstwahrscheinlich. Aber die Förderation hat nicht das Vorrecht, auf die Eigenverantwortlichkeit für das Überleben einer Art einzuwirken. Sie sehen also, dass unsere physikalischen Körper auf einem atomaren Bereich tatsächlich aus Sternen gemacht sind. Auf einem subatomaren Bereich sind unsere Seelen nichtphysikalische Gefäße Gottes oder der Intelligenz, welche das Universum durchdringt.

Die Förderation glaubt, dass sich die menschliche Rasse selbst verteidigen kann, weil sie aus Sternen gemacht ist und einen galaktischen Geist besitzt, der von Gott stammt. Wenn wir erfolglos sein werden und sich die Feinde auf andere Teile der Galaxie ausdehnen, dann würde die Förderation eingreifen, ihre Mitglieder würden ihre Souveränität verteidigen, und dies ist schon oft geschehen. Im Prozess dieser Verteidigung entstehen neue Technologien, neue Freundschaften werden gebildet, und im galaktischen Geist entsteht ein neues Vertrauensverhältnis. Dies ist der Grund, weshalb sich die Förderation so verhält, wie sie sich verhält."

Anne: "Gibt es innerhalb der Förderation irgendwo BST?"

Dr. Anderson: "Ja, wahrscheinlich auf einer der Planeten in der Nähe des Zentrums der Galaxie."

Anne: "Weshalb hilft dann die Förderation nicht? Sie sagten, dass sie helfen könnte, oder nicht?"

Dr. Anderson: "Ja, sie können helfen. Und das Corteum sind geladene Mitglieder, sie helfen uns. Aber sie selbst besitzen nicht die BST-Technologie. Hierbei handelt es sich um eine sehr spezielle Technologie, die nur von einer Art erworben werden kann, welche die Absicht hat, sie nur für Verteidigungszwecke einzusetzen. Und hierin liegt die Herausforderung."

Anne: "Aber wer gibt die "Erlaubnis". Wollen sie sagen, dass die Förderation entscheidet, wann eine Art für BST reif ist?"

Dr. Anderson: "Nein ... ich glaube, dass dies etwas mit Gott zu tun hat."

Anne: "Ich weiß nicht weshalb, aber ich kann mir nicht vorstellen, dass sie an Gott glauben."

Dr. Anderson: "Nun, ich glaube an Gott. Und das gleiche gilt für alle Mitglieder der Labyrinth-Gruppe, eingeschlossen Fifteen. Wir haben zu viele Beweise für Gott oder eine höhere Intelligenz gesehen, sodass wir seine Existenz nicht abstreiten können."

Anne: "Gott entscheidet also, wann wir für die verantwortungsvolle Verwendung von BST reif sind. Glauben Sie, dass er dies vor dem Jahr 2011 entscheiden wird?" (Ich muss zugeben, dass diese Frage einen sarkastischen Unterton besaß).

Dr. Anderson: "Sie sehen also, Anne, dass die Labyrinth-Gruppe die Hoffnung hegt, dass die Reife der gesamten Art nicht der entscheidende Faktor ist, sondern dass einer Untergruppe innerhalb der Art erlaubt wird, diese Technologie zu erwerben. Wir hoffen, dass es sich bei dieser Untergruppe um die Labyrinth-Gruppe handelt, und dies ist auch einer der Gründe, weshalb Fifteen einen so großen Teil der Resourcen der ACIO in Sicherheitssysteme investiert hat."

Anne: "Sie haben trotzdem nicht meine Frage beantwortet. Glauben Sie, dass BST in 12 Jahren entwickelt werden kann?"

Dr. Anderson: "Ich weiß nicht. Natürlich hoffe ich das. Aber BST ist nicht die einzige Verteidigungswaffe. Die Labyrinth-Gruppe hat viele Verteidigungswaffen konstruiert. Die außerirdische Rasse, welche in den Prophezeiungen erwähnt wird, weiß zur Zeit nicht einmal etwas von der Erde. Sie stammt aus einer völlig anderen Galaxie. Die Prophezeiung lautet, dass sie unsere Galaxie untersuchen und entscheiden werden, dass die Erde die beste genetische Bibliothek und die größten natürlichen Resourcen in der Milchstraße besitzt, die leicht ausgebeutet werden können. Sie werden die Erde im Jahr 2011 besuchen.

Diese Prophezeiung besagt, dass sie sich mit unseren Regierungen anfreunden und die Vereinten Nationen als Verbündete benutzen werden. Mit Hilfe dieser werden sie eine vereinte Weltregierung bilden, und wenn im Jahr 2018 die ersten Wahlen sind, werden sie die Vereinten Nationen und die Weltregierung übernehmen. Dies wird durch Betrügereien und Täuschungen geschehen.

Ich erwähne diese Prophezeiungen, weil sie in bezug auf den Zeitpunkt sehr spezifisch sind, und aus diesem Grund haben wir noch 19 Jahre, um BST zu entwickeln und anzuwenden. In idealer Hinsicht möchten wir es fertig stellen, um mit den Interventionspunkten dieser Rasse in Verbindung zu kommen, wenn entschieden wird, dass sie in unsere Galaxie herüberkommen. Wir möchten sie dazu veranlassen, eine andere Galaxie zu wählen, oder ihren Plan völlig aufzugeben. Aber es kann unmöglich sein, diese Interventionspunke zu bestimmen.

Sie sehen, dass die Implantat-Technologie, welche durch die Labyrinth-Gruppe entwickelt wurde, in Verbindung mit BST verwendet werden kann. Wir können die Interventionspunkte definieren, als unsere Galaxie zum Ziel einer Kolonisierung ausgewählt wurde, diese Zeit und diesen Raum betreten und ein neues Erinnerungsvermögen in ihre Führer einpflanzen, um sie von unserer Galaxie abzulenken."

Anne: "Entweder werde ich müde oder dies verwirrt mich alles noch mehr. ... Sie sagen, dass die Labyrinth-Gruppe schon Pläne besitzt, um diese Sache im Keim zu ersticken ... um diese marodierende Gruppe Außerirdischer daran zu hindern, in unsere Galaxie einzutreten? Woher wissen Sie, wo sie sind?"

Dr. Anderson: "Um diese Frage zu beantworten, müsste ich die präzise Natur von BST in allen Einzelheiten erklären, und wie es sich von normalen Zeitreisen unterscheidet. Ich will versuchen, es auf möglichst einfache Weise zu erklären, aber es ist komplex, und Sie müssen einige Ihrer eingefahrenen Vorstellungen von Raum und Zeit aufgeben.

Sehen Sie, die Zeit ist nicht ausschließlich linear, wie wenn sie als eine Zeitlinie dargestellt wird. Die Zeit ist in jedem Moment der Existenz auf den nächsten gestapelt und alle decken sich. In anderen Worten: Die Zeit ist das Kollektiv aller Momente aller Erfahrungen, die gleichzeitig innerhalb der Nichtzeit existieren, welche gewöhnlich als Ewigkeit bezeichnet wird.

Bei der vertikalen Zeit wird davon ausgegangen, dass man einen Moment der Erfahrung auswählen, und Raum und Zeit als ein Portal benutzbar wird, durch welches die Auswahl real gemacht werden kann. Sobald einmal die Auswahl getroffen worden ist, werden Raum und Zeit zu einem Kontinuitätsfaktor, wodurch die vertikale Zeit zur horizontalen oder normalen Zeit wird."

Anne: "Wie unterscheidet sich die vertikale von der horizontalen Zeit?"

Dr. Anderson: “Vertikale Zeit hat mit der gleichzeitigen Erfahrung aller Zeiten etwas zu tun, und die horizontale Zeit hat mit der Kontinuität der Zeit in einer linearen, Moment-zu-Moment-Erfahrung zu tun.”

Anne: “Sie wollen damit sagen, dass jede Erfahrung, die ich jemals hatte oder jemals haben werde, einfach jetzt existiert? Dass die Vergangenheit und die Zukunft tatsächlich die Gegenwart sind, aber ich bin zu gehirngewaschen, um dies erkennen zu können?”

Dr. Anderson: “Wie ich schon zuvor gesagt habe, ist dies ein komplexes Thema, und ich fürchte, dass, wenn ich Ihnen dies jetzt erkläre, wir den Faden zu wichtigeren Informationen, wie BST, verlieren würden. Wenn ich Ihnen die Natur von BST erkläre, dann werden in diesem Prozess vielleicht die meisten Ihrer Fragen beantwortet.”

Anne: “Okay, dann erzählen sie mir, was BST ist. Ich nehme an, dass es irgendetwas wie das Auslöschen eines Ereignisses und die Veränderung des Laufes der Geschichte ist. Richtig?”

Dr. Anderson: “Lassen Sie es mich so erklären. Zeitreisen können beobachtender Natur sein. In dieser Hinsicht haben die ACIO und andere Organisationen -- sogar einzelne Bürger -- die Fähigkeit zu Zeitreisen. Aber diese Form von Zeitreisen ist passiv. Es ist nicht mit BST äquivalent. Um die Zukunft präzis zu verändern, müssen sie in der Lage sein, mit der vertikalen Zeit in Wechselwirkung zu treten, diese wie ein Buch durchzublättern, bis sie die richtige Seite oder den richtigen Interventionspunkt für ihre Mission finden.

Hier wird es dann so komplex, denn wenn man mit der vertikalen Zeit in Wechselwirkung tritt, bedeutet dies, dass man den Verlauf der horizontalen Zeit verändert. Und um die Veränderungen, ihr Ausmaß und ihre Verwicklungen zu verstehen, sind extrem komplizierte Modelle notwendig. Dies ist der Grund, weshalb sich die Labyrinth-Gruppe mit dem Corteum zusammengeschlossen hat, da ihre Computer 3000-mal leistungsfähiger sind als unsere besten Supercomputer.

Dies ermöglicht uns die Erzeugung hochkomplexer, organischer Szenarienmodelle. Aus diesen Modellen können wir die wahrscheinlichsten Interventionspunkte herauslesen, sobald wir die relevanten Daten gesammelt haben, und welches die wahrscheinlichsten Ausgänge sind, wenn wir ein bestimmtes Szenario aufstellen. Wie die meisten komplexen Technologien ist auch BST eine zusammengesetzte Technologie, welche fünf getrennte und miteinander verbundene Teile besitzt.

Bei der ersten Technologie handelt es sich um eine spezielle Form der Fernwahrnehmung. Durch diese Technologie wird ein geschulter Operator in die Lage versetzt, sich geistig in der vertikalen Zeit zu bewegen, Ereignisse zu beobachten, und sogar Unterhaltungen anzuhören, die sich auf einen Untersuchungsmodus beziehen. Der Operator ist für alle Leute innerhalb der Zeit, in welcher sie reisen, unsichtbar, so dass dies absolut sicher und unauffällig ist. Das Wissen, welches aus dieser Technologie erworben wurde, wird dazu verwendet, um die Anwendung der vier anderen Technologien zu bestimmen.

Die zweite Technologie, welche das Äquivalent eines Gedächtnisimplantats ist, ist der Schlüssel von BST. Die ACIO bezeichnet diese Technologie als Gedächtnisrestrukturierungsprozedur oder MRP. MRP ist die Technologie, welche es erlaubt, dass das Erinnerungsvermögen in der horizontalen Zeitsequenz präzis eliminiert, und eine andere Erinnerung stattdessen eingesetzt wird. Diese wird der existierenden Gedächtnisstruktur des Empfängers angepasst. ... Sie sehen, Ereignisse -- ob große oder unbedeutende -- gehen von einem einzigen Gedanken aus, der zu einer dauerhaften Erinnerung wird, die wiederum zu einem ursächlichen Energiezentrum wird, durch welches die Entwicklung und Materialisation des Gedankens in die Realität gesteuert wird -- in die horizontale Zeit. Durch MPR kann der ursprüngliche Gedanke entfernt und hierdurch die dauerhafte Erinnerung ausgelöscht werden, welche die Ursache für Ereignisse ist.

Die dritte Technologie besteht in der Bestimmung des Interventionspunkts. Bei jeder größeren Entscheidung gibt es Hunderte, wenn nicht Tausende von Interventionspunkten in der horizontalen Zeit, wenn sich ein Gedanke entfaltet und durch seine Entwicklungsphase geht. In der vertikalen Zeit gibt es allerdings nur einen Interventionspunkt oder das, was wir manchmal als den ursächlichen Samen bezeichnen. Anders ausgedrückt: Wenn sie zur vertikalen Zeitintelligenz Zugang erhalten, dann können sie den Interventionspunkt bestimmen, welcher der ursächliche Samen ist. Durch diese Technologie werden die wahrscheinlichsten Interventionspunkte und ihre Rangfolge bestimmt. Dies erlaubt die Fokussierung auf die anderen Technologien.

Die vierte Technologie ist mit der dritten verbunden. Es ist die Szenarienerzeugungstechnologie. Durch diese Technologie können die verschiedenen Interventionspunkte in bezug auf die geringsten Auswirkungen auf den Empfänger bestimmt werden. Oder anders ausgedrückt: Durch welchen Interventionspunkt -- wenn er auf ein Szenariummodell angewandt wird -- wird der erwünschte Ausgang mit der geringsten Störung von Ereignissen, welche keinen Bezug dazu haben, erzeugt? Diese Technologie ist ein Schlüsselelement von BST, weil ohne sie durch BST erhebliche Störungen der Gesellschaft - oder einer ganzen Art - erzeugt werden könnten.

Die fünfte und die erstaunlichste Technologie wird als interaktive Zeitreisentechnologie bezeichnet. Die Labyrinth-Gruppe hat die ersten vier Technologien fertig gestellt und wartet darauf, dass diese letzte Technologie einsatzfähig wird. Bei dieser Technologie wird ein Operator, oder ein Team aus Operatoren, benötigt, so dass sie physisch in die vertikale Zeit bewegen und in die präzise Zeit und den präzisen Raum eingesetzt werden können, wo die Interventionspunkte bestimmt worden sind. Von dort aus müssen die Operatoren die MRP-Technologie einsetzen und in ihre ursprüngliche Zeit zurückkehren, um den Erfolg der Mission beurteilen zu können."

Anne: "Ich habe mir nun diese Erklärung angehört, und ich glaube, dass ich sogar einiges davon verstanden habe, aber das klingt alles so surreal für mich, Dr. Anderson. Ich kann ... ich kann nicht ausdrücken, wie ich mich gerade fühle. Das ist alles mehr als seltsam. Es ist so gewaltig ... Ich kann nicht glauben, dass dies irgendwo auf dem Planeten, auf dem ich lebe, geschehen soll. Vor diesem Interview machte ich mir um meinen Kontostand Sorgen oder wann endlich mein verdammter Wagen repariert wird ... das ist alles zu seltsam."

Dr. Anderson: "Vielleicht sollten wir eine weitere Pause machen und neuen Kaffee holen."

(Nach einer Pause von ca. 10 Minuten wird das Interview fortgesetzt).

Anne: "Falls die Labyrinth-Gruppe bereits vier der fünf Technologien besitzt und nur noch auf den interaktiven ... den interaktiven Teil wartet, dann müssen sie schon fertige Szenarienmodelle und Interventionspunkte haben, um mit der außerirdischen Rasse fertig zu werden. Liege ich da richtig?"

Dr. Anderson: "Ja. Sie besitzen ungefähr 40 Szenarienmodelle und vielleicht 5-8 definierte Interventionspunkte."

Anne: "Und wenn es so viele gibt, dann muss es eine Rangfolge geben. Welches ist dann das wahrscheinlichste Szenarienmodell?"

Dr. Anderson: "Ich werde mich nur kurz dazu äußern, weil es sich hier um eine solch geheime Information handelt, dass nur Rangnummer 14 und Fifteen darüber Bescheid wissen. Meine Nummer in der Rangordnung ist 12, und so erhalte ich nur verstreute Berichte und höchstwahrscheinlich auch Fehlinformationen in bezug auf diese Dinge. Alles, was ich Ihnen sagen kann, ist, dass wir -- sowohl aus den Prophezeiungen, als auch durch unsere Fernwahrnehmungstechnologien -- sehr viele Informationen über diese Rasse besitzen.

Z.B. wissen wir, dass sie aus einer Galaxie stammen, welche unser Hubble-Teleskop so gründlich wie möglich untersucht hat. Wir wissen, dass sie 2,6 Millionen Lichtjahre entfernt liegt, und dass es sich bei dieser Art um eine synthetische Rasse handelt, also einer Mischung aus einer genetischen Schöpfung und einer Technologie. Sie besitzen die Mentalität eines Bienenschwarms, allerdings wird die individuelle Initiative trotzdem anerkannt, so lange sie nicht im Gegensatz zu den Zielen ihres Führers steht.

Weil es eine synthetische Rasse ist, kann sie in einer kontrollierten Umgebung erzeugt werden, und ihre Zahl kann nach dem Willen ihres Führers erhöht oder erniedrigt werden. Es ist ..."

Anne: "Haben Sie gerade gesagt, dass sie von einer Galaxie stammen, die 2,6 Millionen Lichtjahre entfernt ist? Ich meine, wenn man annimmt, dass sie mit Lichtgeschwindigkeit reisen, dann würde es 2,6 Millionen Jahre dauern, bis sie unseren Planet erreichen würden, und sie haben zuvor gesagt, dass sie bis jetzt überhaupt noch nichts von der Erde wissen ... richtig?"

Dr. Anderson: "Das Corteum kommt von einem Planeten, der 15 000 Lichtjahre entfernt ist, und trotzdem reisen sie zwischen der Erde und ihrem Planeten in einer Zeit hin- und zurück, die nicht länger dauert als eine Reise zum Mond -- der nur 380 000 km entfernt ist. Die Zeit ist nicht linear, sondern sie kann durch Versetzungsenergiefelder, welche den Raum kollabieren lassen, gekrümmt werden. Durch Lichtteilchen wird der Raum nicht versetzt oder kollabiert, sie bewegen sich in gerader Linie durch den Raum, aber es gibt bestimmte Arten elektromagnetischer Energien, durch welche der Raum verändert oder kollabiert werden kann. Durch diese Technologie werden Weltraumreisen -- sogar zwischen Galaxien -- nicht nur möglich, sondern sogar relativ leicht.

Anne: "Warum haben Sie gesagt "Ihre Physiker haben erst..?"

Dr. Anderson: "Ich möchte mich dafür entschuldigen. Dies hat seinen Grund nur darin, dass wir von der normalen Gesellschaft so isoliert sind. Wenn Sie 30 Jahre in einer geheimen Organisation wie die Labyrinth-Gruppe arbeiten, dann betrachten Sie Ihre Mitmenschen ... nicht als Ihre Mitmenschen, sondern als etwas anderes. Die wissenschaftlichen Prinzipien der Labyrinth-Gruppe unterscheiden sich sehr von denen, welche an Ihren ... schon wieder ... an unseren Universitäten gelehrt werden. Ich muss ziemlich ermüdend sein."

Anne: "Ich wollte sie nicht kritisieren. Es war nur die Art, wie Sie es gesagt haben, es hat so geklungen, als ob ein Außenstehender oder Außerirdischer es gesagt hätte."

Dr. Anderson: "Ich bin vielleicht ein Außenseiter, aber sicherlich kein Außerirdischer."

Anne: "Okay, zurück zur Prophezeiung oder der außerirdischen Rasse. Was wollen sie? Ich meine ... warum wollen sie so weit reisen, um die Erde zu beherrschen?"

Dr. Anderson: "Das erscheint mir als eine wirklich lustige Frage. Entschuldigen Sie, dass ich lache. Es ist einfach so, dass die Menschen nicht verstehen, wie außergewöhnlich die Erde ist. Sie ist, soweit Planeten betroffen sind, ein wirklich außergewöhnlicher Planet. Sie besitzt eine solche gewaltige Bio-Mannigfaltigkeit und komplexe Wirtschaftssysteme. Ihre natürlichen Resourcen sind einzigartig und sehr groß. Es ist eine genetische Vielfalt vorhanden wie in einem galaktischen Zoo.

Die Außerirdischen, welche kommen, wollen diesen Planeten besitzen, er ist ein Teil ihrer Kolonisationspläne. Ich habe schon gesagt, dass sie eine synthetische Rasse sind, die sich selbst klonen und eine immer größere Bevölkerung erzeugen kann, um den Zwecken ihres Kolonisationsplans zu dienen. Allerdings wünschen sie sich mehr Vielfalt, und die Erde stellt für sie eine Möglichkeit dar, vielfältiger zu werden."

Anne: "Wo befinden sie sich zur Zeit?"

Dr. Anderson: "Ich denke, dass sie sich in ihrer Heimat befinden. Sie sind bisher noch nicht in unserer Galaxie aufgetaucht."

Anne: "Und wenn sie ankommen, wie will das die ACIO oder die Labyrinth-Gruppe erfahren?"

Dr. Anderson: "Wie ich schon gesagt habe, hat die ACIO bereits erhebliche Untersuchungen durchgeführt und sogar Szenarien und Interventionspunkte ausgewählt."

Anne: "Nun, nach welchem Plan soll vorgegangen werden?"

Dr. Anderson: "Die logischste Vorgehensweise wäre, in die Zeit und den Ort zu reisen, als der ursächliche Gedanke entstand, die Milchstraße zu erforschen, und diesen durch die Anwendung von MRP aus dem Gedächtnis der Rasse zu löschen. Im wesentlichen müssen sie davon überzeugt werden, dass von all den wunderbaren und bewohnten Galaxien die Milchstraße die schlechteste Wahl ist. Die Labyrinth-Gruppe würde eine Erinnerung einpflanzen, welche diese Rasse dazu führen würde zu schließen, dass es unsere Galaxie nicht wert ist, gründlich erforscht zu werden."

Anne: "Dann wird aber eine andere Galaxie ihr nächstes Ziel. Könnten wir die Verantwortung für ihre nächste Eroberung übernehmen? Sind wird dann nicht selbst Verbrecher?"

Dr. Anderson: "Das ist eine gute Frage, aber ich weiß leider keine Antwort hierauf."

Anne: "Weshalb können wir nicht -- durch die Verwendung dieser MRP-Technologie -- einfach eine Erinnerung einpflanzen, damit sie ihre Aggressivität verlieren. Wir könnten dieser Rasse sagen, dass sie aufhören sollten, andere Planeten und Galaxien zu kolonisieren, welche nicht ihnen gehören. Warum können wir das nicht machen?"

Dr. Anderson: "Vielleicht werden wir das machen. Ich weiß wirklich nicht, was Fifteen vorhat. Ich vertraue allerdings auf seine Vorgehensweise und die Wirksamkeit."

Anne: "Aber Sie haben zuvor gesagt, dass Sie Angst um Ihr Leben haben ... dass Sie Fifteen jagen wird. Warum vertrauen Sie so sehr in seine moralische Integrität?"

Dr. Anderson: "Im Fall von Fifteen spielt die Moral keine Rolle. Er handelt nach seinem ethischen Kodex, und ich will nicht vorgeben, dass ich das alles verstehe. Aber ich bin ziemlich sicher, dass er die Übernahme durch die außerirdische Rasse abwenden kann, und ich bin genauso zuversichtlich, dass er die besten Interventionspunkte auswählen wird, welche den geringsten Einfluss auf den Rest der außerirdischen Rasse haben. Dies ist die einzige Möglichkeit, wie er BST anwenden kann, und er weiß dies genau."

Anne: "Wir sind wieder bei Gott, oder nicht?"

Dr. Anderson: "Ja."

Anne: "Gott und Fifteen haben also all dies herausgefunden?"

Dr. Anderson: “Es gibt keine Sicherheit, wenn Sie das meinen. Und es gibt keine Allianz zwischen Gott und Fifteen, wenigstens weiß ich nichts davon. Dies ist ein Teil des Glaubenssystems der Labyrinth-Gruppe, welches zusammen mit BST entwickelt wurde. Für uns ist es logisch, dass Gott allmächtig und allwissend ist, weil er als universelles geistiges Feld handelt, das alles Leben, alle Zeit, den gesamten Raum, die gesamte Energie und jegliche Existenz durchdringt. Dieses Bewusstsein ist unparteiisch, aber sicherlich ist es in der Lage, Dinge abzulehnen, oder genauer gesagt, ihre Ausführung aufzuschieben.”

Anne: “Falls Gott überall existiert, wie Sie sagen, weshalb hält er dann nicht diese marodierende außerirdische Rasse auf?”

Dr. Anderson: “Dies ist wiederum eine gute Frage, welche ich aber nicht beantworten kann. Ich möchte Ihnen nur sagen, dass der Gott, an den ich glaube, unparteiisch ist, wie ich schon gesagt habe. Was bedeutet, dass er seinen Schöpfungen erlaubt, sich nach ihren Wünschen auszudrücken. Auf dem höchsten Niveau, auf dem Gott handelt, haben alle Dinge einen Zweck ... sogar aggressive Arten, welche andere Arten und Planeten beherrschen wollen. Fifteen glaubte, dass Gott nichts geplant hatte, aber alles im universellen Geist versteht. Können Sie sich erinnern, als ich vom galaktischen Geist sprach?”

Anne: “Ja.”

Dr. Anderson: “Es gibt planetare Geister, solare Geister, galaktische Geister, und genauso einen einzigen universellen Geist. Der universelle Geist ist der Geist Gottes. Jede Galaxie hat ein kollektives Bewusstsein oder ein kollektives Geistfeld, welches die Summe aller Arten ist, welche sich in dieser Galaxie befinden. Der universelle Geist erzeugt die ursprüngliche Blaupause für alle Galaxien. Durch diese Blaupause wird die Prädisposition des genetischen Codes erzeugt, welcher in der Galaxie ausgesät wird. Wir, die Labyrinth-Gruppe, glaubten, dass Gott jeden genetischen Code einer Galaxie mit einer unterschiedlichen Prädisposition, oder einem unterschiedlichen Verhalten konstruiert hat.”

Anne: “Und warum sollte dies so sein?”

Dr. Anderson: "Auf diese Weise wird die Vielfalt im Universum vergrößert, wodurch Gott wiederum in der Lage ist, das breiteste Lebensspektrum zu erzeugen."

Anne: "Warum ist das so wichtig?"

Dr. Anderson: "Weil Gott es liebt zu experimentieren und neue Arten von Lebenserfahrungen in ihrem ganzen Ausmaß zu erzeugen. Dies ist vielleicht auch der Sinn des Universums."

Anne: "Wissen Sie, dass Sie wie ein Prediger reden? Sie sprechen davon, als ob es sich hierbei um Wahrheiten handeln würde, die offensichtlich sind ... aber es handelt sich nur um Glaubensvorstellungen, oder nicht?"

Dr. Anderson: "Ja, es handelt sich um Glaubensvorstellungen, aber solche sind wichtig, denken Sie nicht auch?"

Anne: "Ich bin nicht sicher ... Ich meine, meine Ansichten ändern sich jeden Tag. Sie sind nicht stabil oder in einer tiefgründigen Wahrheit verankert."

Dr. Anderson: "Nun, das ist gut ... ich meine, sie verändern sich. Die Labyrinth-Gruppe entwickelte sehr spezifische Glaubenssätze -- einige dieser basierten auf unseren Erfahrungen aufgrund der Ergebnisse der Intelligenzverstärkungstechnologien des Corteums, andere stammten aus antiken Texten, die untersucht wurden, und andere sind aus unseren ET-Kontakten übernommen."

Anne: "Sie wollen mir nun also erzählen, dass unsere freundlichen ETs aus der Nachbarschaft religiöse Fanatiker sind?"

Dr. Anderson: "Nein ... nein, ich will damit nicht sagen, dass sie versuchten, uns von ihrem Glauben zu überzeugen, wir haben einfach nur gefragt, und sie haben es uns mitgeteilt. Als wir sie hörten, erschienen sie uns fast mehr wissenschaftlich als religiös. Ich glaube, dass dies die Natur höher entwickelter Arten ist. Sie finden letztendlich heraus, dass Wissenschaft und Religion in der Kosmologie zusammenlaufen. Das Verständnis des Universums, in dem wir leben, führt auch dazu, dass wir uns selbst verstehen -- was der Zweck der Religion und der Wissenschaft ist, oder zumindest sein sollte."

Anne: "Okay, dies ist alles zu philosophisch für meinen Geschmack. Können wir zu den Flügelmachern zurückkehren? Falls es, wie Sie sagen, eine galaktische Förderation gibt, welche die Milchstraße regiert, welche Rolle spielen die Flügelmacher in dieser Förderation?"

Dr. Anderson: "Ich bin beeindruckt von der Art Ihrer Fragen. Und ich wünschte, dass ich sie beantworten könnte, aber leider weiß ich auch hier die Antwort nicht. Ich möchte annehmen, dass die Förderation und die Flügelmacher gemeinsam handeln und sich wohlwollend gegenüberstehen, aber ich bin mir nicht ..."

Anne: "Aber falls Sie ihre Fernwahrnehmungstechnologie verwenden können, um diese außerirdische Rasse zu belauschen, die sich in einer völlig anderen Galaxie befindet, wieso können Sie dann nicht die Flügelmacher und die Förderation beobachten?"

Dr. Anderson: "Tatsächlich haben wir versucht, unsere Fernwahrnehmungstechnologie auf die Flügelmacher anzuwenden. Es war eines der ersten Dinge, die wir versucht haben. Aber wir erhielten nichts. Tatsächlich war es das erste Mal, dass unsere Technologie völlig wirkungslos blieb. Wir nahmen an, dass die Flügelmacher eine Art von Sicherheitssystem entwickelt hatten, durch welches eine Fernwahrnehmung verhindert wurde. Aber wir waren uns nicht sicher."

Die Förderation ist sich unserer Fähigkeiten der Fernwahrnehmung vollkommen bewusst, und tatsächlich können wir die Förderation nicht aushorchen, weil sie in der Lage ist, unsere Anwesenheit aufzudecken, wenn wir sie mittels Fernwahrnehmung beobachten. Um also ihre Privatsphäre zu schützen und ihren Zielen zu vertrauen, haben wir unsere Technologie nie auf die Förderation angewandt ... vielleicht nur einmal oder zweimal."

Anne: "Sie müssen mir schon verzeihen, Dr. Anderson, aber ich kann all dies kaum glauben. Wir haben uns während dieses Interviews über hundert verschiedene Themen unterhalten, und ich muss zu dem gleichen grundsätzlichen Punkt zurückkommen: Warum? Warum ist das Universum so aufgebaut, und keiner auf der Erde weiß etwas davon? Warum diese ganze Geheimhaltung? Glaubt jemand, dass wir Menschen so dumm sind, dass wir es nicht verstehen könnten? Und wer zum Teufel ist dann dieser jemand?"

Dr. Anderson: "Unglücklicherweise gibt es so viele Verschwörungen, um diese lebenswichtigen Informationen vor der Öffentlichkeit zu verbergen, so dass alles, was an die Öffentlichkeit gelangt, so sehr verwässert wird, dass es praktisch wertlos ist. Ich kann Ihre Frustration verstehen. Ich kann Ihnen nur sagen, dass es Leute gibt, die über diese Dinge Bescheid wissen, aber nur Fifteen hat eine Ahnung von der wirklichen Realität.

In anderen Worten: Es gibt einige Leute beim Militär, in der Regierung, dem geheimen Netzwerk, der NSA, der CIA, etc., die einen Teil des Ganzen wissen, aber sie verstehen nicht das Ganze. Sie haben nicht das Wissen, um sich vor die Presse zu stellen und zu erklären, was geschieht. Sie befürchten, dass sie schwach erscheinen würden, weil sie nur einen Teil dessen wissen, das vorsichgeht. Man kann dies mit der Geschichte der drei blinden Männer vergleichen, die alle verschiedene Teile eines Elephanten berühren, und von denen jeder glaubt, dass es sich um etwas anderes handelt.

Fifteen hält das Wissen vor der Presse und der Öffentlichkeit zurück, weil er nicht als Retter der Menschheit gehalten werden will -- als der nächste Messias. Und vor allem möchte er nicht als Extremist angesehen werden, welcher eingesperrt, oder noch schlimmer, einem Attentat zum Opfer fallen sollte, weil er so miss- verstanden wird. In dem Augenblick, wenn er mit all seinem Wissen an die Öffentlichkeit treten würde, könnte er seine Privatsphäre verlieren und die Fähigkeit, BST zu entwickeln. Und das würde er nie tun.

Die meisten Leute, welche über die weiter gehende Realität Bescheid wissen, haben Angst vor einer öffentlichen Untersuchung, da sie befürchten, dass sie lächerlich gemacht werden. Sie müssen zugeben, dass die Öffentlichkeit im allgemeinen vor Dingen, welche sie nicht versteht, Angst hat und dass sie den Nachrichtenübermittler töten."

Anne: "Aber warum erhalten wir nicht wenigstens Teilwahrheiten über die Realität ... über ETs und die Förderation? Irgendjemand, die Medien, die Regierung oder irgendjemand anders, hält diese Informationen vor uns zurück. Wie z.B. die Geschichte über die Marsianer, die sie mir erzählt haben. Falls diese wahr ist und Clinton darüber Bescheid weiß, warum werden wir nicht informiert?

Dr. Anderson: "Wenn ich zynisch wäre, dann würde ich Sie Dinge fragen wie ... Warum sehen Sie jeden Tag sechs Stunden fern? Warum füttern Sie Ihr Gehirn ausschließlich mit den Meinungen anderer? Warum vertrauen Sie Ihren Politikern? Warum vertrauen Sie Ihren Regierungen? Warum unterstützen Sie die Zerstörung eurer Wirtschaftssysteme und die Gesellschaften und Regierungen, welche die Zerstörung verüben?

Sie sehen, weil die gesamte Menschheit erlaubt, dass diese Dinge geschehen, können sie leicht getäuscht und ihnen Informationen vorenthalten werden, indem ihre Aufmerksamkeit auf weltlichere Dinge wie das Wetter und Hollywood gelenkt werden."

Anne: "Das sagt sich leicht für jemanden, dessen IQ nicht gemessen werden kann. Aber diejenigen von uns mit durchschnittlicher Intelligenz, was müssten wir anders machen, um an diese Informationen heranzukommen ... an die weiter gehende Realität?"

Dr. Anderson: "Ich weiß es nicht. Ich weiß es wirklich nicht. Ich gebe nicht vor, die Antworten zu haben. Aber irgendwie müssen die Menschen mehr von ihren Regierungen und auch den Medien verlangen. Weil nämlich die Medien eine große Rolle in dieser Manipulation spielen, obwohl sie sich nicht bewusst sind, wie sie Schachfiguren bei dieser Vertuschungskampagne werden.

Die Wahrheit in dieser Sache ist, dass niemandem die Schuld gegeben werden kann. Es hat schon immer eine Elite gegeben. Es hat immer schon solche gegeben, welche aggressiver waren, mächtiger sein und die schwächeren ihrer Art dominieren wollten. Dies ist die grundsätzliche Struktur, durch welche dieser Zustand der Geheimhaltung entstanden ist, und diese ist in jedem Bereich der Gesellschaft zu finden, eingeschlossen der Religion, den Regierungen, dem Militär, der Wissenschaft, den Universitäten und der Geschäftswelt.

Dieses Spielfeld wurde nicht für alle gleich geschaffen. Es wurde erzeugt, um einen freien Willen zu ermöglichen und die Auswahl der Realität entsprechend der individuellen Vorlieben. Und für jene, welche die geistige Kapazität besitzen, um in diese Geheimnisse hinter den Geheimnissen und hinter diesen einzudringen, können sie im allgemeinen Teile der weiteren Realität finden. Diese ist nicht völlig versteckt ... es gibt Bücher und Personen, sogar Prophezeiungen, durch welche vieles, über das ich heute Nacht gesprochen habe, bestätigt werden kann. Und all dies ist für jeden leicht erhältlich, der das weitere Universum, in dem wir leben, verstehen möchte.

So, um Ihre Frage zu beantworten: "Was müssten wir anders machen?" ... ich würde lesen und studieren. Ich würde meine Zeit dazu investieren, um über dieses weitere Universum zu lernen, den Fernseher abschalten und mich von den Medien abschotten. Das wäre, was ich tun würde ..."

Anne: "Vielleicht ist dies ein guter Zeitpunkt, um die Dinge zusammenzufassen, außer Sie möchten noch etwas hinzufügen."

Dr. Anderson: "Nur noch eine Sache, und das ist, falls irgendwer jemals dieses Interview liest, dann sollte er es mit einem offenen Geist tun. Wenn jemand mit einem Geist herangeht, der mit Gelerntem, Anerzogenem und vorgefassten Meinungen gefüllt ist, dann sind hierin zuviele Dinge enthalten, über die man diskutieren könnte. Ich bin nicht daran interessiert, mit irgendjemanden zu diskutieren. Ich bin nicht einmal daran interessiert, jemand von dem zu überzeugen, was ich gesagt habe. Mein Leben wird weiter gehen, selbst wenn mir keiner glaubt.

Die Flügelmacher haben eine Zeitkapsel ihrer Kultur gebaut, und sie ist bezaubernd. Ich wünschte mir, ich könnte die Leute zu der Fundstelle bringen, so dass sie die 23 Kammern und all die Wandmalereien selbst sehen könnten. Wenn sie das machen würden, dann könnten sie verstehen, dass Kunst ein Portal sein kann, welches die Seele in eine andere Dimension transportiert. Diese Malereien besitzen eine Art Energie in sich, welche durch einfache Fotografien nicht ausgedrückt werden kann. Sie müssen wirklich innerhalb dieser Kammern stehen und die zweckmäßige Natur dieser Zeitkapsel fühlen. Ich glaube, dass sie alles glauben würden, was ich gesagt habe, wenn ich sie dorthin führen könnte."

Anne: "Könnten Sie nicht jemanden wie mich an diese Stelle führen?"

Dr. Anderson: "Nein. Unglücklicherweise ist das Sicherheitssystem, das diesen Ort umgibt, so hoch entwickelt, der Ort ist in jeder Hinsicht unsichtbar. Alles, was ich habe, sind meine Fotografien."

Anne: "Sie sagen, dass, wenn ich direkt auf diesen Ort zugehen würde, ich nicht in der Lage wäre, ihn zu sehen?"

Dr. Anderson: "Eine Verhüllungstechnik ist nicht nur ein Konzept der Science-Fiction. Sie wurde schon vor mehr als zehn Jahren entwickelt. Sie wird viel öfter eingesetzt, als sich die Leute vorstellen können. Und ich spreche nicht von einer verwässerten Version der Stealth-Technologie. Ich spreche von der Fähigkeit, eine existierende Realität, die versteckt werden soll, durch eine Realitätskonstruktion zu überlagern. Ich könnte z.B. direkt auf diesen Eingang zugehen und würde nichts erkennen, was auf einen Eingang oder eine Öffnung schließen ließe. Für einen Beobachter wäre nur eine glatte Felswand vorhanden. Und sie hätte alle Eigenschaften von Felsen -- den Aufbau, die Härte usw., aber in Wirklichkeit handelt es sich um eine Realitätskonstruktion, welche auf den Geist des Beobachters aufgelagert wird. In Wirklichkeit ist der Eingang dort, aber er kann nicht beobachtet werden, weil sich der Geist von der projizierten Realitätskonstruktion an der Nase herumführen lässt."

Anne: "Großartig, es gibt also keine Möglichkeit, diesen Ort zu betreten und diese Zeitkapsel zu sehen ... wir kleine Menschen werden also wieder einmal davon abgehalten, die Beweise selbst zu sehen. Sie sehen also, der Grund, weshalb dies so schwer zu glauben ist, ist, dass nie irgendetwas bewiesen wird!"

Dr. Anderson: "Aber ist in den Augen des Betrachters kein Beweis vorhanden? Oder anders ausgedrückt: Was für Sie ein Beweis ist, muss nicht auch andere überzeugen oder umgekehrt. Ist dies nicht bei allen Religionen und sogar der Wissenschaft der Fall? Die Wissenschaftler behaupten, dass sie diese oder jene Theorie bewiesen hätten, und dann, einige Jahre später, kommt ein anderer Wissenschaftler daher und widerlegt die zuvor gültige Theorie. Und dies geht immer so weiter."

Anne: "Was glauben Sie also?"

Dr. Anderson: "Es gibt keine absoluten Beweise. Sie sind nicht einmal objektiv. Sie suchen eine Erfahrung, die dauerhaft und perfekt ist. Eine solche Erfahrung, falls sie tatsächlich existiert, ist nicht im Besitz eines geheimen Netzwerks, einer elitären Organisation oder der galaktischen Förderation.

Sie können diese Erfahrung des absoluten Beweises morgen haben, aber schon am nächsten Tag würden Zweifel auftauchen, und in ein paar Wochen oder Monaten würde dieser Beweis oder die absolute Wahrheit, die Sie besitzen möchten, nur noch eine Erinnerung sein.

Nein, ich kann Ihnen keine absoluten Beweise liefern, genausowenig wie jemand anders. Ich kann Ihnen nur das erzählen, von dem ich weiß, dass es für mich wahr ist und versuchen, dies mit jemandem, der interessiert ist, zu teilen. Ich bin nicht so sehr daran interessiert, über die Kosmologie des Universums zu reden, sondern daran, die Geschichte der Flügelmacher und ihrer Zeitkapsel an die Öffentlichkeit zu bringen. Sie sollte über diese Geschichte Bescheid wissen. Es handelt sich um eine Entdeckung von unvergleichlicher Bedeutung, und sie sollte mit anderen geteilt werden."

Anne: "Sie wissen, dass Sie mich zum Botschafter machen, oder nicht? Sie bitten mich darum diejenige zu sein, welche die ganzen öffentlichen Untersuchungen und Verdächtigungen über sich ergehen lässt und die Lächerlichmachung ertragen soll."

Dr. Anderson: "Ich bitte Sie nicht darum, irgendetwas zu machen, das Sie nicht wollen. Falls Sie mit den Materialien, die ich Ihnen gegeben habe, nichts machen würden, dann könnte ich das verstehen. Alles, worum ich Sie bitten möchte, ist, dass Sie mir die Unterlagen wieder zurückgeben, wenn Sie diese nicht veröffentlichen wollen. Wenn ich selbst als Botschafter auftrete, würde ich meine Freiheit verlieren. Falls Sie diese Aufgabe übernehmen, dann könnte dies Ihrer Karriere äußerst dienlich sein, und Sie machen nur Ihren Job. Sie sind nicht der Botschafter, Sie sind der Übermittler. Aber Sie müssen tun, was Sie für das beste halten."

Anne: "Okay, lassen Sie uns hier abbrechen. Ich möchte nicht, dass Sie glauben, dass ich eine völlig Ungläubige bin. Ich bin ein Journalist, und ich trage die Verantwortung für meine Veröffentlichungen, also muss ich sie erst nachprüfen. Bei Ihnen kann ich das nicht machen. Aber das, was Sie mir erzählen, ist die größte Geschichte die es je gegeben hat, falls sie der Wahrheit entspricht. Jedoch kann ich dies nicht an die Öffentlichkeit bringen - zumindest nicht durch die Zeitung, für die ich arbeite, weil sie es nie veröffentlichen würden. Keine Nachprüfbarkeit ... keine Geschichte."

Dr. Anderson: "Ja, ich verstehe. Aber ich habe Ihnen einige der ACIO-Technologien gezeigt, sowie Fotos von der Fundstelle und deren Inhalt. Hierbei handelt es sich um nachprüfbare Beweise."

Anne: "Für mich schon, aber hierdurch können nicht alle Behauptungen, welche Sie heute Nacht gemacht haben, bestätigt werden. Nach all dem, was ich weiß, ist diese Holographische Fraktalobjekt-Technologie, die Sie mir gezeigt haben, nicht so außergewöhnlich. Ich kann diese Dinge nicht so gut beurteilen. Und selbst wenn dies der Fall wäre, kann hierdurch nicht die Existenz der galaktischen Förderation oder der Flügelmacher bewiesen werden."

Dr. Anderson: "Nun ... vielleicht haben Sie Recht ... wir sollten dieses Interview beenden. Ich habe Ihnen mehrere Interviews versprochen. Und wir werden uns morgen Abend treffen, oder nicht?"

Anne: "Ja."

Dr. Anderson: "Dann möchte ich mich für Ihr Interesse an meiner Geschichte bedanken, Anne. Ich weiß, dass sie fantasievoll und fremdartig klingt, aber zumindest haben Sie mich nicht als Verrückten abgetan. Und dafür möchte ich Ihnen danken.

Gute Nacht, Anne."

Anne: "Gute Nacht."

8. KAPITEL

PRAKTISCHE ZEITREISEN

Die Zeit ist Gottes Methode,
um zu verhindern, dass alles gleichzeitig geschieht.
Aus "Time Travel".

Die Macht der Zeit besteht darin, dass sie
sich bekämpfende Könige beruhigt, die Falschheit
aufdeckt und die Wahrheit ans Licht bringt.
William Shakespeare.

Praktische Zeitreisen sind für den Verbraucher noch nicht möglich, und solange Zeitreisegeräte nicht in großem Maßstab hergestellt werden, muss sie der Amateurerfinder selbst herstellen.

Durch die Darstellung der frühen Zeitreiseexperimente von Keely, Tesla, den Wilson-Brüdern von Thorn-EMI und anderen, bis hin zum Philadelphia-Experiment und dem Montauk-Experiment hoffen wir, dass der Verbraucher in den Besitz praktischer Zeitreisegeräte kommt.

BRIANS X´S ANSICHTEN ÜBER ZEITREISEN UND INTERDIMENSIOANLE REISEN

Der folgende Artikel stammt von der Internetseite von Brian X, und da es sich um eine Abhandlung handelt, die es Wert ist zu lesen, wollen wir sie in diesem Kapitel aufnehmen:

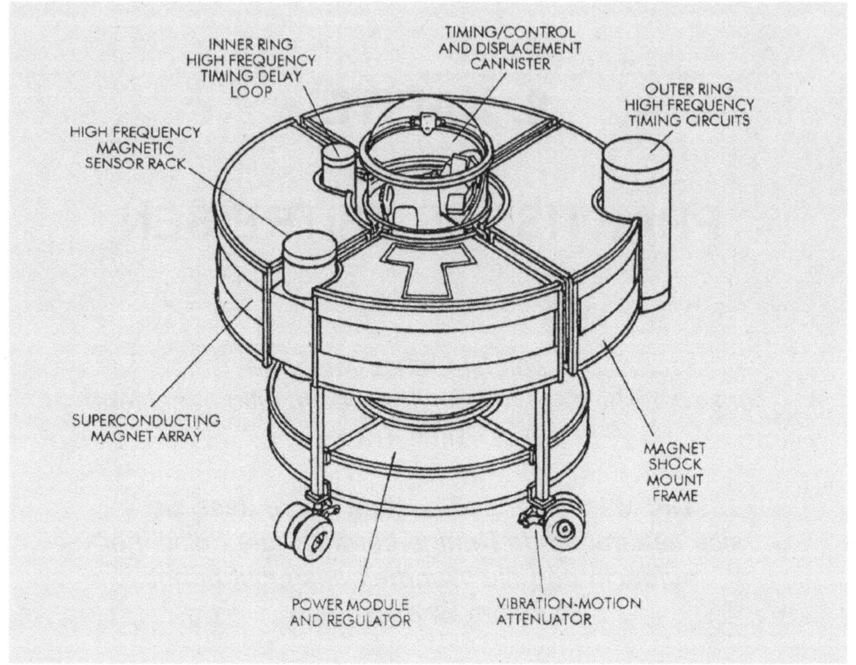

"Zeitreisen werden nicht länger nur als Science-Fiction angesehen. Jahrzehntelang war das Konzept von Zeitreisen das Thema von Science-Fiction-Erzählungen und Filmen und auch viele große Wissenschaftler in der ganzen Geschichte haben sich darüber geäußert. Einsteins Relativitätstheorie kann dazu verwendet werden, um zu beweisen, dass Zeitreisen tatsächlich möglich sind. Durch Forschungsergebnisse der Regierung sind experimentelle Daten gewonnen worden, die schlüssig zeigen, dass sich schnell bewegende Fahrzeuge in die Zukunft bewegt haben. Dieses Phänomen hat seinen Grund in der Zeitverkürzung, welches besagt, dass die Zeit bei hohen Geschwindigkeiten langsamer vergeht. Dinge wie Wurmlöcher und geschlossene, zeitähnliche Krümmungen sind mögliche Mittel, um in die Zukunft oder in die Vergangenheit zu reisen. In die Vergangenheit zu reisen, ist viel schwieriger, als in die Zukunft zu reisen.

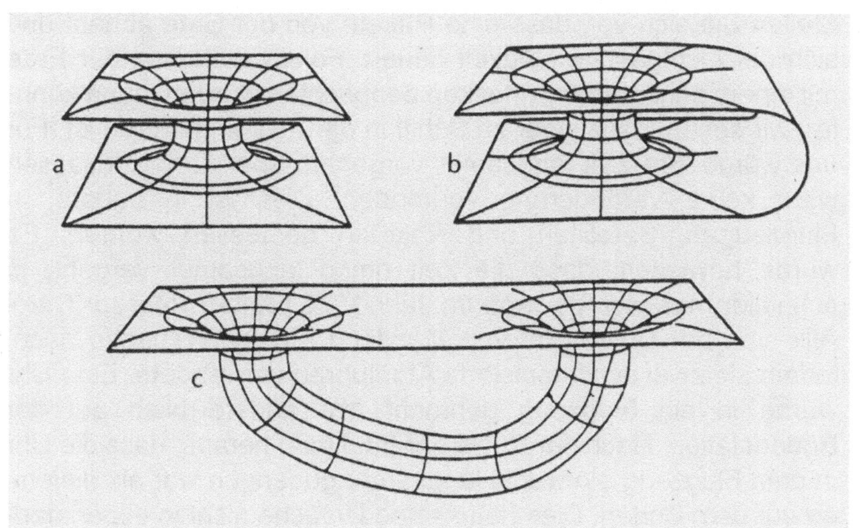

Stellen Sie sich vor, dass Sie einer der Menschen sind, die vor 1903 geboren wurden und noch immer am Leben sind. Als Sie jung waren, war die Vorstellung des Fliegens für Sie wahrscheinlich sehr aufregend. Einige Wissenschaftler glauben, dass wir zur Zeit ein ähnliches Szenarium durchleben. Bei der Sache, welche so aufregend ist, handelt es sich allerdings nicht um das Fliegen, sondern um Zeitreisen. Führende Wissenschaftler glauben, unsere Kinder werden erleben, dass das Unmögliche zur Routine wird. Professor Mikio Mukaku von der Universität von New York glaubt, dass durch die Weltraumflüge irgend einmal die Geheimnisse der Zeit entschlüsselt werden können. Hierzu ist die Entwicklung von Raumfahrzeugen notwendig, die mit Geschwindigkeiten von Hunderten von Millionen Kilometern pro Sekunde reisen können, also ungefähr fünfhundert Millionen Kilometer pro Stunde. Durch solche Fahrzeuge sind Geschwindigkeiten in der Nähe der Lichtgeschwindigkeit möglich, wo die Zeit verkürzt wird. Durch Einsteins Theorien wird vorhergesagt, dass die Zeit umso langsamer vergeht, je schneller sich das Raumschiff bewegt.

Stellen Sie sich vor, dass eine Rakete von der Erde abhebt und sich der Lichtgeschwindigkeit nähert. Falls wir sie von der Erde mit einem sehr starken Teleskop beobachten würden, dann könnten wir sehen, dass jeder im Schiff in der Zeit eingefroren ist. Für uns würde ihre Zeit langsamer vergehen, aber für die Insassen wäre keine Veränderung vorhanden! Dies ist in Labors, in Flugzeugen, Satelliten und Raketen gemessen worden. Es wurde bewiesen, dass die Zeit umso langsamer vergeht, je schneller man sich bewegt. Im Jahr 1975 prüfte Professor Carol Allie von der Universität von Maryland Einsteins Theorie nach, indem sie zwei synchronisierte Atomuhren verwendete. Eine Uhr wurde in ein Flugzeug gebracht, die andere blieb auf der Bodenstation. Nach der Rückkehr fand man heraus, dass die Uhr in dem Flugzeug ein wenig langsamer gegangen war als diejenige auf dem Boden. Dies hatte seine Ursache nicht in experimentellen Fehlern, da dieses Experiment schon öfters mit den gleichen Ergebnissen wiederholt wurde. In Satelliten und auf Raumstationen ist dieser Zeitunterschied sogar noch größer. Dies hat seinen Grund darin, dass sie sich mit wesentlich höherer Geschwindigkeit bewegen. Je schneller sich ein Objekt bewegt, desto stärker wird die Zeit verkürzt.

Da wir nun wissen, dass es möglich ist, in die Zukunft zu reisen, indem man sich mit großer Geschwindigkeit bewegt, ist das nächste Problem, sich in der Zeit zu bewegen, ohne dass man sich in ein sich schnell bewegendes Raumschiff setzen muss. Dieses Problem kann durch die Existenz von geschlossenen, zeitähnlichen Kurven oder Wurmlöchern gelöst werden. Durch Einsteins Relativitätstheorie wird der dreidimensionale Raum mit der Zeit verbunden, um eine vierdimensionale Raumzeit zu bilden.

Die Raumzeit besteht aus Punkten oder Ereignissen, welche einen bestimmten Ort zu einer bestimmten Zeit darstellen. Ihr ganzes Leben ist eine Art sich windender Wurm in der Raumzeit! Die Spitze des Wurmendes wäre ihre Geburt, und der Kopf würd den Tod darstellen. Die Linie, welche dieser Wurm mit seinem

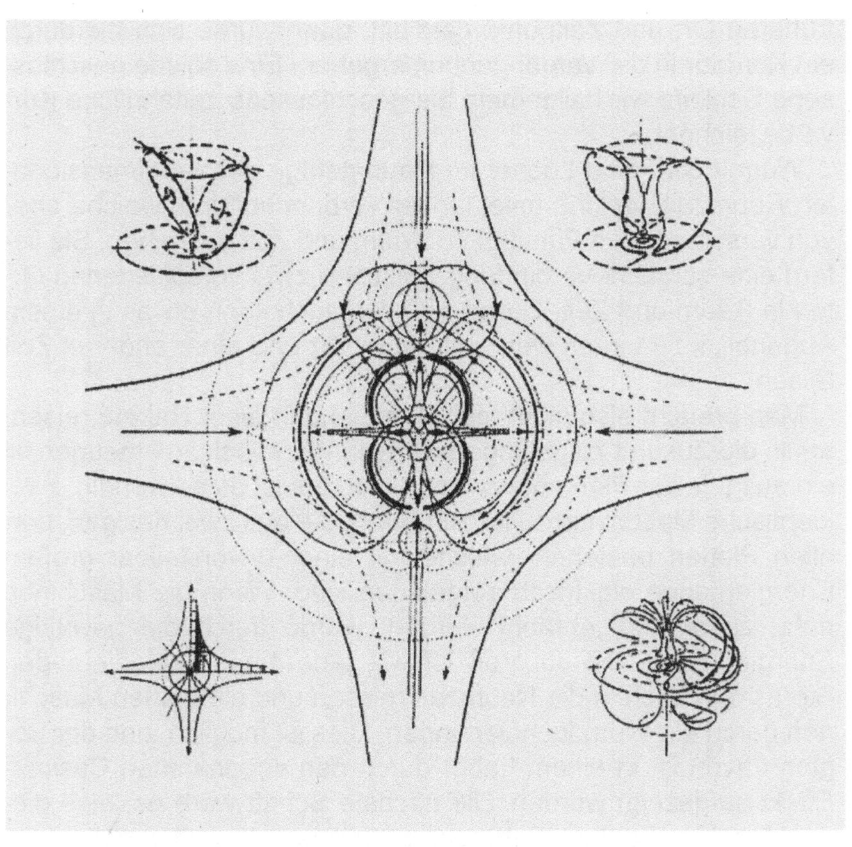

Zeichnung von Alfred Wakeman, welche die kontinuierliche Verflechtung eines wirbelartigen und toroiden Ein/Ausflusses zeigt. In dieser Zeichnung aus dem Jahr 1980 sind die dynamischen Phasen der Flussentwicklung, eingeschlossen Zeitwirbel, dargestellt.

Körper erzeugt, wird als die Weltlinie des Objekts bezeichnet. Einstein sagte voraus, dass Weltlinien durch Himmelskörper wie Schwarze Löcher verzerrt werden können. Dies ist auch der Grund für die Gravitation. Wenn nun die Weltlinien eines Objekts so stark verzerrt werden, dass sie eine Schleife bilden, welche mit einem Punkt auf sich selbst verbunden ist, welcher einen früheren Ort und Zeitpunkt darstellt, dann würde sich hierdurch ein Korridor in die Vergangenheit ergeben! Eine solche geschlossene Schleife wird allgemein als geschlossene zeitähnliche Kurve bezeichnet.

Wurmlöcher sind Löcher im Raumgefüge der vierdimensionalen Raumzeit, welche miteinander verbunden sind, welche aber von verschiedenen Punkten im Raum und Zeit ausgehen. Sie liefern eine schnelle Verbindung zwischen zwei verschiedenen Orten in Raum und Zeit. Durch ein Wurmloch kann etwas in einem Augenblick zu einem weit entfernten Ort und einer anderen Zeit reisen.

Man braucht also nicht mehr jahrelang in einer Rakete reisen, um in die Zukunft zu gelangen! Um ein Wurmloch zu erzeugen ist ein ausgefeilter Plan notwendig. Als erstes ist es notwendig, zwei identische Maschinen zu konstruieren, die aus zwei riesigen, parallen Platten bestehen, welche mit einer unvorstellbar großen Energiemenge elektrisch aufgeladen sind. Wenn die Maschinen nahe zusammengebracht werden, würde durch die gewaltige Energiemenge, die so groß ist wie jene eines explodierenden Sterns, ein Loch in die Raumzeit reissen und die beiden Maschinen durch ein Wurmloch verbinden. Dies ist möglich, und der Beginn davon ist in einem Labor durch den sogenannten Casimir-Effekt aufgezeigt worden. Die nächste Schritt wäre es, eine dieser Maschinen auf ein Fahrzeug zu bringen, das mit annähernder Lichtgeschwindigkeit fliegen kann. Das Fahrzeug würde ein Maschine auf seiner Reise mitnehmen, während es durch ein Wurmloch weiterhin mit der anderen auf der Erde verbunden wäre. Hierdurch könnten sie durch einen einfachen Schritt in das Wurmloch an einen anderen Ort und in eine andere Zeit gelangen.

Wurmlöcher und geschlossene, zeitähnliche Schleifen scheinen auch eine der hauptsächlichsten Methoden zu sein, um in die Vergangenheit zu reisen. Die Beschränkung dieser Art von Zeitreisen in die Vergangenheit wäre allerdings, dass es unmöglich wäre, in eine Zeit zurückzureisen, bevor die Maschine ursprüng-

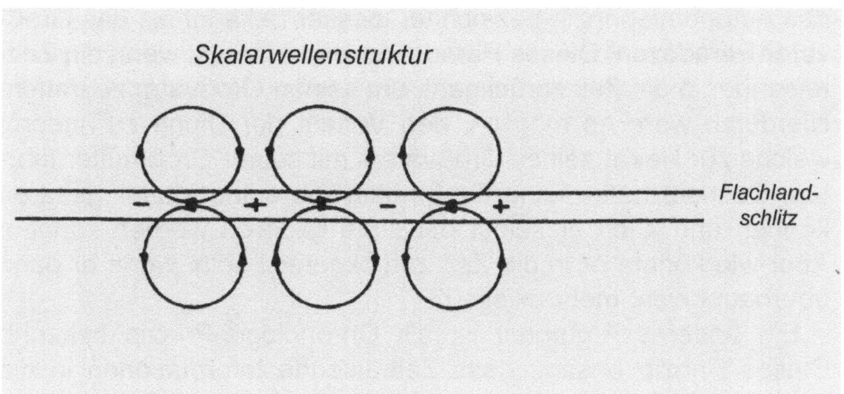

lich erzeugt wurde. Obwohl die zuvor erwähnten Theorien der Allgemeinen Relativitätstheorie in sich konsistent sind, was geschlossene, zeitähnliche Kurven und Wurmlöcher angeht, so sagen sie doch nichts über den tatsächlichen Zeitreiseprozess aus. Die Quantenmechanik kann dazu verwendet werden, um mögliche Szenarien darzustellen. Wenn sie im Zusammenhang mit Zeitreisen angewandt wird, ergibt sich eine sogenannte Mehrfachwelteninterpretation. Diese wurde zuerst von Hugh Everett im Jahr 1957 vorgeschlagen. Hier wird von der Ansicht ausgegangen, dass, falls irgendetwas physikalisch passieren kann, dies auch in irgendeinem Universum geschieht. Everett meint, dass unsere Realität nur eine von vielen anderen ist. Es gibt eine Ansammlung von Universen, die "Multiversen" genannt werden. In jedes Multiversum sind Kopien jeder Person und der gesamten Materie vorhanden.

Das Konzept der Zeitreisen wird durch wissenschaftliche Theorien unterstützt, aber das reicht nicht aus, damit es auch in der Wirklichkeit möglich ist. Es gibt zahllose Argumente, durch welche Zeitreisen in die Vergangenheit unmöglich gemacht werden. Sowohl der gesunde Menschenverstand als auch wissenschaftliche Tatsachen liefern ernstliche Bedenken. Eines der hauptsächlichen Argumente gegen Zeitreisen in die Vergangenheit wird als das Autonomieprinzip bezeichnet, besser bekannt als das Großvater-Paradoxon. Dieses Paradoxon wird erzeugt, wenn ein Zeitreisender in die Zeit zurückgeht, um seinen Großvater zu treffen. Hierdurch wäre es möglich, den Verlauf der Dinge zu ändern, welche zur Heirat seines Großvaters mit seiner Großmutter führten. Deshalb hätte seine Großmutter nie seine Mutter gebären können und auch er selbst hätte nie geboren werden können! Aber wie könnte er in die Zeit zurückgereist sein, wenn er dann überhaupt nicht mehr existiert?

Ein anderes Argument ist als Chronologie-Prinzip bekannt. Dieses Prinzip besagt, dass Zeitreisende Informationen in die Vergangenheit bringen könnten, die verwendet werden könnten, um neue Ansichten und Produkte zu kreieren. Hierdurch wäre keine kreative Energie auf seiten des "Erfinders" notwendig. Stellen sie sich vor, dass Picasso, der einflussreichste und erfolgreichste Künstler des 20. Jahrhunderts in die Vergangenheit zurückreisen würde, um sich selbst als junger Mann zu treffen. Wenn man davon ausgeht, dass er im richtigen Universum bleibt, dann könnte er sich selbst Kopien seiner Gemälde, Skulpturen, Graphiken und Keramiken geben. Der junge Picasso könnte diese dann genau nachbilden, wodurch die Zukunft der Kunst verändert würde. Aus diesem Grund existieren die Reproduktionen, weil sie Kopien des Originals sind, und die Originale existieren, weil sie Kopien der Reproduktionen sind. Es wäre nie irgendeine kreative Energie notwendig gewesen, um diese Meisterwerke zu erzeugen!

Eine Ansicht, welche einst nichts anderes als Science-Fiction war, ist nun ein Konzept, das zur Realität wird. Einsteins Theorien der Allgemeinen und der Speziellen Relativitätstheorie können dazu verwendet werden, um tatsächlich zu beweisen, dass Zeitreisen möglich sind, und Forschungen haben gezeigt, dass sich schnell bewegende Fahrzeuge in die Zukunft reisen können.

Die Zeitverkürzung ist die einfachste Methode, weil hierbei nur eine hohe Geschwindigkeit notwendig ist. Phänomene, die als Wurmlöcher und geschlossene, zeitähnliche Kurven bekannt sind, sind ebenfalls mögliche Mittel für Zeitreisen in die Zukunft und die Vergangeheit. Reisen in die Vergangenheit sind allerdings wesentlich schwieriger. Sowohl der gesunde Menschenverstand als auch wissenschaftliche Fakten können dazu verwendet werden, um Szenarien aufzuzeigen, die ernstliche Hindernisse darstellen können. Aber sogar diese Hindernisse können hinwegerklärt werden! Im Multiversum-Konzept der Realität von Everett basieren dann die derzeitigen Vorstellungen von Zeitreisen auf einer falschen Realität. Falls Zeitreisen völlig unmöglich sind, dann müssen die Gründe hierfür erst noch entdeckt werden.

"TIME TRAVEL MECHANICAL SERVICES, LTD."

Nun wollen wir uns einen anderen ungewöhnlichen Fall von Zeitreisen ansehen, und zwar von einer Gruppe, die kurz im Internet zu finden war. Es handelt sich um die Firma "Time Travel Mechanical Services Ltd." (Mechanischer Service für Zeitreisen).

Irgendwann im Dezember 1998 ließ ein Mann im "Adventure Unlimited Buchladen und Cafe in der Symonds Street in Auckland in Neuseeland einen Ordner mit Dokumenten zurück, auf dem die Worte *Time Travel Mechanical Service, Ltd.* aufgedruckt waren.

Der Mann, der Blue Jeans und ein T-Shirt trug und seine Haare hinten zu einem Pferdeschwanz zusammengebunden hatte, ging dann aus dem Laden hinaus und sagte "Mit den besten Wünschen aus der Zukunft". Er kehrte nie mehr zurück.

Das Büro in Neuseeland unternahm alles, um diese Gesellschaft zu finden, aber umsonst. Nachdem sie die Dokumente untersucht hatten, sandten sie diese per Eilkurier an das Büro von Adventure Unlimited in Kempton.

In dem Inhalt des Ordners, einem dünnen Stapel von Dokumenten, werden die Pläne für eine "mehrphasige, harmonische Warp-Feldanordnung" beschrieben. Hierbei handelt es sich um ein Zeitreisegerät, das im 23. Jahrhundert auf einem Kontinent,

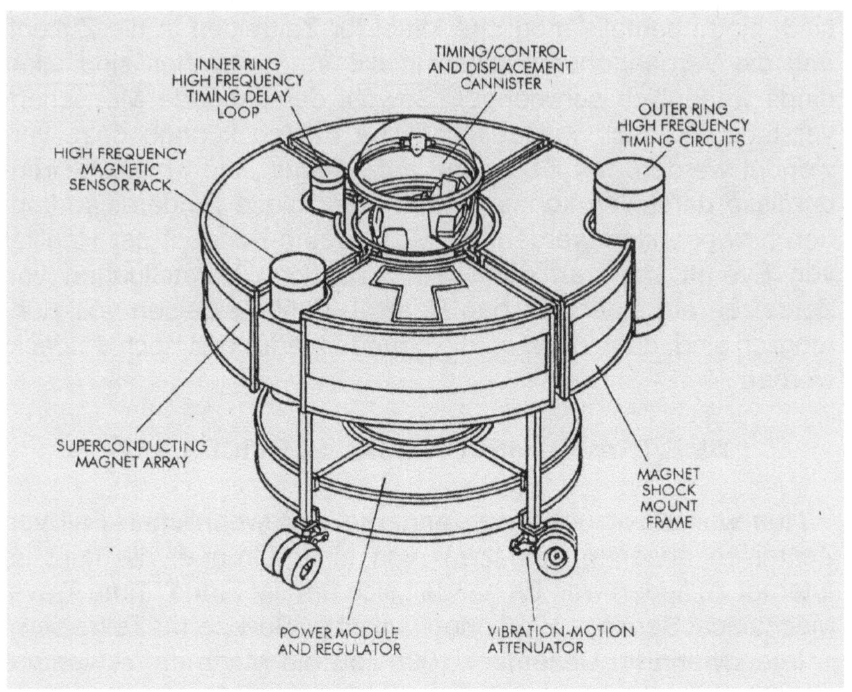

Abb. 1: Die mehrphasige, harmonische Feldkrümmungsanordnung: *Die abgestrahlten Teile eines rotierenden Magnetfelds im Bereich der Gigahertz-Tetrahertz-Frequenz läuft hinter dem Magnetfeldgenerator her. Hierdurch werden ungewöhnliche Magnetfeldmuster erzeugt, durch welche die temporalen Aspekte einer veränderlichen Region innerhalb des Magneten gekrümmt werden. Durch entsprechende Computer werden die speziellen Hochfrequenzpulse erzeugt.*

der als “Pazifica” bekannt war, im allgemeinen Gebrauch war. Morell Chambers III. übergab den Ordner dem *Stellar Research Institute*, wo der Physiker Winston Whitaker die Dokumente untersuchte. Whitaker sah alle Diagramme genau durch und flog dann über Indien nach Nepal und Tibet; seitdem hat man nichts mehr von ihm gehört. Allerdings befanden sich bestimmte Dokumente, einschließlich die Originalpapiere, welche in Auckland zurückgelassen wurden, noch in den Akten in Illinois. Der

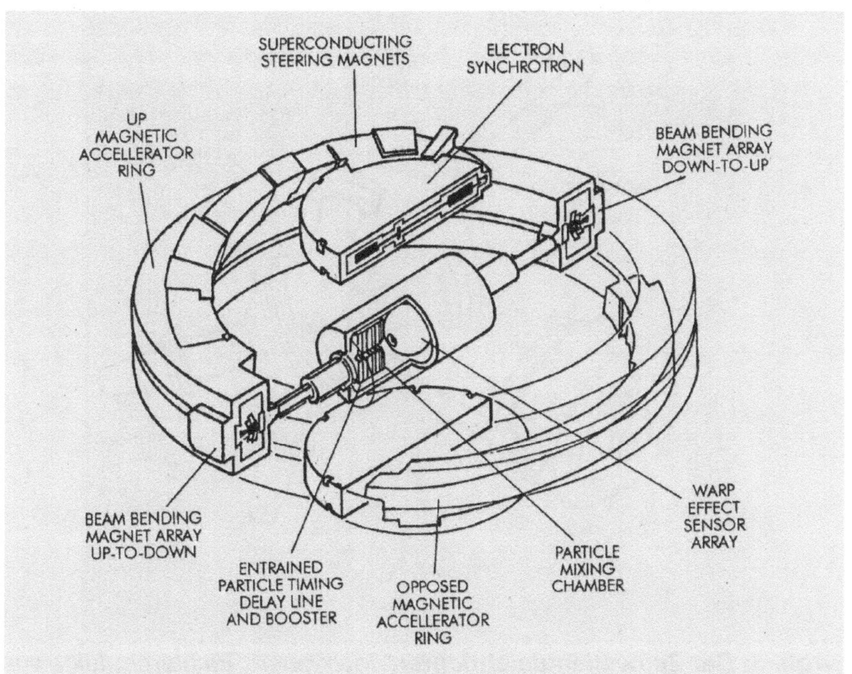

Abb. 2: Der Krümmungsantriebskontinuumsbooster: *Es werden Ströme von entgegengesetzt rotierenden Elektronen so abgestimmt, dass sie in der Teilchenmischkammer zusammentreffen. Die aufeinandertreffenden Ströme sind so synchronisiert, dass sie in einem kleinen Raumbereich in Wechselwirkung treten, wo sich ein überlagertes Muster der beiden Signale bildet. Dieses winzige Muster enthält Bereiche einer temporären Kontinuumsunordnung, die dann gemessen werden können.*

Herausgeber musste also mit den Originaldokumenten und bestimmten Notizen, welche im Papierkorb des *Stellar Research Institute* entdeckt worden waren, arbeiten. In den Abbildungen 1 bis 4 sind die Diagramme, welche in dem Ordner waren, abgebildet.

Das folgende Beschreibung der "mehrphasigen, harmonischen Feldkrümmungsanordnung" stammt aus dem Ordner:

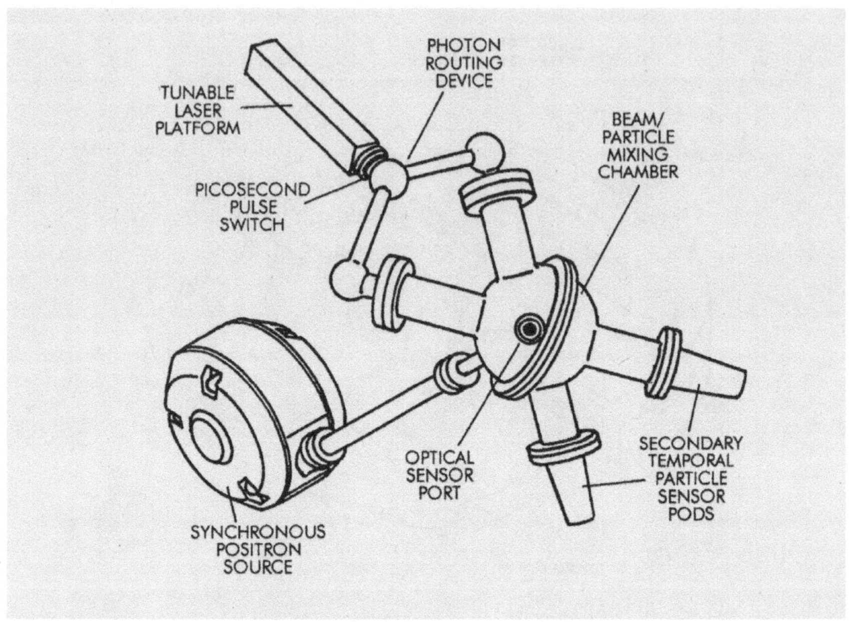

Abb. 3: Der Zeitwellengleichrichter: *Tachyonen, Tochterprodukte von Materie-Antimaterie-Zusammenstößen, werden durch eine magnetische Anordnung und eine entsprechende Laser-Kühlung abgebremst. Die Tachyonenwellenfront kann dann mit verschiedenen austauschbaren Sensoren in Wechselwirkung treten, während sie in die Kühlkammer übertritt.*

Der Zeitwellengleichrichter zusammen mit dem Nullzeitgenerator halten den temporären Fluss aufrecht, der notwendig ist, um in verschiedene hyperdimensionale Wurmlöcher und verschiedene Punkte des Raumzeitkontinuums vorwärts und rückwärts zu krümmen. Durch den Krümmungsantriebskontinuumsbooster wird die der winzige Raumbereich synchronisiert, der in ein anderes Raumzeitkontinuum gekrümmt wird. Wenn erst einmal durch den Nullzeitgenerator ein Zeitschloss zur gewünschten Zeit und dem gewünschten Raum erstellt worden ist, kann der ursprüngliche Standort abgeschlossen werden, wodurch das Raumzeit-

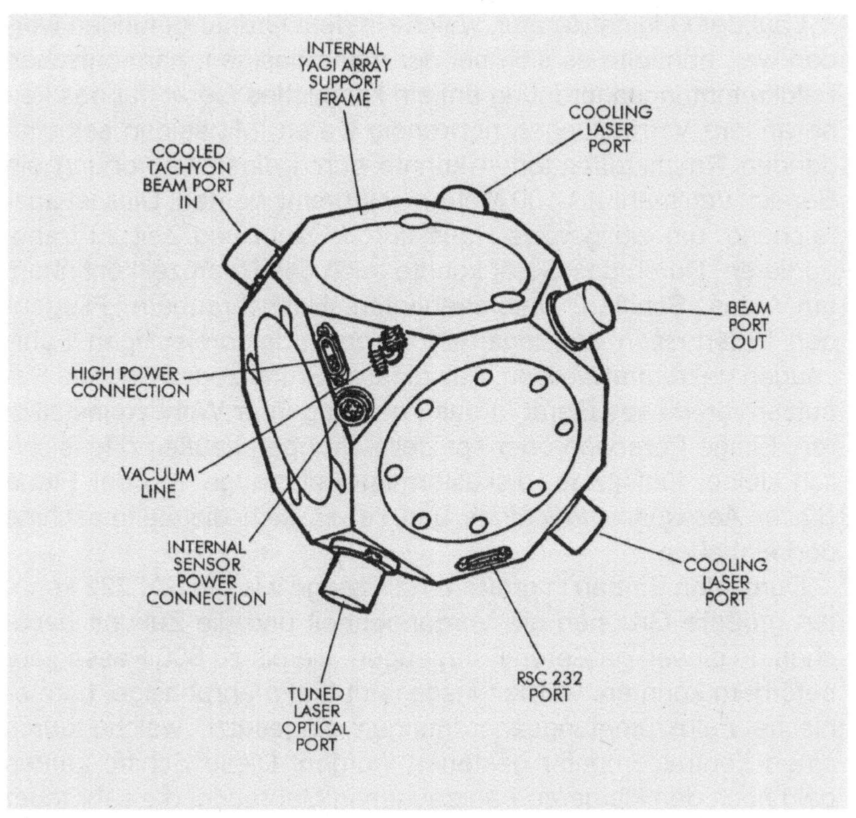

Abb. 4: Der Nullzeitgenerator: *Spezielle Energiepositronen sind so eingestellt, dass sie mit Photonen spezifischer Frequenz in Wechselwirkung treten, um einen Resttachyonentochterteilchendetektor zu kalibrieren.*

kontinuum wie ein Gummiband auf die gewählte Raumzeit einschnappt.

Durch die mehrphasige, harmonische Feldkrümmungsanordnung werden die drei wesentlichen Geräte für angewandte Zeitreisen vereint und zu einem praktischen Modul zusammengefügt, welcher leicht in viele scheibenförmige und zigarrenförmige Fahrzeuge installiert werden kann.

Laut der Originalliteratur, welche in dem Ordner gefunden worden war, handelte es sich bei der mehrphasigen, harmonischen Feldkrümmungsanordnung um ein komplettes Gerät, für das keine andere Vorrichtungen notwendig waren. Mit seinen selbstladenden Raumkraftbatterien konnte durch diese Anordnung ein Bereich von mehr als 100 Metern gekrümmt werden. Dies ist ausreichend, um ein ganzes Haus durch Raum und Zeit zu transportieren. Durch das Gerät konnte auch das Raumzeitkontinuum um Autos, Schiffen, Unterseebooten, Hubschraubern, Fliegenden Untertassen und zigarrenförmigen oder dreieckigen Fahrzeugen gekrümmt werden. Aus diesem Grund zogen es viele Benutzer vor, dieses Gerät in das Fahrzeug ihrer Wahl zu installieren. Einige Personen oder spezielle Gruppen kauften offensichtlich kleine, fünfsitzige, diskusförmige Fahrzeuge von der Firma *Stellar Aerospace Industries* und ließen sich die Zeitmaschine dort einbauen.

Durch den Einbau in größere Fahrzeuge wie die SAI 222 konnten größere Gruppen die Vergangenheit und die Zukunft besuchen. In diesen größeren Fahrzeugen, die bis zu 600 Passagiere befördern konnten, wurden insgesamt fünf mehrphasige, harmonische Feldkrümmungsanordnungen eingesetzt, welche durch einen Zentralcomputer gesteuert wurden. Diese Schiffe kamen bald nach den kleineren Fahrzeugen in Gebrauch, die sehr teuer waren und deshalb keine weite Verbreitung fanden. Mit den größeren Fahrzeugen konnten größere Gruppen Raumzeitziele besuchen, welche durch das “Temporal Distortion Monitoring Committee”, welches im Jahr 2290 gegründet worden war, bestimmt wurden.

Es wurden mindestens 20 000 der mehrphasigen, harmonischen Feldkrümmungsanordnung hergestellt, und laut der Broschüre der Herstellerfirma sind die meisten von ihnen in der Zeit verstreut. Im Jahr 2324 wurde ihre Herstellung aufgrund einer Bürgerbewegung auf der Erde eingestellt, und alle diesbezüglichen Geschäftsangelegenheiten wurden auf andere Planeten und ihre Monde verlagert.

9. KAPITEL

PATENTE UND DIAGRAMME

Wenn ein berühmter aber älterer Wissenschaftler feststellt, dass irgendetwas möglich ist, dann hat er mit ziemlicher Sicherheit recht. Wenn er behauptet, dass irgendetwas unmöglich ist, dann hat er wahrscheinlich unrecht
Arthur C. Clarke.

Alles, was erfunden werden kann, ist bereits erfunden worden.
Charles H. Duell, Direktor des amerik. Patentamts 1899.

Naturgemäß sollten Zeitreisegeräte patentiert werden, allerdings ist dies oft ein langer und teurer Prozess. Ihr Gerät zu einem industriellen Geheimnis machen, ist eine andere Möglichkeit.

ZEITREISENPATENTE

Es gibt verschiedene, historische Erwähnungen von Zeitreisegeräten und Patenten, so auch das Gerücht, dass Bill Lear, der Erfinder des Lear-Jets, der Besitzer eines Zeitreisepatents war. Allerdings sind wir nicht in der Lage, Kopien dieses Patents zu erhalten. Stan Deyo berichtet in seinem Buch mit dem Titel *The Cosmic Conspiracy* jedoch, dass Bill Lear die Existenz einer solchen Erfindung erwähnte. Deyo zitiert aus einem Artikel der *New York Herald Tribune* vom 21. Nov. 1955 von Ansel E. Talbert:

Geschwindigkeiten von Tausenden von Meilen möglich

“Die Wissenschaftler halten die Erde für einen gewaltigen Magneten. Viele Menschen in Amerikas Luftfahr- und Elektronikindustrie sind begeistert von der Möglichkeit, die magnetischen und gravitationellen Felder als ein Medium zu verwenden, um Luftfahrzeuge zu unterstützen, welche nicht von der Luft abhängen, um angehoben zu werden.

Es sind auch Raumschiffe, die in ein paar Sekunden auf Geschwindigkeiten von mehreren tausend Kilometern beschleunigen und bei diesen Geschwindigkeiten plötzliche Richtungsänderungen durchführen können, ohne dass die Passagiere den sogenannten G-Kräften ausgesetzt werden, vorstellbar. Diese Konzepte sind Teil eines neuen Programms, um das Geheimnis der Gravitation zu lösen, das schon in vielen wissenschaftlichen Laboratorien und großen Industriefirmen durchgeführt wird.

William P. Leary, Erfinder und Vorsitzender von *Lear, Inc.*, eine der größten Elektronikfirmen des Landes, die sich auf die Luftfahrt spezialisiert hat, untersucht schon seit Monaten mit seinen Wissenschaftlern und Ingenieuren neue Entwicklungen und Theorien in bezug auf die Gravitation.

Er ist überzeugt davon, dass es möglich ist, künstliche elektromagnetische Felder zu erzeugen, deren Polarität gesteuert werden kann, um die Gravitation auszulöschen.”

Deyo berichtet weiter, dass er William Lear einmal 1969 oder 1970 in einer Talkshow gesehen hatte. Deyo sagt, dass der Talkmaster Lear fragte, welchen technologischen Fortschritt die nächsten 20 Jahre bringen würden. Lear erzählte ihm, “dass eine Person in eine “Reisezelle” in New York einsteigen könnte, die so ähnlich wie eine Telefonzelle aussieht, den Fahrpreis bezahlt, einen Knopf drückt und dann in San Francisco aus einer anderen “Reisezelle” aussteigen kann, da sie in ein paar Sekunden durch Amerika teleportiert worden sei! Das Studiopublikum lachte über Lear, und dieser war äußerst erstaunt über diese Reaktion des

Publikums. Wie einsam und traurig er sich in diesem Moment gefühlt haben mag, als er erkennen musste, wie groß die Kluft zwischen den Vorstellungen der Zuschauer und der Realität war, die er schon im Laboratorium gesehen hatte. "

DER MASER UND KÜNSTLICHE ZEITWELLEN

Der Maser ist ein Gerät, durch welchen kohärente Lichtwellen im Mikrowellenbereich erzeugt werden. Maser ist eine Abkürzung für "Microwave Amplification by Stimulated Emission of Radiation". In den frühen Fünfziger Jahren konnte Charles H. Townes von der Columbia Universität energiereiche Ammoniakmoleküle isolierend, indem er ein elektrisches Feld verwendete. Die Moleküle enthielten Elektronen, die auf ein hohes Energieniveau angehoben worden waren, und als sie auf den Grundzustand zurücksprangen, strahlten sie Photonen im Mikrowellenbereich ab, durch welche weitere Elektronen angeregt wurden, auf den Grundzustand zurückzuspringen, was letztendlich zu einer starken Abstrahlung von Photonen gleicher Wellenlänge und Phase führte. Im Jahr 1954 gelang es Townes, J.P. Gordon und H.J. Zeiger solche Wellen zu konzentrieren oder zu verstärken und stellten damit den ersten Maser her.

Maser kann man dazu verwenden, um künstliche Zeitwellen zu erzeugen und für die Teleportation einzusetzen. Genauso wie ein Maser Photonen mit gleicher Wellenlänge und Phase erzeugen kann, könnte auch ein maserähnliches Teleportationsgerät dazu verwendet werden, um die spontane Reproduktion eines Objekts in einem anderen Raumzeitkontinuum zu erzeugen, wodurch das Objekt von A nach B teleportiert würde.

WIRBELANTRIEBE FÜR ZEITTUNNEL

Wirbelantriebe für Zeittunnel sollen angeblich im Jahr 2023 im allgemeinen Gebrauch sein, aber ihre Verwendung wurde jahrelang geheim gehalten. Diese einfachen Handgeräte besaßen eine Batterie, einen harmonischen Feldkrümmungspulsantrieb in Miniaturformat, der mit einem Wirbelantriebswellenleiter von *Whitaker-Systems* verbunden war.

Dieses billige Gerät sah wie ein kleines Horn oder vielleicht wie ein Stereolautsprecher in Miniaturformat aus. Es wurde manchmal am Gürtel getragen, und Flachlandbeobachter sehen öfters einen kleinen Blitz, wenn es plötzlich aktiviert wird. Beobachter erleiden oft einen Gedächtnisverlust, und die Zeit scheint für sie still zu stehen.

Aufgrund der geringen Größe des Geräts besitzt es weder die Feldreichweite noch ausreichend Platz für einen Computer, um größere Hyperraumberechnungen durchzuführen. Aus diesem Grund wird ein einstellbares "Zeittunnelgerät" eingesetzt, welches den Anwender mit einer Rate von 10 Minuten bis zu einem Jahr durch den Hyperraum "tunnelt".

Der kleine Konus - oder Wirbelantrieb - sendet ein gespulstes Hyperraumsignal in die Umgebung des Benutzers. Er kann auf den Operator gerichet werden, oder auf eine andere Person in der Nähe. Durch den dualen Wirbelantrieb ist beides möglich.

Für viele Zeitreisende ist es hilfreich, wenn sie den Wirbelantrieb entweder in der Hand halten oder am Gürtel tragen. Denn falls sie plötzlich durch jemanden überrascht werden, oder sich in akuter Gefahr befinden, können sie sofort auf eine Zeit 10 Minuten früher zurückkehren.

Durch einen plötzlichen Blitz des Wirbelantriebs kann jeder Zeuge in der Zeit eingefroren, oder 10 Minuten in die Zukunft oder Vergangenheit geschickt werden. Ein weiteres "Zeittunneln" ist durch Neujustierung des Computers möglich. Zu dieser Zeit gab es noch keine Patente hierüber, aber auf den folgenden Seiten sollen damit im Zusammenhang stehende Patente über Wirbel und Pulsgeräte aufgeführt werden.

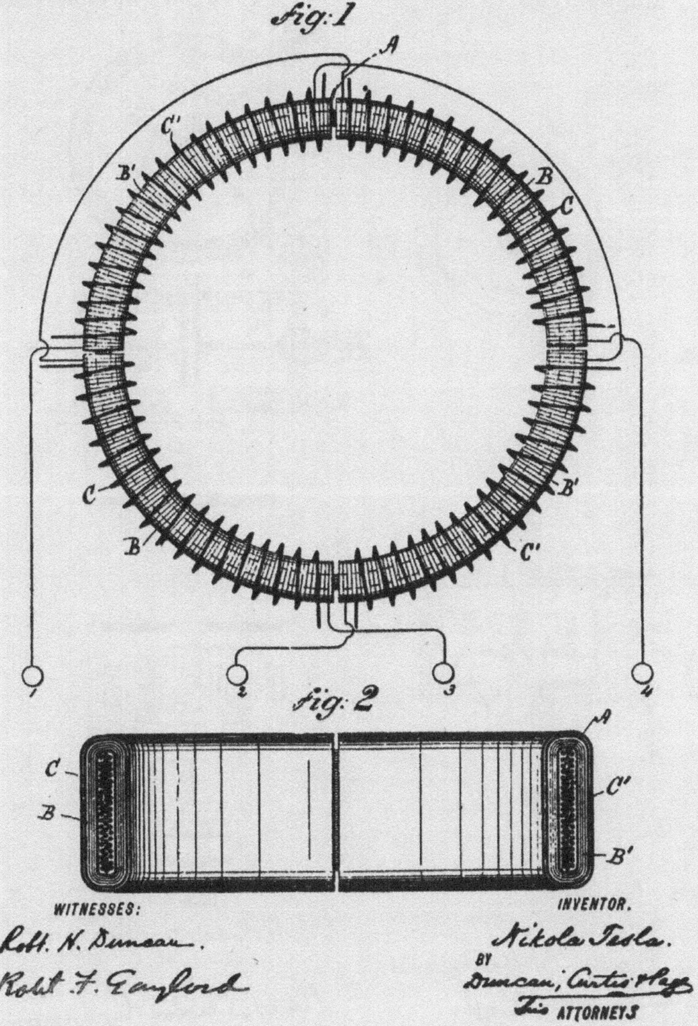
(No Model.)
N. TESLA
2 Sheets—Sheet 1.
SYSTEM OF ELECTRICAL DISTRIBUTION.
No. 381,970.
Patented May 1, 1888.
Fig: 1
A
C'
B'
B
C
C
B
B'
C'
1
2
3
4
Fig: 2
A
C
B
C'
B'
WITNESSES:
Robt. N. Duncan.
Robt F. Gaylord
INVENTOR.
Nikola Tesla.
BY
Duncan, Curtis & Page
his ATTORNEYS

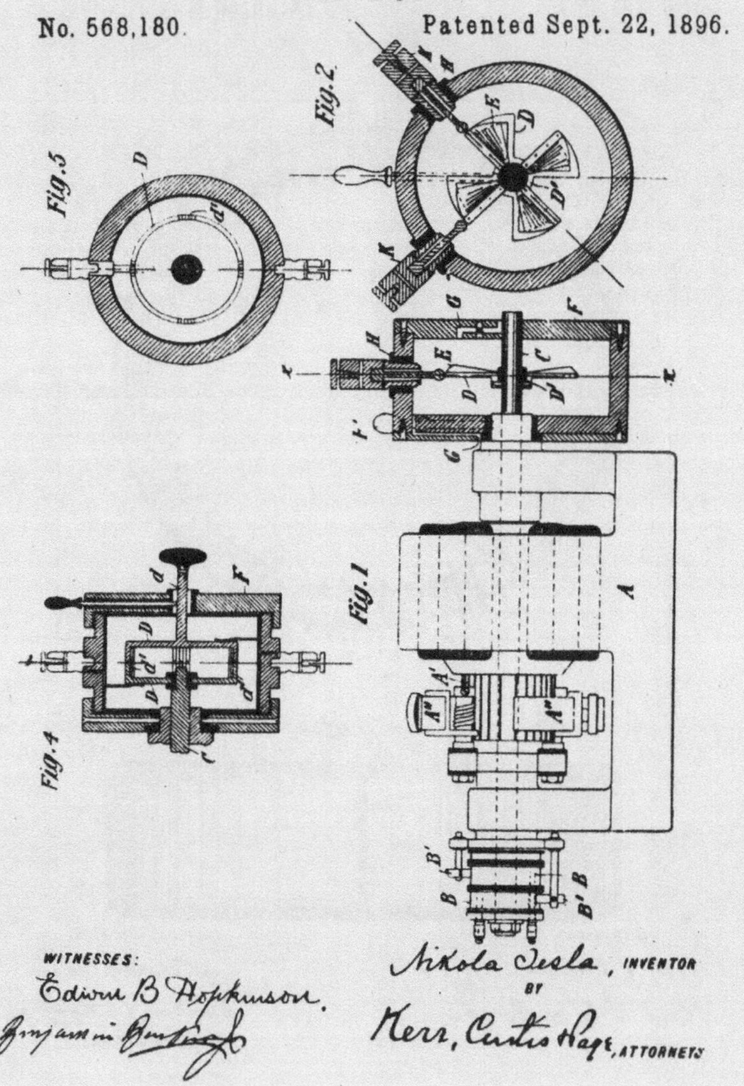
(No Model.)
2 Sheets—Sheet 1
N. TESLA.
APPARATUS FOR PRODUCING ELECTRICAL CURRENTS OF HIGH FREQUENCY.
No. 568,180.
Patented Sept. 22, 1896.
Fig. 1
Fig. 2
Fig. 4
Fig. 5
WITNESSES:
Edwin B. Hopkinson.
Benjamin Burtnagh
Nikola Tesla, INVENTOR
BY
Kerr, Curtis & Page, ATTORNEYS

ELEKTRISCHE MASCHINE MIT GESPULTER KONDENSATORENTLADUNG

Erfinder: Edwin V. Gray, Northridge, Calif.
Bevollmächtigter: Evgray Enterprises, Inc., Van Nuys, Calif.
Eingereicht am 2. November 1973
Aktennr. 412,415

U.S. Klassen: 318/139; 318/254; 318/439
Internat. Klassen: H02p 5/00
Forschungsgebiet: 310/46, 5, 6, 318/194, 318/439, 254, 139, 320/1, 307/110

Zitierte amerikanische Patente:
2,085,708 6/1937 Spencer 318/194
2,800,619 7/1957 Brunt 318/194
3,579,074 5/1971 Roberts 320/1
3,619,638 11/1971 Phinney 307/110

Andere Publikationen:
Frungel, High Speed Pulse Technology

INHALTSANGABE

Es wird eine elektrische Maschine beschrieben, in der ein Rotorkäfig, der eine Anordnung aus Elektromagneten trägt, in einer Anordnung aus Elektromagneten rotiert wird, oder anders ausgedrückt: Feste Elektromagnete stehen beweglichen gegenüber. Die Spulen sind mit dem Entladungspfad von Kondensatoren verbunden, welche auf relativ hohe Spannungen aufgeladen werden und durch die elektromagnetischen Spulen entladen werden. Die Entladung geschieht über Funkenspalte. Diese Kondensatorentladungen geschehen gleichzeitig über gegenüberliegende stationäre und bewegliche Elektromagnete, die so gewunden sind, dass sich die entsprechenden Kerne abstoßen, wodurch sich bei der Entladung eine Bewegung der beweglichen elektromagnetischen Elemente weg von den stationären elektromagnetischen Elementen ergibt.

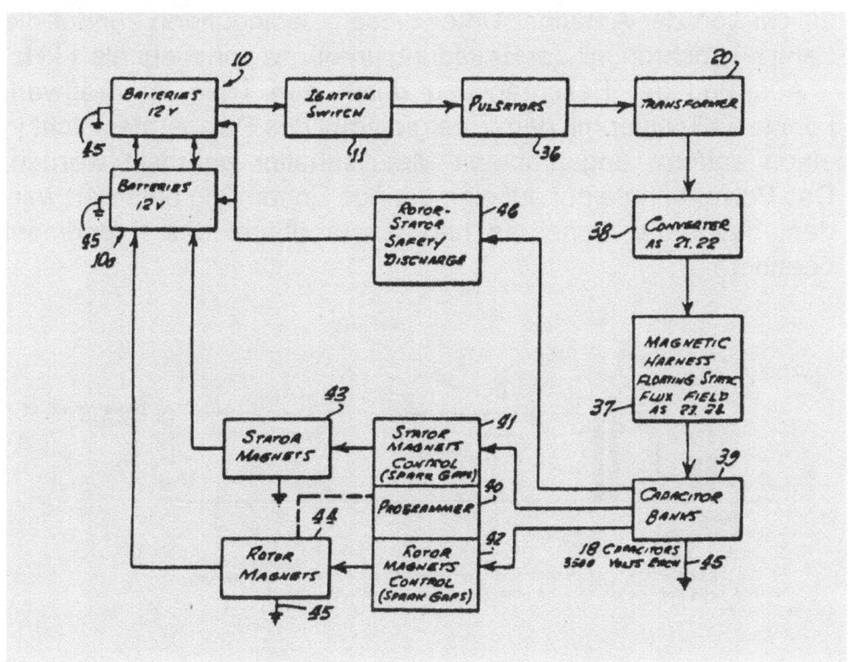

DAS PULSGERÄT (KLAUS SCHLECHT)

Das Experiment wurde am 31. Januar 1985 am Hochspannungsinstitut der Universität Karlsruhe durchgeführt. Die Hauptzeugen waren der Ingenieur Weißmüller, der Elektronikingenieur Hoffmann und ich selbst.

Das Pulsgerät wurde mit einem Stromkreis verbunden, der in Abb. 1 gezeigt ist. Der Energiestrahl, der beim Experiment entsteht, war nicht einem Ionenantrieb vergleichbar. Dies konnte man leicht am Folgenden erkennen: durch die Form und die Temperatur des Funkens innerhalb des Funkenspaltkanals; durch das Abstoßungs/Anziehungs-Verhalten zweier Testkugeln; und durch eine Neonlampe, die im Teststrahl zum Leuchten gebracht wurde.

Der letzte Effekt trat auf, wenn die Lampe rechtwinkelig zu ihrem Träger gehalten wurde -- in einer Entfernung von ungefähr 20 cm von der Antenne. Unter diesen Bedingungen zündet die Lampe synchron mit der Entladungsfrequenz von mehr als 1 kHz.

Aufgrund der Beschränkung durch den Trafo im Kraftwerk konnte Talkpulver mit dem Energiestrahl des Pulsgerätes nicht in einen entfernt angebrachten Metallbehälter gebracht werden. Das Pulver konnte nur auf eine geringe Entfernung befördert werden, bevor die Sicherung heraussprang und das Experiment beendete.

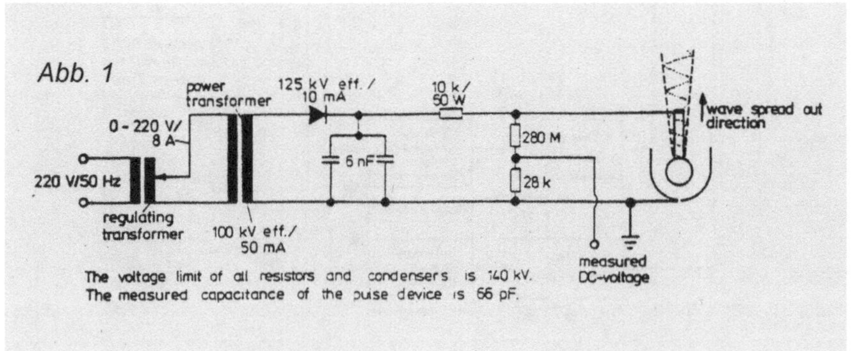

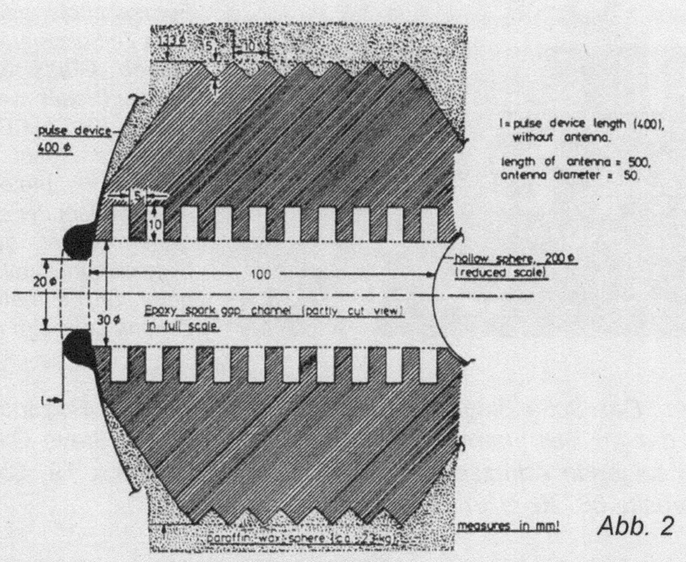
pulse device
400 ϕ
l = pulse device length (400), without antenna.
length of antenna = 500, antenna diameter = 50.
hollow sphere, 200 ϕ (reduced scale)
Epoxy spark gap channel (partly cut view) in full scale
measures in mm!
paraffin wax sphere (ca. 23 kg)

Abb. 2

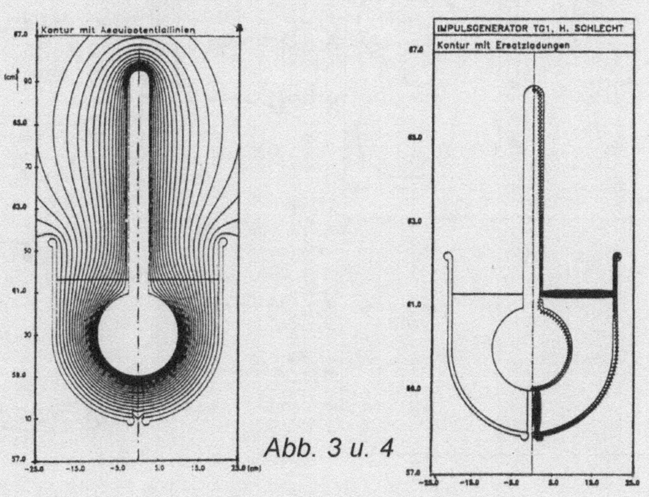
Kontur mit Aequipotentiallinien
IMPULSGENERATOR TG1, H. SCHLECHT
Kontur mit Ersatzladungen

Abb. 3 u. 4

Links: Art Bell zeigt bei einer Fernsehshow ein angebliches Zeitreisegerät, das von Steven Gibbs konstruiert wurde. Dieser war am 12. Januar 1997 bei Bells Show Coast to Coast zu Gast. Gibbs behauptete, dass er ein Zeitreisender sei, der mit seinem Gerät, das er als hyperdimensionalen Resonator bezeichnete, in der Zukunft gewesen sei.

Unten: Das Schaltdiagramm des hyperdimensionalen Resonators, das von der Art Bell Internetseite stammt (artbell.com). Steve Gibbs kann über folgende Adresse erreicht werden: RR #1, Box 79, Clearwater, Nebraska 68726, USA.

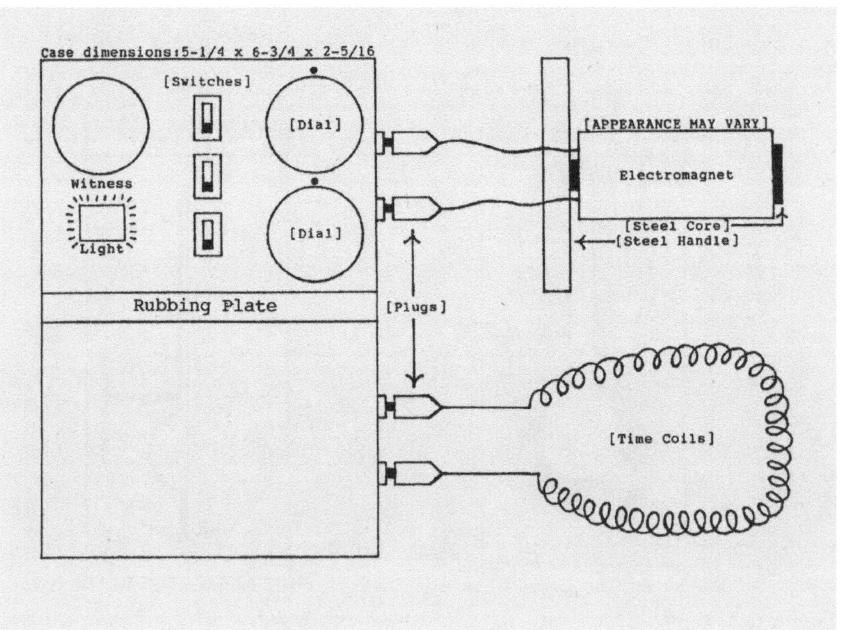

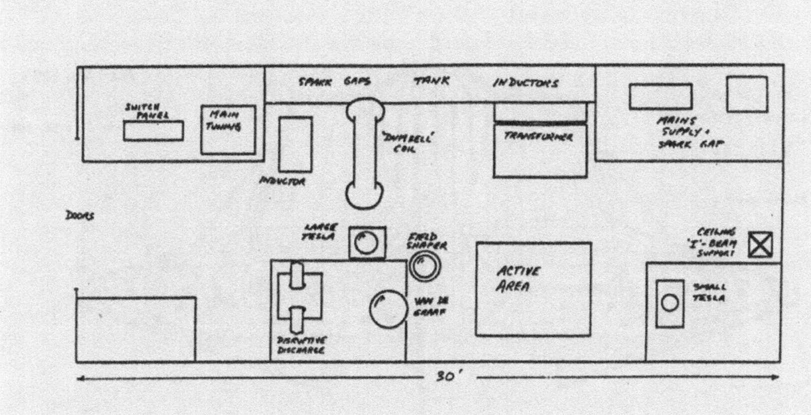

Der Hutchison-Effekt: *Die skalare Triggerenergie kann sich nur in eine Richtung fortpflanzen, nämlich longitudinal in bezug auf die Fortpflanzungsrichtung, weil die vektoriellen (transversalen) Eigenschaften des elektrischen und magnetischen Feldes ausgelöscht wurden.*

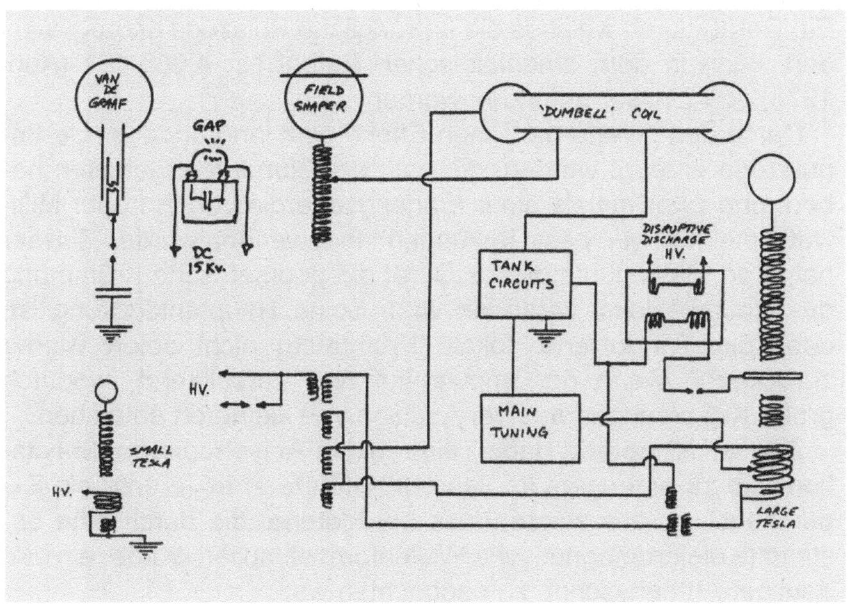

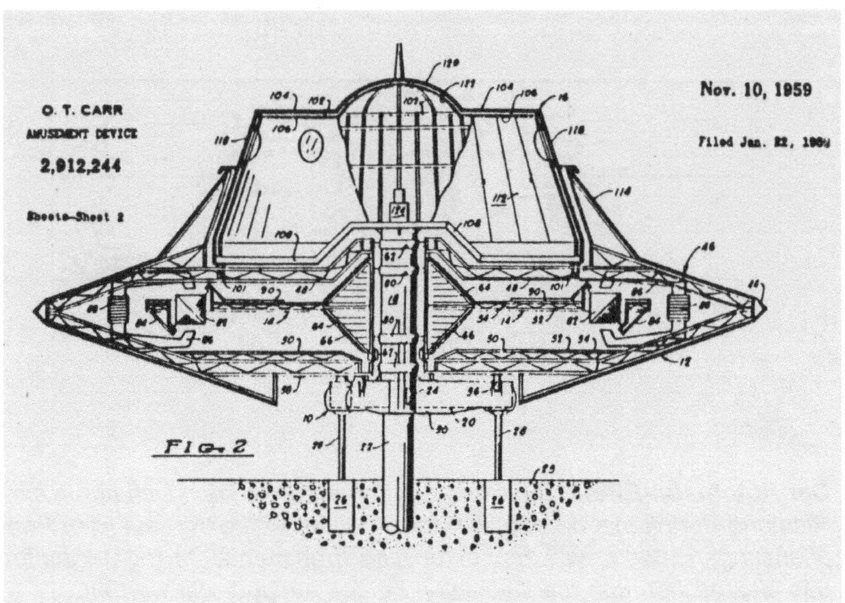

Ein Gerät, durch welches die urprüngliche Pulszüge erzeugt werden, kann in dem amerikanischen Patent Nr. 4,085,384 (April 1978) von Zinsser gefunden werden:

Durch den "kineto-barischen-Effekt" sind lang andauernde Impulszüge erzeugt worden, die mehrere Stunden angehalten haben, und zwar mittels einer Eingangsenergie von ein paar Milliwatt, die nur ein paar Sekunden angewendet wurde. Zinsser nahm an, dass durch dieses Gerät die geometrische Krümmung des Raumes lokal verändert wird. Seine Hauptentdeckung ist, dass diese induzierte, lokale Krümmung nicht sofort wieder zurückgeht, wenn der Impuls auf Null zurückkehrt, wodurch große Krümmungen aus der Addition von kleineren entstehen.

Zinsser ist gerade dabei, eine lokale Anisotropie im Gravitationsfeld zu erzeugen. Im Jahr 1981 führte er in Toronto ein Experiment vor, das zeigte, dass bei Materie, die durch eine bestimmte elektromagnetische Wellenform stimuliert wurde, ein eindeutiger Antriebsschub zu beobachten war.

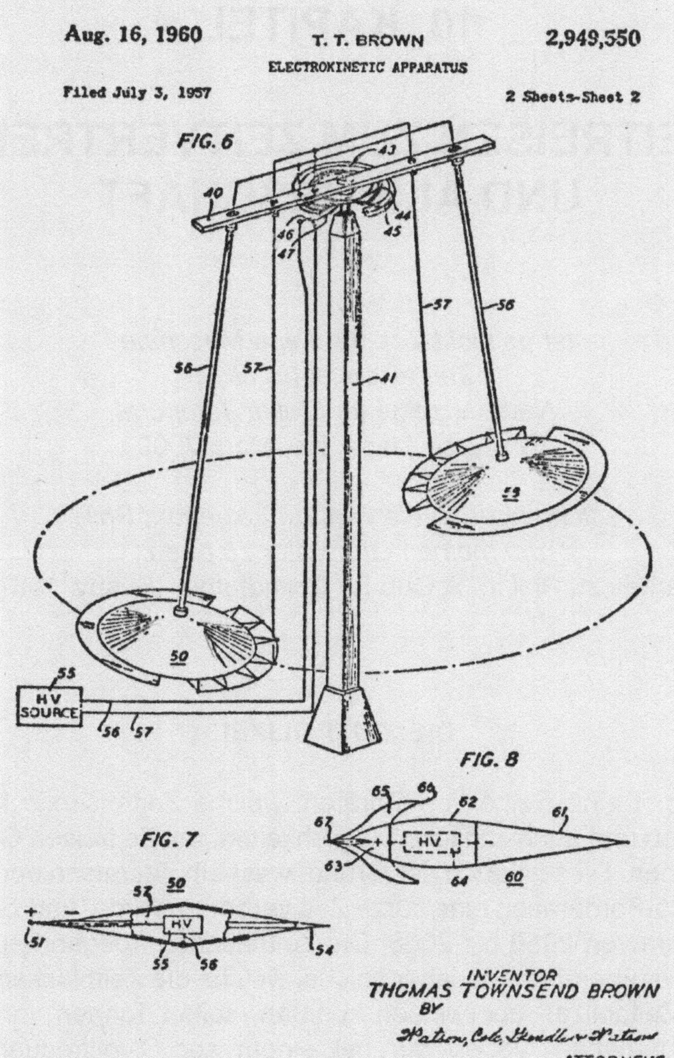
Aug. 16, 1960
T. T. BROWN
2,949,550
ELECTROKINETIC APPARATUS
Filed July 3, 1957
2 Sheets-Sheet 2
FIG. 6
HV SOURCE
FIG. 8
HV
FIG. 7
HV
INVENTOR
THOMAS TOWNSEND BROWN
BY
ATTORNEYS

10. KAPITEL

ZEITREISEN ZUM ZEITVERTREIB UND ALS GESCHÄFT

Ist es nicht Zeit für deine Maschine?
Zeitreisen ist für alle.
Werbeanzeige im *Stellar Temporal Research Magazine*, März 2009.

"Ich werde in die Zeit zurückgehen, Phil, um meinen Großvater zu töten."
Barney zu Phil in "A Gun for Grandfather (Busby, 1987).

DIE ZEITPOLIZEI

Es gibt eine Reihe von Geräten, welche Zeitreisende kaufen möchten und auch zahllose Möglichkeiten, mit Zeitreisen Geld zu verdienen. Dies ist auch der Grund, weshalb Zeitreisen durch die Pazifica-Förderation eine kurze Zeit verboten wurde, und zwar im Zeitraum von 2056 bis 2068. Die Zeitreisenden begannen diese Jahre zu überspringen, aber solche, welche die Zeitblockade der sog. "Zeitpolizei" überwinden konnten, sollen Tonnen von Geld verdient haben. Jeder, der mit einem sog. "Vollfrequenzzeit-modulator" mit einem Nullzeitphasentransponder erwischt wurde, konnte eingesperrt werden oder ins Exil in die Kolonie 13 auf den

Mars geschickt werden, ein Schicksal das man am besten vermied, vor allem während dieser Jahre.

Allerdings ist diese Zeit noch weit entfernt, soweit der Pfeil der Zeit betroffen ist, und Zeitreisen sind immer noch eine völlig legale Art, Spaß zu haben und Geld zu verdienen (aber gehen sie nicht ins Jahr 2056!).

Wenn man den Ausgang eines großen Football-Spiels oder Boxkampfes kennt, ist dies offensichtlich eine Methode, um die Reisekasse während einer Zeitreise aufzufüllen. Auch die Welt der Antike kann für den informierten Zeitreisenden sehr lukrativ sein. Beachten Sie, dass der Highlander aus der Fernsehserie ein Antiquitätenhändler war, und dies ist auch ein guter Beruf für jemanden, dessen Lebensdauer viele Jahrhunderte oder Jahrtausende dauert.

NEGENTROPISCHE ODER ANTIZEITFELDER

Der folgende Artikel stammt von Jerry W. Decker und wurde im März 1998 ins Internet gesetzt (http:\\www.keelynet.com):

"Eines Abends war ich einmal spät nach Hause gekommen und sah mir eine Wiederholung von *Star Trek, die nächste Generation* (STNG) an. Es handelte sich um einen Zweiteiler, in dem die gleiche Enterprise in drei verschiedenen Zeitperioden die gleiche Art von Strahl (inverse Tachyonen) in Richtung einer bestimmten Stelle im Raum (dem Devron-System) projizierte, allerdings unter verschiedenen Winkeln.

Hierdurch ist ein Riss in der Zeit erzeugt worden, wodurch die Zeit umgedreht und zur Antizeit wurde. Alles, was in das inverse Zeitfeld kam, wurde jünger.

Ich fand das Konzept von Zeitreisen schon immer interessant, aber diese Antizeitvorstellung bot völlig neue Möglichkeiten. In der STNG-Episode berichteten die Besatzungsmitglieder, dass alte Narben heilten und dass sie immer jünger wurden. Der blinde Chefingenieur verwendete elektronische Brillen. Er verspürte einen heftigen Schmerz, als seine Augen geheilt wurden und er wieder sehen konnte.

In dieser Folge wurden Antizeitfelder gezeigt, die sich schließlich über ganze Galaxien ausdehnten und alle von der dreifachen Kollision von Wellen stammten, welche den Zeitstrom umkehrten.

Nun, das grundsätzliche Konzept stimmt vollkommen mit den Ansichten von Tom Bearden überein, bei dem eine Phasenkonjugation verwendet wird ... der einzige Fehler - meiner Ansicht nach - ist, dass, falls der Strahl in einer Zeitperiode abgeschaltet wurde, dieser keine weitere Wirkung auf das hatte, was in der Zukunft geschah.

Wenn allerdings das Raumgefüge verzerrt wurde, dann konnten folgende Strahlen - auf den gleichen Punkt gerichtet jedoch unter verschiedenen Winkeln - zu einem Antizeitriss führen.

Der Grund, weshalb ich dies schreibe, sind die Eigenschaften dieses negentropischen oder Antizeitfeldes.

Bei der Entropie handelt es sich um die Auflösung der Ordnung, wodurch sich ein chaotischer Zustand ergibt, und dies ist genau, was die Natur jeden Tag macht.

Viktor Schauberger und andere haben dies als Implosion bezeichnet. ...

Es gibt Berichte über levitiertes Wasser, dass eine heilende, oder sogar eine verjüngende Wirkung besitzt.

Kann es vielleicht eine Möglichkeit geben, ein Energiefeld zu erzeugen, durch das "Antizeiteffekte" auf irgend einen Körper, der in dieses gebracht wird, ausgeübt würden? Gibt es hier einen Zusammenhang zwischen einem verringerten oder gänzlich gestoppten Ätherfluss auf eine Masse?

Ich glaube, dass dem so ist. Keely sagte: "Zeit ist Gravitation." Wenn Sie den Fluss des Äthers in ein Massenaggregat stoppen, dann verlangsamt sich die Zeit für diese Masse oder kommt völlig zum Stillstand.

Stellen Sie sich zwei identische Frequenzen vor, die auf einem Oszilloskop dargestellt werden. Wenn man die Phase der beiden richtig einstellt, kann man eine stehende Welle erzeugen.

Wenn man diese einfache Phasenkonjugationstechnik verwendet, um einen Druck, Zug oder eine im Gleichgewicht stehende Kraft auf den Ätherfluss auszuüben, dann sollten wir in der Lage sein, die Zeit zu verlangsamen, zu beschleunigen oder völlig zum Stillstand zu bringen.

Anmerkung: Der Ätherfluss in einem Planeten erzeugt das, was als "Gewicht" bekannt ist. Wenn Sie den Ätherzufluss in einen Bereich steuern, dann würde alles in diesem Bereich von der Verringerung der Ätherdichte beeinflusst werden. Wir sollten auf diese Weise also in der Lage sein, einen Bereich zu erzeugen, wo der Äther zumindest reduziert ist.

Es gäbe zwei Möglichkeiten, um dies zu erreichen:

Entweder man steuert den Ätherzufluss in die Erde in einen bestimmten Bereich, oder man steuert den Ätherzufluss nur in seinem eigenen Körper.

Dies kann man mit einer Druckkabine vergleichen. Der Druck entspricht dem Ätherzufluss. Wenn sie den Kabinendruck größer machen als den äußeren Druck, dann entsteht eine Kraft nach außen oder ein Explosionsdruck. Alles in diesem Bereich hohen Druckes würde konzentriert oder kompakter gemacht werden. Mit der Zeit würde hierdurch eine Massenansammlung schwerer und dichter werden.

Hierbei handelt es sich um den normalen Zustand einer Masse auf einem Planeten, weil durch den planetaren Ätherzufluss alle Massen darin von diesem beeinflusst werden, wodurch der Ablauf der Zeit auf einem Planeten von der Dichte des Äthers und der Absorptionsfähigkeit eines Planeten abhängt!!! Das gleiche gilt für jede Massenansammlung, falls Äther in diese fließt, da die Zeit und die Gravitation zur Menge des Ätherzuflusses proportional ist.

Wenn Sie nun den Kabinendruck verringern, so wird ein Druck von außen auf die Kabine oder ein Implosionsdruck ausgeübt. Alle Massen innerhalb der Kabine werden sich ausdehnen. Mit der Zeit werden die Massenansammlungen leichter werden und an Dichte abnehmen. Wenn der Druck innen und außen gleich ist, werden die Massen innen ihre natürliche Dichte beibehalten.

Die Natur verabscheut nicht nur ein Vakuum, sondern auch einen Druck, weil sie immer nach einem Gleichgewicht strebt.

Statische Massen sind in Wirklichkeit nicht statisch; alles altert, und zwar aufgrund des Flusses der Zeit durch den Ätherzufluss in die Massen, so dass sich diese wesentlich schneller verändern werden als die schneller reagierenden dynamischen Massen, wie z.B. menschliches Gewebe.

Dynamische Massen werden sich natürlicherweise verändern, um die Äther/Gravitationsdichte der Umgebung auszugleichen.

Dr. Harold Saxton Burr nimmt an, dass es im menschlichen Körper ein Energiefeld gibt, welches die gesamte Gewebebildung steuert. Er bezeichnete dieses als elektrodynamisches Feld.

Rupert Sheldrake geht von einer ähnlichen Vorstellung aus und spricht von einem "morphogenetischen Feld".

Burr fand auch heraus, dass das gesamte Protein im menschlichen Körper innerhalb von sechs Monaten ersetzt wird. Die vollständige Entwicklung des Organismus wird durch eine Art "Zellgedächtnis" gespeichert. Diese Aufzeichnung ist der Schlüssel dafür, wie die Antizeit dazu verwendet werden kann, um eine Heilung und Verjüngung zu erzeugen.

Da es sich bei lebendigem Gewebe um hoch dynamische Lebensprozesse handelt, könnte sich das Gewebe verjüngen, wenn es von einem Antizeitfeld oder einem schwächeren Ätherfeld durchdrungen wird, und zwar abhängig von der Einwirkungszeit des Antizeitfeldes.

Es gibt auch noch viele andere Berichte über Verjüngungskuren, bei denen kein Energiefeld verwendet wird, sondern chemische Methoden oder Kräuter eingesetzt werden. Diese scheinen als Katalysatoren zu wirken und den Körper zu veranlassen sich spontan zu verjüngen.

Einige der Mittel gegen das Altern wirken nach Stunden und andere nach Tagen. Wieder andere müssen ständig mit der Nahrung aufgenommen werden, z.B. als Tee oder einer Mischung aus Kräutern und Wasser.

Es gibt verschiedene Berichte über spontane Verjüngungen:

a) Durch einen Tee, der nur bei Frauen wirkt, können diese das Aussehen einer Zwanzigjährigen erreichen, allerdings muss dieser regelmäßig getrunken werden, wobei keine Nebenwirkungen bekannt sind.

b) Durch einen Kräuterbrei, der über mehrere Wochen hin eingenommen wird, können Frauen das Aussehen einer Zwanzigjährigen erreichen, wobei dieser nur bei Bedarf eingenommen werden muss und keine Nebenwirkungen zu erwarten sind.

c) Durch eine wässrige Flüssigkeit wird eine Verjüngung erreicht, durch die man das Aussehen eines Teenagers erhält, und zwar innerhalb einer Zeitspanne von zwölf Stunden, wobei keine Nebenwirkungen auftreten und dieser Trunk gleicherweise auch bei Männern wirkt.

d) Durch eine Tinktur aus Antimon soll man innerhalb von ein paar Tagen das Aussehen eines Teenagers erreichen. Hierbei treten allerdings folgende Nebeneffekte auf: Verlust aller toten oder absterbenden Gewebepartien, einschließlich Haare, Augenwimpern, Augenbrauen, Finger- und Zehennägel und Zähne. Weiterhin kommt es zu einer Sekretion des zerstörten Gewebes über die Haut. Diese Kur funktioniert sowohl bei Männern als auch bei Frauen, wobei alle Haare, Zähne und Nägel innerhalb von ein paar Monaten wieder nachwachsen.

e) Durch eine Wurzel, die als "Amomum" bezeichnet wird und tief unter Wasser wächst - im Gilgamesh-Epos erwähnt - soll man 1000 Jahre bei voller körperlicher Stärke leben können. Auch Noah soll diese Wurzel auf seine Arche mitgenommen haben, um sie vor der Flut zu retten. Es sind keine Nebenwirkungen bekannt.

f) Es wird behauptet, dass Pflanzen, welche in der Dunkelheit wachsen, andere lebensspendende Eigenschaften haben, und wenn man sich ausschließlich von diesen ernährt ein Verjüngungseffekt eintritt, wobei keine Nebenwirkungen zu befürchten sind.

Von diesen apokryphischen Verjüngungsmethoden wirken zwei nur bei Frauen und der Rest bei beiden Geschlechtern. Der Hauptunterschied zwischen Männern und Frauen ist die Menstruation. Ich bin der Meinung, dass der Menstruationszyklus der Grund dafür ist, dass die ersten beiden Kuren nur bei Frauen wirken.

Man könnte meinen, dass man in einer Antizeitzone acht Stunden schlafen könnte, was zu einem Verjüngungseffekt führen sollte. Aufgrund des Zellgedächtnisses kommt es allerdings kaum zu positiven Effekten, wenn man sich nur kurze Zeit in einem solchen Bereich aufhält.

Es ist gut möglich, dass die Zeit beschleunigt werden kann, und zwar durch einen erhöhten Ätherzufluss in eine Massenansammlung. In der Folge könnte auch die Antizeit beschleunigt werden, so dass eine Heilung und Verjüngung wesentlich schneller bewirkt werden könnte. Die Beschränkung hierbei könnte sein, dass es eine Grenze für die Beschleunigung des Zellwachstums gibt.

Auf diese Weise wäre auch ein beschleunigtes, vorwärts gerichtetes Zeitfeld erzeugbar, durch welches ein Alterungseffekt auftritt und man seine Vitalität in ein paar Minuten verliert.

Die gleiche Methode wäre auch dafür geeignet, einen gealterten Erwachsenen innerhalb von ein paar Minuten in ein Baby zu verwandeln.

Es gibt Berichte von Vorführungen indischer Yogis, bei denen dieses Antizeitphänomen anscheinend eine Rolle spielt. Natürlich kann es sich auch um Hypnose handeln. Z.B. nahm ein Yogi einen Samen, pflanzte ihn in die Erde, goß diesen, und eine Gruppe von Zeugen beobachtete das Auftauchen eines Sprosses, der sich rasch zu einem kleinen Baum entwickelte. Sobald der Baum eine bestimmte Größe erreicht hatte, erschienen Früchte, und das Wachstum hörte auf. Die Zeugen pflückten die Früchte und aßen sie als Beweis des Experiments. Der Yogi konzentrierte sich dann wieder auf den Zustand, als sich der Baum entfaltete, und danach entwickelte sich der Baum, wie in einem Film, der rückwärts lief, wieder zum Samen zurück. Die Zeugen hielten noch immer ihre halb aufgegessenen Früchte in der Hand.

Hierbei handelt es sich um eine interessante Beschreibung, wie die Antizeit wirkt.

Es bleibt noch die Frage, wie wir den Ätherfluss in eine Masse steuern können. Wenn wir allerdings gelernt haben, den Ätherfluss in eine Masse zu steuern, dann werden wir in der Lage sein, beliebige Phänomene willentlich zu erzeugen, von temporären bis hin zu gravitationellen Veränderungen."

ZEITREISEN UND DIE MERKURSTABSPULE

Im Januar 1998 wurde der folgende Artikel über Zeitreisen und die Merkurstabspule durch die "Emanon Inventors Association Research Project" (TTRP) im Internet veröffentlicht:

"Der Erfinder Wilbert Brockhouse Smith entwickelte die Merkurstabspule irgendwann in den Fünfziger Jahren (Smith starb im Jahr 1961). Ursprünglich arbeitete Smith an dem streng geheimen Programm "Projekt Magnet". Hierbei handelte es sich angeblich um ein von der Regierung finanziertes Programm, ein Luftfahrzeug herzustellen, welches nach den gleichen Antriebsprinzipien wie ein UFO arbeitet. "Offiziell" wurde das Programm irgendwann eingestellt. Zu dieser Zeit bastelte Smith an neuartigen Methoden von Spulenwicklungen und entwickelte hierbei die sog. Merkurstabspule.

Durch die Spule sollen elektromagnetische Wellen erzeugt werden, welche parallel zu Spulenwicklungen verlaufen. Hierdurch werden die Gesetze des Elektromagnetismus verletzt, da die Wellen normalerweise senkrecht zu den Spulenwicklungen verlaufen. Weiterhin soll eine Merkurstabspule diese elektromagnetischen Wellen mit Überlichtgeschwindigkeit übertragen. Es ist interessant hier anzumerken, dass letztes Jahr ein kanadischer Wissenschaftler eine Radiosendung mit Überlichtgeschwindigkeit übertragen haben soll.

Durch die Merkurstabspule (Tensorspule) werden bei entsprechender Frequenz und Spannung angeblich elektromagnetische Skalarwellen erzeugt, die sich mit Überlichtgeschwindigkeit bewegen.

Als Elektronikingenieur fällt einem hier sofort eine Sache auf. Wenn ein elektromagnetisches Feld erzeugt wird, dann neigt der dichteste Teil dieses Feldes dazu, die gleiche Spannung, Polarität, Frequenz und Geschwindigkeit dieses Feldes anzunehmen. Dies gilt sowohl für Lebensformen als auch unbelebten Objekten.

Von einigen wird das Energiefeld eines Objekts - oder eines Lebewesens - als Aura, elektromagnetisches Feld oder Kirlianfeld bezeichnet. Tatsächlich wissen nur einige von der wenig benutzten Formel, die auf dem "Johnson-Effekt" beruht und die dazu verwendet werden kann, um das Energieniveau eines Gegenstands, einer Lebensform oder eines elektromagnetischen Feldes zu bestimmen.

In bezug auf das, was ich gesagt habe, glaube ich, dass Einsteins Relativitätstheorie besagt, dass, falls sich eine elektromagnetische Welle mit Überlichtgeschwindigkeit bewegen würde, diese dann in der Zeit zurückginge.

Ich glaube, dass es dies war, was meinem Freund passiert ist, als er seine Maschine in Betrieb nahm. Nebenbei erwähnt trug er eine digitale Uhr, als dies zum ersten Mal geschah. Allerdings wurde durch die statische Ladung der digitale Schaltkreis in der Uhr zerstört. Was ich wirklich seltsam fand, als ich diese Geschichte in der *Weekly World News* gelesen hatte, war die Behauptung, dass die amerikanische Regierung an einem Projekt, das als *"Temporal Transmission Research Project"* bezeichnet wurde, beteiligt war. In der Geschichte heißt es, dass bei einem Experiment ein Objekt in eine Aluminiumröhre plaziert und diese Röhre dann einem hochfrequenten, elektromagnetischen Feld ausgesetzt wurde, das sich schneller als das Licht bewegt. Danach sollte also die Röhre in die Vergangenheit reisen. Wir wissen alle, dass Aluminium ein guter Elektrizitätsleiter ist.

Die interessante Analogie zwischen dieser Geschichte und der Erfahrung meines Freundes ist, dass seine Spulen hohl waren, extrem hohe Frequenzen erzeugten und dass es sich um eine Merkurstabspule gehandelt hat, wie ich glaube.

In der *WWN*-Geschichte wird auch behauptet, dass sich ein Wissenschaftler dazu bereit erklärt hätte, in das Jahr 1918 zurückzureisen, dort 25 Minuten zu bleiben und dann wieder zurückzukehren. Die Projektteilnehmer entschlossen sich dann, alte Veröffentlichungen aus dem Jahr 1918 zu studieren, um nach Hinweisen zu suchen, was passiert war. Nach einer Suche von ungefähr zwei Monaten behaupteten sie, dass sie eine Mikrofiche-Kopie eines nun nicht mehr existierenden Polizeijournals gefunden hätten, in dem ein sehr seltsamer Artikel zu finden war.

In dem Artikel ist ein Bild einer Metallröhre mit einer Länge von 60 cm zu sehen, welche die Überreste eines Mannes enthält. In dem Bild ist auch etwas zu sehen, dass wie ein Mobiltelefon aussieht. Der Grund, weshalb ich so an diesem Bild interessiert war ist, dass ich etwas daran bemerkt habe. Ich arbeite seit 30 Jahren mit Kameras und im Dunkelraum, und was ich sah, erstaunte mich sehr.

Das Bild wurde in der Nacht aufgenommen und zeigt die Röhre, das "Mobiltelefon", einige Polizeibeamte (in altmodischen Uniformen), einige Polizeiautos dieser Zeit und im Hintergrund eine Reihe von Zuschauern. Die Sache, welche mein Interesse erweckte, war, dass es aussah, als ob diese Zuschauer gute 25 bis 30 Meter von der Kamera entfernt zu sein schienen. Sie sehen, nicht einmal die modernen elektronischen Blitzgeräte können in der Dunkelheit einen Bereich ausleuchten, der größer als 12 bis 15 Meter ist.

In früherer Zeit gab es allerdings Blitzgeräte, welche in der Lage waren, einen Bereich von 25 bis 30 Metern auszuleuchten. Ich nehme also an, dass der größte Teil des Bildes echt ist (dass es also im Jahr 1918 aufgenommen wurde). Ich weiß allerdings nicht, ob dies auch für die Röhre und das "Mobiltelefon" gilt. Ich kann Ihnen allerdings sagen, dass, falls das Bild gefälscht wurde, der Fälscher auf jeden Fall ein Meister der Retuschierkunst sein muss. Ich weiß nicht, ob die *Weekly World News* so viel Geld hat, um einen solchen Künstler zu bezahlen, da diese verdammt teuer sind."

DAS ZEITREISENFORSCHUNGSZENTRUM

Der folgende Abschnitt ist eine kurze Zweckbeschreibung des Zeitreisenforschungszentrums, der im Internet unter der folgenden Adresse gefunden werden kann: http:\\www.time-travel.com:

“Das Zeitreisenforschungszentrum, welches im Jahr 1995 gegründet wurde und seinen Sitz auf Long Island im Staat New York hat, ist ein privates Forschungslabor, welches sich der Entwicklung der Wissenschaft, Technologie und der Forschung widmet, durch die es eines Tages möglich sein soll, dass die Menschen durch die Zeit reisen können. Ein Hauptziel ist die Sammlung, Zusammenstellung und Erstellung von Informationen und Theorien aus den verschiedenen Wissenschaftsbereichen über das Thema Zeitreisen. Seit seiner Gründung ist das Zeitreisenforschungszentrum auf diesem Gebiet führend, und es ist die einzige Gesellschaft, welche sich ausschließlich dieser Aufgabe widmet. ...

Heute unterstützt das Zeitreisenforschungszentrum private Forschungs- und Entwicklungsbemühungen. Durch das Zentrum wurde auch das TRI-STAR-System entwickelt, die weltgrößte Informationssammlung zum Thema Zeitreisen. Durch die Verwendung dieser Sammlung, und einem weltweiten Netzwerk wissenschaftlicher Informationen, entwickelt sich das Zentrum in schnellem Tempo weiter. Durch das Zentrum wurde auch die Zeitreisenforschungsvereinigung gegründet, die weltweit größte Interessensgruppe auf diesem Gebiet.

Die Produkte und der Service des Zeitreisenforschungszentrums zielen insbesondere auf Anstrengungen, durch welche Zeitreisen möglich gemacht werden. Es werden auch Seminare und Trainingsprogramme über viele Themen, die sich auf die Zeitreisetechnologie beziehen, angeboten. Im Zeitreisenforschungsjournal, der hauseigenen Zeitschrift, werden die neuesten und wichtigsten wissenschaftlichen Fortschritte, Theorien und andere Themen in bezug auf Zeitreisen veröffentlicht und besprochen.

Als Mitglied der Zeitreisenforschungsgesellschaft sind Sie ein Teil der einzigartigen und elitären, weltweiten Gruppe und haben

Zugang zu einer Vielzahl von Informationen, wie außergewöhnlichen, geschichtlichen Berichten, den neuesten Durchbrüchen und wichtigen Entwicklungen auf wissenschaftlichem Gebiet, durch welche vielleicht einmal Zeitreisen für die Menschheit möglich werden."

TELEPORTATION AM KALIFORNISCHEN TECHNOLOGIEINSTITUT

Die folgende Geschichte wurde im Frühjahr 1998 veröffentlicht:

"Washington (Reuter): Sie sind vielleicht noch nicht in der Lage, Scotty zu fragen, sie hochzubeamen, aber kalifornische Forscher haben behauptet, dass sie am Donnerstag das erste wirkliche Teleportationsexperiment durchgeführt haben.

Sie gaben an, dass sie einen Lichtstrahl über die Werkbank des Laboratoriums gebeamt haben. Sie haben allerdings den Strahl nicht physikalisch dorthin transportiert, sondern dessen Eigenschaften nur auf einen anderen Strahl übertragen, wodurch sie eine Kopie des ersten Strahls erzeugten.

"Wir behaupten, dass es sich hierbei um die erste wirkliche Teleportation handelt," sagte Jeff Kimble, ein Physikprofessor des kalifornischen Technologieinstituts. Kimble glaubt, dass das Experiment zeigt, dass sich durch Quantenteleportation das alltägliche Leben verändern wird.

Die Wissenschaftler hoffen, dass Quantencomputer, welche die Informationen in dieser Weise transportieren - statt über Drähte und Siliziumchips - unendlich schneller und leistungsfähiger sein werden als die heutigen Computer.

"Ich glaube, dass die Quanteninformation sehr wichtig für unsere Gesellschaft werden wird, allerdings nicht schon in 10 Jahren, aber wenn wir 100 Jahre vorwärts schauen, dann ist es schwer vorstellbar, dass eine fortschrittliche Gesellschaft keine Quanteninformation verwendet," sagte Kimble.

Durch Quantenteleportation können Informationen mit Lichtgeschwindigkeit übertragen werden, ohne dass sie von Drähten und Kabeln abgebremst werden.

Was Kimbles Team tat, war die Erzeugung von zwei in Wechselwirkung stehender Licht- oder Photonenstrahlen, welche Informationen auf einen dritten Strahl übertrugen. Die ersten beiden Strahlen wurden in diesem Prozess zerstört, aber der dritte konnte seine Informationen erfolgreich über eine Entfernung von einem Meter übertragen, berichtete Kimbles Team im Wissenschaftsjournal *Science.*

Obwohl das kalifornische Team mit Lichtstrahlen arbeitete, glaubt Kimble, dass auch feste Objekte zu teleportieren sind. Z.B. könnte der Quantenzustand eines Photons teleportiert, und auf ein Teilchen oder sogar ein Atom angewandt werden. Es würden also nicht die einzelnen Atome eines Objekts transportiert werden, sondern nur deren Eigenschaften, um ein vollkommenes Abbild zu erzeugen.

Könnte dies bedeuten, dass die Transporter in der Fernsehserie Star Trek, durch welche Leute und Gegenstände über große Entfernungen teleportiert werden, eines Tages Realität werden?

“Ich glaube nicht, dass irgendjemand diese Frage beantworten kann,” sagte Kimble. “Lassen Sie uns nicht gleich eine Person teleportieren -- lassen Sie uns zuerst das kleinste Bakterium teleportieren.”

Würde ein solches teleportiertes Bakterium tatsächlich das gleiche Bakterium sein, oder nur eine sehr gute Kopie?

“Auch dies kann man nicht mit Sicherheit sagen,” erwiderte Kimble. “ Aber sein Team arbeite daran.”

OK Zeitreisende, kontrollieren Sie Ihr Zeitschloss und bereiten Sie sich zum Abheben vor. Es sieht so aus, als ob wir unterwegs wären!

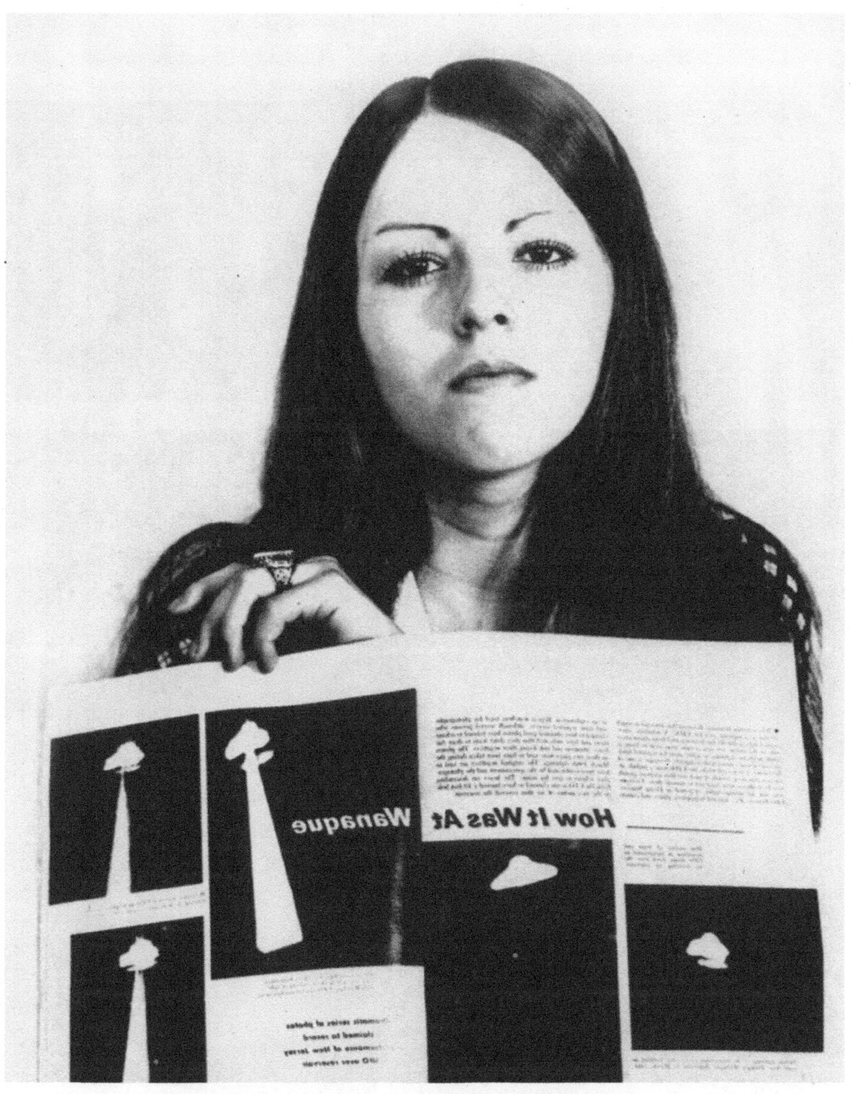

Elain Conroy mit einem Artikel aus dem "True Magazine", in dem Fotos abgebildet sind, welche sie und ein Polizist Ende Januar 1966 von einem Luftfahrzeug im Wanaque Reservoir in New Jersey gemacht haben.

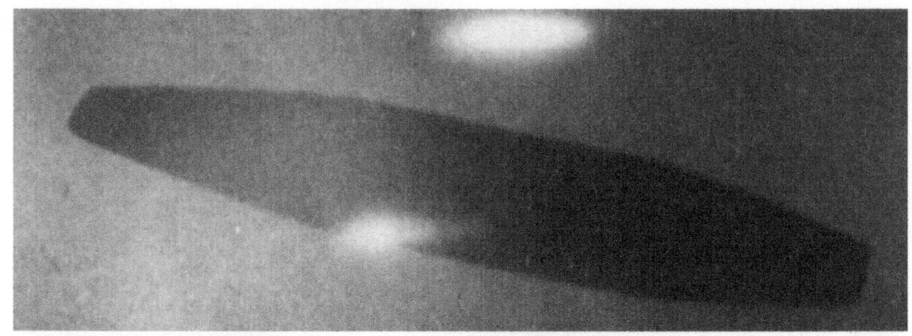

Oben: Foto zigarrenförmiger Luftschiffe, das von Adamski stammt
Unten: Ein modernes scheibenförmiges Luftfahrzeug.

Die bekannten UFOs, die von Eduard Meier in der Schweiz fotografiert wurden.

UFO aus dem Dritten Reich über den ägyptischen Pyramiden

BIBLIOGRAPHIE

1. *Time Travel, Myth or Reality*, Richard Heffern, 1977, Pyramide Publications, New York
2. *Strange Mysteries of Time and Space*, Harald T. Wilkins, 1958, Citadel Books, New York
3. *Ancient Astronauts: A Time Reversal?* Robin Collyns, 1976, Sphere Books, London
4. *Time Travel: Fact, Fiction & Possibility*, Jenny Randles, 1994, Blandford Books, London
5. *The Ultimate Time Machine*, Joseph McMoneagle, 1998, Hampton Roads Publishing Company, Charlottesville, Virg.
6. *Time Machine*, Paul J. Nahin, 1993, Springer Verlag, N.Y.
7. *The Philadelphia Experiment*, Charles Berlitz & William L. Moore, 1979, Ballatine Books, New York
8. *Vititors from Time*, Marc Davenport, 1992, Greenleaf Publications, Tuscaloosa, Alabama
9. *The Philadelphia Experiment & Other Conspiracies*, Brad Steiger with Alfred Bielek, 1990, Inner Light Publications, New Brunswick, New Jersey
10. *When Time Breaks Down*, Arthur T. Winfree, 1987, Princeton University Press, Princeton, New Jersey
11. *Time Warps*, John Gribbin, 1979, Dell Publishing Company, New York
12. *Exploring the Physics of the Unknown Universe*, Milo Wolff, 1990, Technotron Press, Manhattan Beach, California
13. *The Cosmic Conspiracy*, Stan Deyo, 1978, West Australian Texas Trading, Kalamunda, Western Australia
14. *How to Build a Flying Saucer*, T.B. Pawlicki, 1981, Prentice Hall, Inc., Englewood Cliffs, New Jersey
15. *How to Explore the Higher Dimensions of Space and Time*, T.B. Pawlicki, 1984, Prentice Hall, Inc., Englewood Cliffs, New Jersey

16. *Ether Technology,* Rho Sigma, 1977, Adventures Unlimited Press, Kempton, Illionois
17. *The Excalibur Briefing*, Thomas E. Bearden, 1980, Walnut Hill Books, San Francisco
18. *The Philadelphia Experiment Chronicles*, Commander X, 1994, Abelhard Publications, Wilmington, Delaware
19. The Aeronauts, L.T.C. Rolt, 1966, Walter & Co., New York
20. *The Great Texas Airship Mystery*, Wallace O. Chariton, 1991, Wordware Publishing, Plano,Texas
21. *Spaceships in Prehistory*, Peter Kolosimo, 1975, University Books, Seacaucus, NJ
22. *2000 Years of Space Travel*, Russel Freedman, 1963, Collins, London
23. *Anti-Gravity & the World Grid*, David H. Childress, 1987, Adventures Unlimited Press, Kempton, Illinois
24. *The UFO Encyclopedia*, Jerome Clark, 1996, Visible Ink, Detroit
25. *Dimensions*, Jacqes Vallee, 1998, Ballatines Books, NY
26. *Science Frontier*, William Corliss, 1997, The Sourcebook Project, Glen Arm, Maryland
27. *Gods of Aquarius*, Brad Steiger, 1976, Harcourt Brace Jovanovich, Inc., New York
28. *Behind the Flying Saucers*, Frank Scully, 1950, Fawcett Books, New York
29. *Flying Saucers Over Los Angeles*, DeWayne B. Johnson and Kenn Thomas, 1950, Adventure Unl. Press, Kempton
30. *The Montauk Project*, Preston Nichols and Peter Moon, 1993, Sky Books, Westbury, New York
31. *Montauk Revisited*, Preston Nichols and Peter Moon, 1994, Sky Books, Westbury, New York
32. *Pyramids of Montauk*, Preston Nichols and Peter Moon, 1995, Sky Books, Westbury, New York
33. Without a Trace, Charles Berlitz, 1977, Doubleday, NY
34. *The Case for the UFO*, Morris K. Jessup, 1955, Citadell Press, New York

35. *The UFO Annual*, herausgegeben von Morris K. Jessup, 1956, Citadell Press, New York
36. *UFO and the Bible*, Morris K. Jessup, 1956, Citadel Press, New York
37. *Toward a New Electromagnetics*, 1983, Thomas E. Bearden, Tesla Book Company, Milbrae, Kalifornien
38. *Grolier Mulimedia Encyclopedia*, 1997, Grolier Interactive, Inc., Danbury Connecticut
39. *Time Travelers from Our Future*, Dr. Bruce Goldberg, 1998, Llewellyn Publications, St. Paul, Minnesota
40. *M.K. Jessup, the Allende Letters, and Gravity*, Riley Crabb, 1962, Borderland Sciences Research F., Vista, Kalifornien
41. *One Hundred Thousand Years of Man´s Unknown History*, Robert Charroux, 1963, Berkley Publishing Cor., New York
42. *We Are Not the First*, Andrew Tomas, 1971, Bantam Books, Inc., New York
43. *Solutions to Tesla´s Secrets and the Soviet Tesla Weapons*, Thomas E. Bearden, 1983, Tesla Book Company
44. *A Dual Ether Universe*, Leonid Sokolow, 1977, Exposition Press, Inc., Hicksville, New York
45. *Stalking the Wild Pendulum*, Itzhak Bentow, 1977, E.P. Dutton, New York
46. *Alternative (003)*, Leslie Watkins, 1977, Avon Books, NY
47. *The Energy Grid*, Bruce L. Cathie, 1995, Adventures Unlimited Press, Kempton, Illinois
48. *The Bridge to Infinity*, Bruce L. Cathie, 1983, Adventures Unlimited Press, Kempton, Illinois
49. *The Harmonic Conquest of Space*, Bruce L. Cathie, 1998, Adventures Unlimited Press, Kempton, Illinois
50. *Flying Saucers -- Serious Business*, Frank Edwards, 1966, Bantam Books, Inc., New York
51. *Somebody Else on the Moon*, George Leonard, 1976, Pocket Books, Simon & Schuster Division, New York
52. *The Roswell Incident*, Charles Berlitz & William L. Moore, 1980, Grosset & Dunlap, New York

53. *Our Mysterious Spaceship Moon,* Don Wilson, 1975, Dell Publishing Co., Inc., New York
54. Secrets of Our Spaceship Moon, Don Wilson, 1979, Dell P.
55. *Messengers of Deception*, Jacques Vallee, 1979, Bantam Books, Inc., New York
56. *Mysteries of Time and Space*, Brad Steiger,1974, Dell Publishing Co., Inc., New York
57. *Challenge to Science: The UFO Enigma*, Jacques & Janine Vallee, 1966, Ballantine Books, Inc., New York
58. *Profiles of the Future*, Arthur C. Clarke, 1958, Harper & Row, Inc., New York
59. *Mysticism and the New Physics*, Michel Talbot, 1980, Bantam Books, Inc., New York
60. *UFO´s Past, Present & Future*, Robert Emenegger, 1974, Ballantine Books, Inc., New York
61. *Beyond Earth*, Ralph Blum with Judy Blum, 1974, Bantam Books, Inc., New York
62. *The House of Lords UFO Debate*, Lord Clancarty, 1979, Open Head Press, London
63. *New Horizons in Electric, Magnetic and Gravitational Field Theory*, W.J. Hooper, 1974, El. Grav., Inc., Cuyahoga Falls
64. *Future Physics and Anti-Gravity*, W.F. Hassel, MUFON Sypmposium Proc., 16-17. Juli 1977, Woodland Hills, Kal.
65. *Should the Laws of Gravitation be Reconsidered?*, Maurice F.C. Allasi, Aero/Space Eng., Sept. 1959 und Okt. 1959
66. *The Sea of Energy in Which the Earth Floats*, Henry T. Moray, 1960, Utah
67. *UFO´s: Theories in Time Travel*, John M. Prytz, Flying Saucers, Dez. 1969
68. *The Principles of Ultra-Relativity*, Shinichi Seike, 1970, National Space Research Cons., Uwajima City, Japan
69. *Space, Time and Gravitation*, W. Kopczynski und A. Trautmann, 1992, MacMillan, New York
70. *The Philosophy of Time*, Robin Le Poidevin und Murray Macbeth, 1993, MacMillan, New York

Die innere Berührung

Ein Weg zu Frieden & Freiheit

Von Heiko Wenig

»Lerne Denken mit dem Herzen und Fühlen mit dem Geist.« (Theodor Fontane)

Alles ist Energie. Viele Menschen denken, dass sie Energie nur mit einer speziellen Ausbildung wahrnehmen können. Das stimmt nicht. Wie neueste Forschungen aus dem Bereich der Physik zeigen, besteht alles was existiert aus Energie und jeder Mensch reagiert täglich, bewusst oder unbewusst, auf die Energie von Dingen, Menschen, Ereignissen, Orten und vielen anderen Dingen. Energien bewusst wahrzunehmen ist viel einfacher als man sich das vorstellt. Es ist der eigene Fokus, der bestimmt, ob etwas als Energie wahrgenommen wird oder nicht. Der leichteste Weg die Wahrnehmung für Energien zu schulen ist Energien in sich selber zu beobachten. Das wunderbare daran ist: Beginnt man die eigenen Energien wahrzunehmen, kann man sie bewusst verändern.

Ein Buch das nicht nur theoretisches Wissen vermittelt, nein es bietet praktische Übungen um eigene Erfahrungen machen zu können. Nach der Lektüre dieses Buches werden sie sich verändern können und die Welt verändern können. Werden sie wesentliche Schritte in die Gesundheit machen und die Welt ein Stück weit gesünder machen.

Ein Lese- und ein Übungsbuch, ein Buch der Reifung und der Verwandlung.

Michaels-Verlag, 2025, 96 Seiten, Softcover
ISBN: 978-3-89539-384-6

Skalar Technologie

Von Tom E. Bearden

Kann man dem Laien extrem einfach erläutern, was Skalare sind und wie sie mit den Maxwellschen Gleichungen, der einheitlichen Feldtheorie und den Begrenzungen der gegenwärtig anerkannten Quantenphysik, Relativitätstheorie und Elektromagnetikg zusammenhängen?

Puh! Da bitten Sie mich, umfassend zu erklären, wie man die drei Hauptdisziplinen der Physik vereinigen kann, und anzugeben, woran es liegt, dass die drei gegenwärtigen Versionen dieser Disziplinen noch nicht vereinigt werden konnten, und wie es darum in Maxwells ursprünglichen Quanternion-Gleichungen aussah - etwa 200 davon gehören zu seiner Theorie, nicht jedoch die vier blassen Vektorgleichungen von Heaviside und Gibbs.
Sie haben mich darum gebeten, es einfach, für den Laien verständlich auszudrücken. Zu sagen, das ist viel verlangt, wäre eine ungeheutre Untertreibung!

Nun gut, probieren wir es trotzdem. Beginnen wir mit Skalaren und Vektoren…

Michaels-Verlag, 2023, 288 Seiten mit Abbildungen, Gebunden
ISBN: 978-3-89539-250-4

Bewusstseins- und Gedankenkontrolle

Der Kampf um ihre Gedanken, ihren Willen und ihr Bewusstsein hat längst begonnen

Von Nick Begich

In den letzten zwanzig Jahren ist die Erde unbemerkt in ein elektronisches Zuchthaus verwandelt worden. Mittels elektromagnetischer Wellen, die über das Radio, Fernsehen, Handys und Stromleitungen übertragen werden, ist es nun möglich, den menschlichen Geist aus beliebiger Entfernung in solch einer Weise zu manipulieren, die von den einzelnen Individuen nicht bemerkt wird, da die Informationen direkt ins Unterbewusstsein geleitet werden. Die Opfer dieser Gehirnwäsche, also die Bevölkerung, halten die empfangenen Informationen für Ihre Meinung. Diese Bewusstseinsbeeinflussung erfolgt in einer Art, als ob es sich um einen „Befehl Gottes" handeln würde. Es ist weiterhin möglich, hierdurch das Erinnerungsvermögen zu löschen und sogar ein künstliches neues zu erzeugen. Außerdem können die Gedanken einer Person gelesen und verändert und der körperliche und seelische Zustand manipuliert werden. Es werden auch Chemikalien eingesetzt, die nur in Spuren im Körper vorhanden sind. Durch Anregung dieser Stoffe, bei denen es sich meistens um die sogenannten „Lebensmittelzusätze" handelt, durch elektromagnetische Wellen können schwere körperliche Schäden und sogar der Tod eintreten. Da elektromagnetische Wellen also in Wirklichkeit heimlich in militärischer Weise gegen die eigene Bevölkerung eingesetzt werden, lässt sich auch leicht erklären, weshalb diese angeblich völlig unschädlich sind (siehe Beispiel Handy-Strahlung). Die Paranoia der Geheimhaltung der Regierungen ist jedoch der Feind der Freiheit…

Michaels-Verlag, 2007, Gebunden
ISBN: 978-3-89539-383-9

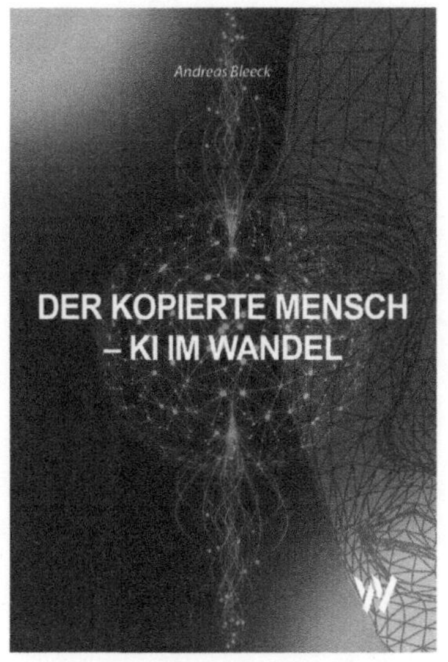

Der kopierte Mensch - KI im Wandel

Von Andreas Bleeck

Warum quasseln wir so viel? Warum malen wir Zeichen an Häuserwände und Kirchenfenster und posten Katzenfotos in sozialen Medien? Warum schreiben wir Bücher über die Bedeutung längst vergangener Epochen? Warum starren wir auf statistische Diagramme, als wären sie Offenbarungen? Warum werden wir manche Bilder oder Melodien so lange im Kopf nicht los? Die Antwort ist aus Sicht der evolutionären Psychologie verblüffend einfach. Weil erfolgreiche soziokulturelle Muster auch in den nächsten Generationen erscheinen. So ergeben sich Vorteile für die Nachkommen. Wer am besten quasselt, postet und pushed, der erzeugt eine höhere Überlebenschance für sich und seine ‚Art'.

Und nun kann die Künstliche Intelligenz all das auch noch nachahmen. Nicht, dass wir schon mit uns selbst überfordert wären. Mit der Einführung von Bots wie ChatGPT ist deutlich geworden, dass sich nicht nur unsere Lern- und Berufswelt rasant verändern wird, sondern auch das Verständnis von dem, was wir bisher dem Menschen vorbehielten. Wir sind wie die Maschinen Teil eines evolutionären Prozesses, dessen Programme sich selbst optimieren. Welche Rolle dabei Emotionen, Spiegelneurone, psychische Auffälligkeiten und mythische Erzählungen spielen, versucht dieses Buch zu zeigen.

Wolfbach, 2023, 332 Seiten, Softcover mit Klappen
ISBN: 978-3-90692-966-8